理论与史学

Theory and Historiography

第7辑

中国社会科学院历史理论研究所
中国史学理论与史学史研究室
编

中国社会科学出版社

图书在版编目(CIP)数据

理论与史学. 第7辑/中国社会科学院历史理论研究所中国史学理论与史学史研究室编. —北京：中国社会科学出版社，2021.12
ISBN 978-7-5203-9434-5

Ⅰ.①理… Ⅱ.①中… Ⅲ.①史学理论—文集②史学史—文集
Ⅳ.①K0-53

中国版本图书馆CIP数据核字(2021)第268959号

出 版 人 赵剑英
责任编辑 田 文
责任校对 姜晓茹
责任印制 王 超

出 版 中国社会科学出版社
社 址 北京鼓楼西大街甲158号
邮 编 100720
网 址 http://www.csspw.cn
发 行 部 010-84083685
门 市 部 010-84029450
经 销 新华书店及其他书店

印 刷 北京君升印刷有限公司
装 订 廊坊市广阳区广增装订厂
版 次 2021年12月第1版
印 次 2021年12月第1次印刷

开 本 710×1000 1/16
印 张 18
插 页 2
字 数 304千字
定 价 98.00元

《理论与史学》编委会

目　录

马克思主义史料学

范文澜的史料观念*

李　勇**

中国马克思主义史学史料学，是中国史学史料学一部分；① 其发展史是中国马克思主义史学史的一个重要方面，近些年来逐渐受到学界关注。②范文澜早年研究经学，后从事中国史主要是近代史研究，在学术实践中经常会碰到各种与史料有关的问题；他曾对这些问题加以思考，并试图解决它们，体现其关于史料的看法，然而总体上学界对此研究不够。本文拟就范文澜史料观念及其在实践中的体现，稍事论述，以就正于方家。

---

* 基金项目：本文系国家社科基金重大项目“现代中国马克思主义史学文献的调查、整理和研究（1900—1949）”（18ZDA169）阶段性成果。

** 李勇，淮北师范大学史学理论与史学史研究中心。

① 这里之所以提“史学史料学”是基于学界有“文学史料学”“哲学史料学”等与史料学有关的范畴，为准确表达出是关于史学的史料学这一含义，故本文使用“史学史料学”这一概念。

② 例如，刘国华：《翦伯赞档案史料观探析》，《档案学研究》2001 年第 1 期。苏敏：《探析翦伯赞的史料观》，《南宁师范高等专科学校学报》2004 年第 3 期。李勇：《作为史学双翼的史料与理论——重读翦伯赞〈历史哲学教程〉〈史料与史学〉》，《淮北师范大学学报》2011 年第 3 期。郭士礼：《论翦伯赞的文学史料观》，《广西社会科学》2012 年第 10 期。黄文丽：《唯物史观与实验主义的交锋——翦伯赞对胡适实验主义史学的批判》，《中共党史研究》2015 年第 4 期。窦禄军：《抗战时期马克思主义史学界的史料学建设》，硕士学位论文，华东师范大学，2012 年。瞿林东：《讲史料　论治学——读齐世荣先生〈史料五讲〉书后》，《首都师范大学学报》2015 年第 1 期。陈其泰：《史料价值与辩证分析——读齐世荣教授〈史料五讲〉》，《淮阴师范学院学报》2015 年第 2 期。谢保成：《马克思主义与历史考据》，《淮阴师范学院学报》2016 年第 2 期。刘萍：《建国以来史料学的理论建设》，《四川师范大学学报》2017 年第 9 期。陈峰：《吕振羽与中国马克思主义史学方法论的构建》，《史学理论研究》2018 年第 1 期。李勇：《吕振羽史料学的理论与实践》，《历史教学问题》2021 年第 1 期。

一 主张“必须掌握大量史料”，有别于胡适“科学的方法”

范文澜作为史学家，在实践中碰到了各种关于史料的问题，例如史料缺乏带来什么样的困境、如何搜集史料、怎样利用和解读史料等。从其著述来看，他主张“必须掌握大量史料”，同时注意同胡适“科学的方法”中的史料观念划清界限。

（一）主张“必须掌握大量史料”

研究先秦历史，史学家普遍感到史料匮乏，到了近代有甲骨文和金文研究者所揭露的历史信息，使这种匮乏缓和了许多；然而20世纪三四十年代，这些历史信息对于整个先秦史研究而言仍然还是有限的，特别是对处于茫然状态的夏代及其之前历史的研究助益几无。

面对这种史料缺乏，范文澜有过深切的感受。他在《中国文化》1940年第4期和《群众》1940年第4—5期上，发表《关于上古历史阶段的商榷》，就殷周社会性质所涉生产工具问题，尤其奴隶制什么时候出现、封建制什么时候建立等相关问题，发出这样的感慨：“中国上古历史，因为文献的难征，和发掘工作的幼稚，许多问题无法予以正确的说明。”① 具体说来，“铁制农具何时开始，是一个无法讨论的问题”，“因为材料不够”②，还有，“周氏族什么时候解体，奴隶制度什么时候成立，现在无法考证，因为材料太缺乏了”③。那一时期，对于先秦历史研究有这样感叹的马克思主义史学家不只是他一人，例如，吕振羽想弄清楚殷代灭亡的原因，就从古希腊那里找到比照而有大致的认识，可是苦于中国历史上材料缺乏，不能证明，于是说：“没有充分的材料来说明”，“没有材料来作具体说明”④。还如，郭沫若也有类似经历和感叹，1944年他在《古代研究的自我批判》中明言：“夏代渺茫得很，我们现在还不好多谈。”⑤ 他们这种感慨从根本上说，都是表明其对于史料在史学中之重要性的认知。

---

① 范文澜：《关于上古历史阶段的商榷》，《群众》1940年第4—5期合刊。

② 范文澜：《关于上古历史阶段的商榷》，《群众》1940年第4—5期合刊。

③ 范文澜：《关于上古历史阶段的商榷》，《群众》1940年第4—5期合刊。

④ 吕振羽：《吕振羽全集》第2卷，人民出版社2014年版，第51页。

⑤ 郭沫若：《十批判书》，群益出版社1946年版，第10页。

与这种感叹相呼应的是，1954 年范文澜在《文物参考资料》第 4 期上发表了《保护历史文物的意义》，文中称："研究历史，首先要把远古以来社会发展的整个过程画出一个基本的轮廓来。这必须依靠足够的资料。"①之后，他在《北京大学学报》1957 年第 2 期上发表《历史研究中的几个问题》，也表达出类似的意思。这篇文章是在北京大学历史系学生给范文澜两次去信后，范文澜应翦伯赞之邀在北京大学做的讲座，之后在刊物上发表出来的。讲座所论第二个问题，就是他关于掌握史料的言论，范文澜说："搜集、整理和考证资料，实在是一件十分重大迫切的事情。我们必须特别重视资料工作，才能动员大批人力投入这个工作里去。"② 在这次演讲中，他还专门表彰翦伯赞做了不少资料搜集、整理工作，例如，赞赏翦伯赞发起编辑《中国近代史资料丛刊》，编辑《戊戌变法》和《义和团》史料，又参与编辑《中国大事年表》。范文澜总结道："希望今后有很多资料书、工具书陆续出版，这是一种功德无量的工作啊！"③

上述这些材料无非说明，范文澜在史学实践中对于史料重要性的强调，研究历史必须掌握大量史料。这种对于史料的强调，与西方科学主义和胡适实验主义的无史料则无史学的主张与做法看不出有什么不同。

（二）有别于胡适"科学的方法"

掌握大量史料固然非常重要，但是如果到此止步，那就与胡适的"科学的方法"即实验主义方法，乃至与乾嘉考据学，没有本质区别了。范文澜的史料观念并未在此驻足，而是走向马克思主义史学的科学方法。

胡适的"科学的方法"主张有一分证据说一分话，没有证据就不说话。就一般意义而言，这话没有什么问题。可是在历史研究实践中，史料缺乏是否意味着就不可作为呢？他在可信传世文献不足和对甲骨文史料价值认识不足的情况下，把自己的中国哲学史研究从周代做起。朗格诺瓦和瑟诺博司这两位科学主义史学家，在合著的《史学原论》中总结了在史料缺乏情况下的两种做法：积极的做法是合理推度，消极的做法则是"默

① 范文澜：《保护历史文物的意义》，《文物参考资料》1954 年第 4 期。

② 范文澜：《历史研究中的几个问题》，《北京大学学报》1957 年第 2 期。

③ 范文澜：《历史研究中的几个问题》，《北京大学学报》1957 年第 2 期。

证”。胡适的做法就是“默证”，而“默证”的本质却是以未见为未有、以或然为必然。

范文澜在缺乏证据的情况下，没有像胡适那样表现得束手无策，而是积极寻求破解之方，以历史唯物主义来克服史料不足的困境。这里以范文澜论殷代社会性质为例加以说明。

郭沫若在《中国古代社会研究》中以《诗经·大雅·公刘》之“取厉取锻”和《考工记》之“段氏”材料，推出西周已有铁器，是奴隶社会；又因殷墟挖掘未发现铁器而反推殷代还未进入奴隶社会，这其实颇类似于胡适的实验主义方法。[①] 范文澜不同意郭沫若的殷代是氏族社会这一观点，可是由于当时史料缺乏以至于铁出现于何时变得无法直接讨论，因而也无法依据铁的出现来给殷代社会性质下结论。他转而从《联共（布）党史简明教程》中寻求工具，依据其中关于奴隶占有制度以及奴隶制社会中生产工具、生产部门、产品交换、财富集中于少数人手里、大多数人变成奴隶、阶级斗争等方面的论述，考之殷代盘庚之后无不与之相符，从而断定盘庚之后的殷代社会是奴隶制社会，这是范文澜在《关于上古历史阶段的商榷》一文中所做的工作之一。他通过这一着化解了证据不足带来的困境，也就与实验主义方法即胡适的“科学的方法”区别开来，表明其史料观念与实验主义的史料观念有根本差别。

特别是，他在《历史研究》1955 年第 3 期发表《看看胡适的“历史的态度”和“科学的方法”》，明示自己重视史料的做法与乾嘉考据学和胡适试验主义考据学不同。范文澜以为，乾嘉考据学与胡适的考据学都提倡为考据而考据，或者说为学术而学术；不过，乾嘉考据学必须先读若干部必要的书，然后在许慎、郑玄的束缚下做他们的考据工夫；而胡适的考据学，只要领会“大胆假设，小心求证”的诀窍，什么东西都可以随心所欲地考出来；胡适的考据学实际上也是恢复乾嘉考据学，再加上贩运来的“科学的方法”，这就出现了胡适派的“纯学术”。[②] 在范文澜看来，马克思主义历史考据学，是在辩证唯物主义和历史唯物主义指导下，证明除原始社会外迄今为止都是阶级斗争的历史，证明社会发展的客观规律性，证

---

① 关于郭沫若《中国古代社会研究》中这种实验主义特征，还有他慎言夏代之事，认为没有证据证明“井田制”的存在等，吕振羽曾不止一次批评过，这方面情况参考吕振羽《史前期中国社会研究》《殷周时代的中国社会》等论著，恕不赘述。

② 范文澜：《看看胡适的“历史的态度”和“科学的方法”》，《历史研究》1955 年第 3 期。

明社会制度的转变源于生产方式的变更和发展，把迷乱的历史变成科学的历史。[①]

1956 年，范文澜在《学习》第 7 期上发表《“百家争鸣”和史学》，有这样一段话，表达出相同的思想：“史学工作也一样，必须掌握大量史料，然后用马克思主义的科学方法予以全面的深入的钻研，依各人的钻研的程度，得出切实的或比较切实的结果来。”[②] 这段话是在当时学术界主张“百家争鸣”背景下说出来的，他想说的是不能没有依据、没有经过深入研究而胡乱争鸣；这同时表明，他主张在掌握大量材料基础上要使用马克思主义科学方法进行深入钻研，与胡适的“科学的方法”大相径庭。其实，与胡适实验主义划清界限是马克思主义史学家的普遍做法，例如吕振羽就是这样的，详见拙文《吕振羽史料学的理论与实践》。[③] 作为马克思主义史学家，范文澜自然不能例外，故有上述之论。

二 “新汉学经学”“地下发掘”与“实地调查”

在明确史料重要性的前提下，获取史料的途径是什么，或者说如何搜集史料，是史料学中的重要也是基本问题，这不仅是就理论层面的发问，并且是无法回避的实践问题。对此，范文澜有所思考和总结，具体述之如下。

（一）变“新汉学经学”为史料

在 1941 年《中国文化》第 2、3 期上，范文澜发表《中国经学史的演变》，其中说：“经本是古代史料。……所以章学诚说，‘六经皆史’。”[④] 又说：“既然封建统治不该存在了，经也不该看作‘神圣’，而该回复到‘古代材料’的地位。”[⑤] 是的，清代以来的新汉学经学，从考据方面对经学加以发展，古代制度文物经考据学者的研究，得以露出真实面目，艰深难解的古书大体可以阅读。同时，在新文化运动影响下学术界对于传统学

---

① 范文澜：《看看胡适的“历史的态度”和“科学的方法”》，《历史研究》1955 年第 3 期。
② 范文澜：《范文澜全集》第 10 卷，河北教育出版社 2002 年版，第 359 页。
③ 李勇：《吕振羽史料学的理论与实践》，《历史教学问题》2021 年第 1 期。
④ 范文澜：《中国经学史的演变》，《中国文化》1941 年第 2 期。
⑤ 范文澜：《中国经学史的演变》，《中国文化》1941 年第 2 期。

术中的经与史的态度迥然有别，主张读史不读经，甚至认为读史救国而读经误国，逐渐流行开来。从师承上说，范文澜最初研究和讲授经学史是对乃师黄侃的传承，故为其作为学者的分内之事；从学术发展趋势上看，又不能不与时俱进，把学术形态从旧转新，因此，在他看来："新汉学经学堆积起巨大的考古资料，把封建统治工具的经学，改变成科学的古代社会史古代哲学史的原料看，它自有很高价值存在。"① 不仅如此，他还认为经学里含有民主性和革命性的东西，尤其关于做人的道理可供后人采用，可用来培养无产阶级的浩然之气；当然他也指出要反对其中传统的道统观，此即他所谓之"变经学为史学"，"反对顽固性的道统观念"②。

由于他早年从事经学著述与教学工作，因此养成了严谨的学风，加之受新文化运动中怀疑精神的影响，因此在重视文献史料方面，对经学著作的史料价值尤其推重。范文澜继承前人"六经皆史"的思想，将其发展为所有经都是史，从而变经学为史学，为史学界明示了一条获取中国思想、学术史史料的有效途径。

（二）通过地下发掘获得史料

搜集地下发掘的古物也是范文澜看重的一条获得史料的途径。他在1954年《文物参考资料》第4期发表《保护历史文物的意义》，系统阐释了地下出土材料对于史学的意义。他反复强调："地下发掘正是最可靠的资料的提供者。"③ 还说："研究古代文化，必须十分重视出土的器物。"④ 他认为，地下发掘对历史研究至少有三种特殊的贡献。第一，是创史。例如，周口店发掘使中国历史上推到四五十万年前。第二，是补史。例如，殷墟发掘大大丰富了商史，以王国维为代表的商史研究，其成就远胜《史记·殷本纪》。第三，是证史。例如，古史有虞夏尚黑、商尚白的记载。白陶证明商尚白说是可信的。墨翟行夏道，衣服用黑色；韩非子所说夏祭器，有似于黑陶器的"亮黑红"，若获得更多的物证，很可能证明虞夏尚黑说的真伪。⑤ 尤其是，他还认为，在两种情况下，地下出土物作用更大。

---

① 范文澜：《中国经学史的演变（续完）》，《中国文化》1941年第3期。
② 范文澜：《中国经学史的演变（续完）》，《中国文化》1941年第3期。
③ 范文澜：《保护历史文物的意义》，《文物参考资料》1954年第4期。
④ 范文澜：《保护历史文物的意义》，《文物参考资料》1954年第4期。
⑤ 范文澜：《保护历史文物的意义》，《文物参考资料》1954年第4期。

一是，要研究用文字记载的历史以前的历史，地下发掘出来的资料更显得有头等重要的意义，“没有它，几乎什么都无从说起”[①]。二是，研究劳动资料的遗骸的生产工具史，单靠文字记载，几乎是不可能的，或者说，总是不够具体的，这样一来，“历史科学要想成为真正的科学，首先应当研究物质资料生长者底历史，劳动群众底历史，也就是首先要研究他们到底能制造出怎样的生产工具和怎样去生产生活资料。这个最基本的工作必须依靠地下发掘。如果积累起古代各时期生产工具的实物，参以文字记载，那么，明确具体的叙述便有可能了”[②]。可以推论的是，从考古学那里获取历史研究的资料是不容忽视的。

近代以来的考古学，通过地下发掘与文献相参，再与古地质学、古生物学相结合，为获取史料开辟了一条通途，已成为学人共识。中国马克思主义史学家郭沫若、吕振羽、翦伯赞、侯外庐等，还是其他非马克思主义史学家，多持这一观点，范文澜作为其中一员，自然不能例外，故而有此番论说。

（三）通过实地调查获得史料

实地调查所得民族材料是获取史料的独特途径。从 1945 年到 1954 年，刘尧汉到彝族地区进行实地调查，写出《一个彝族地区底社会经济结构在明清两代迄解放前的发展过程——由奴隶制向封建制过渡之一例》，范文澜看到后，写了《介绍一篇待字闺中的稿件》，发表在 1956 年 5 月 24 日《光明日报》“史学”专栏上，[③] 其中称赞刘氏之文说：“我觉得这篇稿子的妙处，正在于所用材料‘几全是取自实地调查，无史籍可稽’。”[④] 之后，就这个问题进行了普遍性发挥：“我们研究古代社会发展的历史，总喜欢在画像上和书经诗经等等中国的名门老太婆或者和希腊罗马等等外国的贵族老太婆打交道，对眼前还活着的山野妙龄女郎就未免有些目不斜视，冷淡无情。事实上和死了的老太婆打交道，很难得出新的结果，和妙龄女郎打交道却可以从诸佛菩萨的种种清规戒律里解脱出来，前途大有可为。”[⑤]

---

① 范文澜：《保护历史文物的意义》，《文物参考资料》1954 年第 4 期。

② 范文澜：《保护历史文物的意义》，《文物参考资料》1954 年第 4 期。

③ 此文又见 1956 年第 12 期《新华半月刊》，收入《范文澜全集》第 10 卷。

④ 范文澜：《介绍一篇待字闺中的稿件》，《新华半月刊》1956 年第 12 期。

⑤ 范文澜：《介绍一篇待字闺中的稿件》，《新华半月刊》1956 年第 12 期。

20世纪以来，历史学与民族学密切合作，为历史学的发展开辟了新天地。马克思主义史学家重视对于民族史料的搜集，郭沫若在《中国古代社会研究》受到学界批评的情况下不断进行调适，其中一个办法就是以国民政府以及后来新中国在凉山地区所做的彝族社会状况调查材料来佐证其关于周代奴隶制的学说。吕振羽更是重视对于少数民族史料的搜集，利用工作机会了解少数民族地区各方面的情况，完成了《中国民族简史》的撰写。可以说，利用民族史材料来研究历史成为一种风尚。他们其实都是希望从民族材料中发现证据，以旁证依据文献和考古发掘所得出的历史认识。尤其是，从1956年开始，在全国人民代表大会民族委员会主持下，组织由民族学家、社会学家、历史学家和经济学家等构成的调查组，在内蒙古、新疆、西藏、云南、贵州、四川、广东、广西等省、自治区，调查了蒙古、藏、维吾尔、壮、苗、布依、瑶、傣、彝、黎、景颇、怒、傈僳、独龙、佤、鄂伦春、鄂温克等少数民族社会状况，出版148册计1500余万字的《中国少数民族社会历史调查资料丛刊》。在某种意义上说，范文澜实地调查民族史料的主张，与马克思主义史学同道郭沫若、吕振羽等人的主张一致，或者说就是这类工作的理论发声。

三　范文澜史料观念的学术价值与意义

范文澜上述关于史料的观念，有些是他与马克思主义史学同道郭沫若、吕振羽等人的共识，例如，重视考古资料、民族史资料等；而有些则是他独有的，例如，主张变新汉学经学为史料等。无论如何，他关于史料观念的学术价值与意义值得揭示，大体可以概括如下。

（一）为推进史料学发展作出贡献

在20世纪头二十年，中国史学界的史料学体系，是在欧美学者的相关学说例如朗格诺瓦、瑟诺博斯《史学原论》的史料学沐浴下，与传统史学史料学相互结合建立起来的。其中，胡适的实验主义史料学就是这样，且最具有代表性。而范文澜的史料观念为突破实验主义局限、推进史料学的发展作出了贡献。

史料不足，这是研究历史者经常碰到的问题，实验主义在这里裹足不前，例如胡适《中国哲学史》略去夏代和商代而直接从周代开始，其理由就是缺乏关于夏、商的可靠史料。对于这类问题，范文澜有其自己处理办法，那就是依靠马克思主义社会形态理论来认识问题，或者根据其他历史事实进行推论。例如，铁制农具何时开始，关于这一问题虽然缺乏足够史料依据，但是不能因为殷墟没有出土铁，就否认殷代奴隶制度的性质。《联共（布）党史简明教程》给出一个指示：奴隶制生产关系的基础是奴隶主占有生产资料和生产工作者，奴隶主可以把奴隶当作牲畜来买卖和屠杀；生产工具已经不是石器，而是金属工具；《家庭、私有制和国家的起源》里又说：铁通常比青铜还要柔软，石器很慢才消失。在卜辞、《尚书·盘庚中篇》和《周易·旅卦》中都有买卖屠杀之证。这样就可以反推商代使用铁器，范文澜说："我们可以在生产关系方面找出实际证明，因而生产力也就不会平空臆测了。"[①] 同时，关于手工业据发掘所知，有陶工、石工、骨工、铜工、玉工；玉的硬度是很大的，玉工能雕刻精细的花纹，证明雕玉工具是最好的金属，依此可以推论："工业既能刻玉，在黄土尚刺几寸深的农具，也可能有的吧。"[②] 在范文澜看来，这两项工作都在说明，金属农具包括铁器在殷代出现这一历史情况，是可以推出来的。在范文澜之前，吕振羽研究史前期中国社会处于史料匮乏之中，他把神话材料与出土文物结合起来，再用唯物史观解读之，得出殷代为奴隶制的结论。在吕振羽之后，吴泽在《中国历史研究法》中，继承和发扬吕振羽之说，主张按照马克思主义社会结构理论组织材料，来弥补因材料缺乏造成的历史论证的空缺。范文澜此举与吕振羽、吴泽等人之作，有异曲同工之妙。因此，范文澜与吕振羽等其他马克思主义史学家一道为史料学的发展作出了贡献。

（二）为防止史论关系上的偏执发出先声

20 世纪 50 年代，中国大陆学术界掀起批判胡适及其实验主义运动。这次批判运动历史地看来确有必要，但是在实际批判过程中出现过形式主义，存在着扩大化现象，例如，从否定胡适政治思想扩大到否定胡适的一切；从否定胡适实验主义考据学扩大到否定一切历史考据；从批判胡适到批判一切与胡适有密切关系者。这种扩大化现象势必导致在史论关系上偏

① 范文澜：《关于上古历史阶段的商榷》，《群众》1940 年第 4—5 期合刊。
② 范文澜：《关于上古历史阶段的商榷》，《群众》1940 年第 4—5 期合刊。

向论的一方，事实上造成对于史料重要性的怀疑和原本就偏重史料工作的学者们的不解甚至不满。

范文澜强调理论与材料二者缺一不可。他在《北京大学学报》1957年第2期发表《历史研究中的几个问题》，明确提出："理论联系实际是马克思主义的定理，理论与材料二者缺一不可。"① 接着又说："作史学工作必须掌握大量的历史资料，没有大量资料，理论怎样来联系实际呢？"②他在《保护历史文物的意义》中还说过："成为科学的历史，首先要求所用资料的明确性和具体性。在这样的基础上，正确的分析和正确的总结历史事件才有可能，也才有可能引导读者从历史的学习中走向马克思主义的认识。"③

这里涉及如何使用资料的问题，这确实是历史学中一个普遍问题。范文澜在《历史研究中的几个问题》这篇文章中认为："如何使用资料，是个很大的问题，使用资料要忠实、准确，这是最起码的原则。"④ 他具体说明这一原则为：第一，常用资料的文字解释，如未作过切实的校勘、考据功夫，切勿随便改动原来的文字和词句。第二，应从大量的、普遍存在的事实下功夫，不要作寻章摘句、玩弄举例游戏的手法。⑤ 他所反对的那些不忠实的做法有：摘引一些马克思主义书本上的词句作为"理论"根据；对材料进行有利于自己的选择，不合用的材料罢弃不用；片面和凭空地解释材料；改造材料。⑥ 很显然，范文澜反对这种形式上重视理论而实际上空洞无据的做法。

在之后的1961年，他在《历史研究》第3期发表《反对放空炮》，主张："真正打得倒敌人的历史学大炮是经过切切实实的历史著作（论文或书籍）。要造出这种大炮，必须对所要研究的历史事件做认真的调查工作，阅读有关的各种书籍，系统地从头到底读下去，详细了解这件事情的经过始末，然后用马克思列宁主义、毛泽东思想的观点方法来分析这件事情的趋向是什么。……必须坚持'有实事求是之意，无哗众取宠之心'的老实

① 范文澜：《历史研究中的几个问题》，《北京大学学报》1957年第2期。
② 范文澜：《历史研究中的几个问题》，《北京大学学报》1957年第2期。
③ 范文澜：《保护历史文物的意义》，《文物参考资料》1954年第4期。
④ 范文澜：《历史研究中的几个问题》，《北京大学学报》1957年第2期。
⑤ 范文澜：《历史研究中的几个问题》，《北京大学学报》1957年第2期。
⑥ 范文澜：《历史研究中的几个问题》，《北京大学学报》1957年第2期。

态度。"[①] 20世纪60年代初，历史学界以翦伯赞为代表提倡历史主义，对50年代的"左"的做法进行纠偏，提出"论从史出"或"史论结合"，反对"以论带史"或"以论代史"。在这样的学术环境里，范文澜提出"必须对所要研究的历史事件做认真的调查工作"，固然不足为奇。但是，像上文所述那样，在大陆批判胡适实验主义如火如荼的年代，史料考据被一般人所不齿，范文澜却提出史料对于史学的重要性，反对把重视理论流于形式，当然在50年代提出类似观点的不止他一人，郭沫若在这一时期不主张片面重视理论，详见《史学理论研究》2021年第4期上拙文《二十世纪五十年代郭沫若史学观念中的史论关系》。这样，范文澜与郭沫若等其他马克思主义史学家一道，为60年代初的纠偏发出了先声。

总之，范文澜一如郭沫若、吕振羽等马克思主义史学面临史料匮乏问题，一如他们除了在文献中找证据外，还重视出土材料和民族材料的搜集与整理；在批判胡适实验主义史学的同时，提倡利用唯物史观解读史料。特别是，他从理论上比较详细地论述了经学著作在新汉学考证学研究下的史料价值，比较系统地肯定了出土物对于历史研究的意义；他示范了如何在史料缺乏情况下按照社会形态理论组织材料，并与其他史料相结合，进行历史相关性推论。这些关于史料的思想观念，为推进史料学发展作出了贡献，为防止史论关系上的偏执发出先声，是中国马克思主义史学史料学的宝贵财富。

---

① 范文澜：《反对放空炮》，《历史研究》1961年第3期。

吴晗的史料学思想、实践与教育

刘桂娟*

20世纪中国史学流派众多，史料派和史观派是其中最重要的两个史学流派。前辈学者或以史料派专指中国近现代资产阶级的新考据派，或以史观派特指马克思主义史学一派；认为史料派重史料、轻理论，而史观派重理论、轻史料，表现出截然不同的治史理念和治史方法。这种说法不管其依据妥当与否，皆可视为一家之言。随着史学研究的推进和深入，人们逐渐认识到，史料派非但不轻视理论，而且还注重理论对历史研究的指导作用；史观派在马克思主义理论的指导下进行研究，亦强调史料的重要性。

吴晗（1909—1969），字辰伯，浙江义乌人，是马克思主义史学家，专注明史研究，被人推为“现代中国明史研究的拓荒者之一”[①]。在数十载治史生涯中，他非常重视史料的搜集、整理与利用，如搜罗江浙一带私人藏书家史料，写成《江苏藏书家小史》《两浙藏书家史略》两书；为钩稽建州史料，辑成《朝鲜李朝实录中的中国史料》；积极倡导和参与古籍整理工作，促成《国榷》《明经世文编》《海瑞集》等稀见明代历史文献的出版。[②] 此外，吴晗还将史料切实运用于具体的史实研究，并力劝后学注

---

* 刘桂娟，淮北师范大学历史文化旅游学院。

① 钱茂伟：《斯人长逝，此风犹存——吴晗史学的精神》，《历史教学问题》1999年第1期。

② 参见刘重日、曹贵林《吴晗与史学》，《历史教学问题》1981年第1期。

重史料的搜罗与运用。[①] 笔者试图以马克思主义史学家在史料学领域的作为与贡献之角度，来解读吴晗在明史史料研究上的学术思想、实践等。

一 对多种史料的自觉重视

吴晗自 1929 年开始学习和研究历史[②]，即十分重视史料的作用。他对中国古代史各断代的史料差不多都有搜集、整理，呈现兴趣宽泛、主题庞杂的特点。如 1930 年，吴晗开始广泛搜罗西汉经济史料，最终著成《西汉经济状况》[③]；同年 3 月，吴晗致书胡适，谈及对东晋高僧法显《佛国记》的兴趣，打算汇集相关史料，对法显《佛国记》进行考证或研究[④]；5 月，吴晗收罗、考证中国“昆山奴”史料，写成《昆山奴考》[⑤]。直到 1931 年 9 月吴晗考入清华大学[⑥]，经胡适和蒋廷黻的点拨、引导，始专治明史。

吴晗十分重视官修史书对于明史研究的史料价值。他入学未久，托人购入崇文书局本《明史》，细加句读[⑦]。随着研读的深入，吴晗发现《明史》存在多处阙误和不足，尤其是建州女真的记载。受清朝官修《明史》之政治忌讳的影响，导致清修《明史》在有关建州女真之先世、建州女真与明朝之隶属关系，以及双方战争等方面的记载多语焉不详，且多失实之处。为弥补清修《明史》关涉建州女真记载的不足，吴晗于 1932—1936 年间利用周六日假期，到当时的北平图书馆抄录珍藏的《明实录》《朝鲜

---

① 关于专门谈论吴晗史料学的文章，笔者尚未关注到，然而学术界在讨论吴晗的史学思想时，间有论及吴晗的史料学思想，代表性作品有：夏鼐：《我所知道的史学家吴晗同志》，《社会科学战线》1980 年第 2 期；苏双碧、王宏志：《一位辛勤耕耘的史学家——纪念吴晗诞生七十五周年、逝世十五周年》，《历史研究》1984 年第 3 期；张习孔：《谈吴晗的史学思想》，《历史教学问题》1989 年第 4 期；钱茂伟：《斯人长逝，此风犹存——吴晗史学的精神》，《历史教学问题》1999 年第 1 期；张海瀛：《我的恩师吴晗先生》，《炎黄春秋》2004 年第 11 期；张显清：《难忘的四年——回忆吴晗先生》，《明史论丛》第六辑，2004 年；展龙：《吴晗治史精神论略》，《天府新论》2009 年第 6 期等。这些文章对吴晗的史料学思想都有不同程度的介绍，本文尝试在此基础上作进一步深化和拓展。

② 参见吴晗《我的治学与思想是怎样进步的?》，《中国青年》1949 年第 8 期。

③ 参见吴晗《西汉经济状况》，大东书局 1941 年版。按：该书作于 1930 年。

④ 吴晗：《致胡适信（一）》，《历史研究》1966 年第 3 期。

⑤ 参见吴晗《昆山奴考》，《现代学生》第 1 卷第 1 期，1930 年 10 月。

⑥ 参见吴晗《致胡适信（七）》，《历史研究》1966 年第 3 期。

⑦ 参见吴晗《致胡适信（七）》，《历史研究》1966 年第 3 期。

李朝实录》中所涉的建州史料，前后计抄80本、300余万字①。可惜因抗日战争爆发，这一工作被迫搁置。直到20世纪50年代末，他重获机会对《朝鲜李朝实录》进行续抄，随后核对、定稿，准备出版②。该书主要辑录元至正十四年（1354）至清光绪二十年（1894）间，“中朝两国的政治经济联系、朝贺往来、文化交流等”③，其“内容丰富，可补中国史料之不足，乃明清史与中朝关系史研究者不可或缺的重要史料”④。

除关注官修史书外，吴晗还注重利用其他多种类型的史料，如官员之奏疏、私修之史书、诗文集、考古资料及口述史料等。1935年，他为天津《益世报·史学》撰写《发刊词》，提醒史学工作者们：“一向不被人们所重视的正史以外的若干记载，我们也同样地加以注意，这里面往往含有令人惊异的新史料。”⑤ 文中所云“正史以外的若干记载”，包括“数量众多的私人著作的野史，不止有国史，还有地方史，包括省志、府志、县志，以至镇志、山志、庙志、学校志，和私人传记、笔记、个别历史事件的专史等等”⑥。他认为，私修史书虽不乏偏颇之处，然“主观上是不准备流传的”，也就“用不着说什么假话”⑦，其史料价值总体上值得肯定。基于这种认识，吴晗强调在治明史时，除征引官修史书外，还要重点参阅谈迁的《国榷》、查继佐的《罪惟录》、傅维鳞的《明书》等多家私修史书⑧，以获取较全面准确的认识。对于谈迁的《国榷》，吴晗指出“《国榷》的史料价值是很高的，特别是万历以后，崇祯、弘光间的记录”⑨。至于明人奏疏、诗文的史料价值，吴晗不仅肯定像《明经世文编》这样的明代总集有裨于明代史实研究⑩，还注重利用明代别集。如明嘉靖本《甘泉先生文集》

---

① 参见吴晗《谈研究历史》，载《吴晗全集》第9卷，中国人民大学出版社2009年版，第337页。按：该文原题为《史家谈历史》，发表于《北京日报》1962年8月31日。

② 因“文革”的缘故，《朝鲜李朝实录中的中国史料》于1980年才由中华书局出版。

③ 吴晗辑：《朝鲜李朝实录中的中国史料·序言》，中华书局1980年版，第2页。

④ 王维佳：《吴晗〈朝鲜李朝实录中的中国史料〉之编纂与价值》，《史学月刊》2015年第6期。

⑤ 吴晗：《天津〈益世报·史学〉发刊词》，天津《益世报·史学》1935年4月30日。

⑥ 吴晗：《论历史知识的普及》，《文汇报》1962年3月27日。

⑦ 吴晗：《学习历史知识的几个问题——在中华全国新闻工作协会举办的报告会上的讲话》，《教学与研究》1962年第3期。

⑧ 参见张海瀛《我的恩师吴晗先生》，《炎黄春秋》2004年第11期。

⑨ 吴晗：《谈迁和〈国榷〉》，载《吴晗全集》第7卷，第535页。按：该文作于1959年7月10日。

⑩ 参见吴晗《影印〈明经世文编〉序》，《光明日报》1962年4月5日。

即被他视作“研究当时学术思潮的极好史料”①。可见，吴晗对私修史著、别集等史料的重视。

近代以来，学术界日渐注意利用考古资料、口述史料来研究历史问题。吴晗认为考古资料本身“大都有比较可靠的历史年代”，可以大体上呈现所处时代的社会情况，“是最可靠的历史资料”②。吴晗还呼吁历史学者在研究历史时，应重视口述史料的搜集、整理和研究，认为口述史料“是第一手的史料，没有经过歪曲篡改的真实的史料，是来自人民中间的最可靠的史料”③。因此，梁嘉彬撰《广东十三行考》、河北省民间文学研究会编纂《义和团故事》运用口述史料的做法，均得到了吴晗的大力肯定④。

二 论史料与马克思主义理论的关系

20 世纪 20 年代前后，以唯物史观为指导的中国马克思主义史学产生。随后，它受到学术界的热烈欢迎，被大量学子争相用于历史研究。吴晗同样受其影响，自 1930 年始，“无条件地接受了历史唯物论，企图应用这新

---

① 吴晗：《明嘉靖本〈甘泉先生文集〉考证》，《清华周刊》第 36 卷第 7 期，1931 年 12 月。

② 吴晗：《论历史知识的普及》，《文汇报》1962 年 3 月 27 日。

③ 吴晗：《论历史的真实——读〈义和团故事〉、纪念义和团运动六十周年》，《民间文学》1960 年第 11 期。

④ 吴晗在肯定域外学者，如法国学者 Henri Cordier（*Les Marchands Henists de Canion*），日本学者田中萃一郎（《广东外国贸易独占制度》《十三行》）、根岸佶（《广东十三洋行》）、武藤长藏（《广东十三行图说》）、松本忠雄（《广东之行商及夷馆》）等研究广州十三行之成就的同时，指出过去的研究有三点“不能令我们满意”，“第一是史料的搜集，所有各种文字中关于这问题的记载，尤其是中文材料，都应一一加以研究和批评。第二是实地的采访，除文字的记载以外，还应从行商的后人和父老的传说中采访遗事，和文字的记载互相印证比较。第三是历史的研究，除横的方面就十三行本身作研究外，因这制度和中国历代市舶制度有关，更须向上追溯，作一纵的探讨”。而梁嘉彬的《广东十三行考》“是研究十三行问题后出的一本，除去尽量采取前人已有的成绩以外，更以他的努力克服以上所述的三种困难，他用几年的时间致力于这问题，他搜尽了一切能找到的中西史料，他在横的方面，遍访各行商后人，利用家谱行状和传说来补正过去学者的缺陷。在纵的方面，对过去历史作了一个详赡而扼要的鸟瞰”。参见吴晗《评梁嘉彬著〈广东十三行考〉》，《中国社会经济史集刊》第 6 卷第 1 期，1939 年 6 月。此外，吴晗认为《义和团故事》“这本书搜集了四十三个故事，都是人民当中的口头传说，其中有些讲述者还是当年曾经参加过这一伟大斗争的老战士。他们根据自己的目见耳闻提供了生动鲜明的史料，这是第一手的史料，没有经过歪曲窜改的真实的史料，是来自人民中间的最可靠的史料。当然，其中有些神话，并不是现实生活中可能的现象，但是，从这些神话中，也透露出当时人民的爱和恨，所赞成的和反对的，和善良的真诚的愿望，因此，也就确当地反映了历史的真实性”。见《论历史的真实——读〈义和团故事〉、纪念义和团运动六十周年》，《民间文学》1960 年第 11 期。

观点、新办法来研究中国历史”[①]。随着对马克思列宁主义和毛泽东思想学习的不断深入，吴晗运用唯物史观进行历史研究日渐谙熟。《朱元璋传》的渐次完善，即为一例（详细分析见下一小节）。与此同时，就史料与理论的关系问题，吴晗亦进行了深入的思考。

吴晗认识到历史研究包括理论指导与资料工作两个不可分割的基本环节。他既肯定前者对历史研究的指导作用，又不忽视后者对历史研究的重要性。他在谈及如何学习、研究历史时，说道：“学习理论无疑是十分重要的，但另一方面，也要掌握大量的史料，经过分析、研究、审查、理解，从中引出新的理论。也就是说，以‘论’指导研究，又从研究自己的历史实际中得出新的理论。”[②]

若仔细检阅吴晗在20世纪50年代末到20世纪60年代初“史学革命”中，围绕“以论带史”“论从史出”两种治史观点的争鸣，及“厚古薄今”“厚今薄古”两种思想号召的角逐所发表的言论，我们可以清楚地感受到他对史料与理论二者的关系有着极深的认知。20世纪50年代末“史学革命”初期，学术界在“以论带史”治史观点的影响下，出现了重理论轻史料的倾向。为了纠正这一偏颇倾向，强调史料于历史研究的重要性，“吴晗最先提出‘论从史出’”[③]治史观点，主张“历史工作者，必须以马克思列宁主义为指导，研究中国的历史实际，从中引出理论”，并强调“理论是从具体历史实际中来，离开具体历史实际的所谓理论是空洞的，主观的，臆想的”，“也是无用的”[④]。约略同时，学术界为尽快驱除资产阶级的学术风气，就资产阶级的“厚古薄今”思想，而针锋相对地提出了“厚今薄古”思想。学术界为响应“厚今薄古”的思想号召，掀起了一股改编历史教材的大浪潮。在改编过程中，一些历史学者对过去的历史资料持全盘否定的态度，吴晗对此提出批判，认为“把我国无比丰富生动的历史资料一棍子打死了。这是一种对自己国家历史的虚无主义态度，是

① 吴晗：《我克服了“超阶级”观点》，《中国青年》1950年第32期。

② 吴晗：《如何学习历史——对北京师范学院历史系同学的讲话》，《光明日报》1962年1月4日。

③ 苏双碧：《重新理解　大胆探索　弄清真谛——史料和理论关系再探讨之三》，《广州研究》1988年第5期。

④ 吴晗：《如何学习历史——对北京师范学院历史系同学的讲话》，《光明日报》1962年1月4日。

不科学的”，“也是错误的”①。随后，吴晗就如何处理历史上遗留下来的史料给出建议：“只有老老实实学习毛主席的思想，运用辩证唯物主义和历史唯物主义的观点、立场、方法，批判地继承，去粗取精，去伪存真，由此及彼，由表及里，把死史料运用为活史料，密切结合当前需要，使浩如烟海的无比丰富的史料中某些优良部分，充分发挥作用，古为今用，为今天的建设社会主义服务，才是唯一正确的可行的办法。”② 可见，史料与理论是史学“双翼”，二者相辅相成，共同促进马克思主义史学的蓬勃发展，吴晗对此有着深刻的认识。

三　史料学实践典范之作：以《朱元璋传》的增补为例

吴晗所撰著的《朱元璋传》，历经四次修订、不断增补充实史料而成书，堪称新中国成立以来马克思主义史学史料学实践上具有典范意义之作。

1943 年 11 月，吴晗写成第一版朱元璋传记，名曰《明太祖》或《从僧钵到皇权》。他在自序中自陈受时局所限，“参考的资料少得可怜”，并称史料缺乏“是这本小书的最大弱点”③，表现出对这本书的不满意，同时在一定程度上预示着他将作大幅度修订。大约五年后，第二版《朱元璋传》修改完成。1955 年和 1964 年，第三、四版《朱元璋传》问世。在第四次修订《朱元璋传》之前，吴晗曾追述前三版朱元璋传撰写与修订情况：“我写初稿时约八万字，材料没出处；第二稿注明了出处加了五百多条小注，篇幅增加一倍多，达到十几万字，史料充实了。第三稿则观点有所改变。”④ 由此可知，吴晗在第一版基础上作修改扩充为第二版时，不仅将书中所征引或所借鉴的史料加上小注，以消除读者对史实叙述真实性的怀疑⑤，而且还进一步增添史料，使得引征史料更为丰富充实，论证更加规范、扎实、可信。

---

① 吴晗：《论历史剧》，《文学评论》1961 年第 3 期。

② 吴晗：《论历史剧》，《文学评论》1961 年第 3 期。

③ 吴晗：《明太祖・自序（1943 年本）》，载《吴晗全集》第 5 卷，第 3 页。按：该序写于 1943 年 11 月 22 日。

④ 吴晗：《谈研究历史》，载《吴晗全集》第 9 卷，第 339 页。

⑤ 参见吴晗《朱元璋传・后记（1948 年本）》，载《吴晗全集》第 5 卷，第 317 页。按：《后记》写于 1948 年 8 月 12 日。

为反映和展现第二版《朱元璋传》史料的征引和增补情况，现将所主要征引的元明史料分为四类，并逐一胪列：

（1）元明官修史书：《元史》《明史》《元典章》《明太祖实录》《皇明祖训》《御制大诰》《大诰续编》《大诰三编》《大明律》、正德《大明会典》《天潢玉牒》等，凡11种。

（2）明清野史笔记：徐霆《黑鞑事略》，权衡《庚申外史》，徐大焯《烬余录》，俞本《皇明纪事录》，宋濂《平汉录》《洪武圣政记》，叶子奇《草木子》，陶宗仪《辍耕录》，姚桐寿《乐郊私语》，刘辰《国初事迹》，朱权《通鉴博论》，黄瑜《双槐岁抄》，黄溥《闲中今古录》，叶盛《水东日记》，吴宽《平吴录》，黄标《平复录》，陆容《菽园杂记》，祝允明《九朝野记》《前闻记》，何孟春《余冬序录》，陆深《平胡录》，徐祯卿《翦胜野闻》，郑晓《今言》，黄光升《昭代典则》，高岱《鸿猷录》，孙宜《大明初略》，王世贞《弇山堂别集》《弇州史料》，姜清《姜氏秘史》，王文禄《龙兴慈记》，严从简《殊域周咨录》，郭造卿《陈有定传》，何乔远《闽书》《名山藏》，顾起元《客座赘语》，沈德符《万历野获编》，钱谦益《国初群雄事略》《太祖实录辩证》，方孔炤《全边略记》，谈迁《国榷》，谷应泰《明史纪事本末》，计六奇《明季北略》，潘柽章《国史考异》，杨学可《明氏实录》，姚福《清溪暇笔》，吕毖《明朝小史》，何崇祖《庐江郡何氏家记》，赵翼《廿二史劄记》，方觉慧《明太祖革命武功记引》等，凡49种。

（3）奏疏诗文：张紞《云南机务钞黄》《元文类》，余阙《青阳文集》，宋濂《宋文宪公集》，宋讷《西隐文稿》，贝琼《清江诗集》，陈基《夷白斋稿》，陶安《陶学士文集》，王逢《梧溪集》，孙宜《洞庭集》，张居正《太岳集》，全祖望《鲒埼亭集》，钱大昕《潜研堂文集》等，凡13种。

（4）其他史料：佛道文献如《摩尼教残经》《志磐佛祖统纪》，大阿罗汉难提密多罗所说《法住记》；金石文献如李文田《和林金石录》；域外文献如《朝鲜李朝实录》，以及日本汉学家内藤虎次郎的研究成果《明奴儿干永宁寺碑考》等，凡6种。

从征引史料的类型来看，吴晗修订第二版《朱元璋传》时，除大力查阅元明时期的官修史书，大量搜罗明清时期的稗官野史、史料笔记、奏疏诗文外，还对佛道文献、金石文献、域外文献及研究成果多所留意。为写出一部令人信服的朱元璋传，吴晗在第二版《朱元璋传》中已征引和增补史料约80种。从侧面充分反映出他崇尚信实的史学精神。吴晗在唯物史观的指导下，勤于搜罗和充分占有史料，坚持马克思主义史学的求真求实精神，四次易稿，最终写定《朱元璋传》。“此书正式出版后，由于它的鲜明的观点、翔实的史料、生动的文笔而受到了史学家和广大读者的欢迎。”①

在充分占有史料的基础上，吴晗通过综合考核，及时修订既有观点，力争客观地评价历史人物。关于彭莹玉的历史结局，就是一例。吴晗早年受到史料等限制，认定彭莹玉于功成名就后选择隐遁山林，不再过问世事。1948年，吴晗完成《朱元璋传》第二版，送与毛泽东阅览。毛泽东认为书中对彭莹玉历史结局的叙述存在问题。新中国成立后，吴晗回到北京，继续广搜博采相关史料，最终找到彭莹玉被元军杀于杭州的史料记载，于是更正了彭莹玉历史结局的叙述。这就是第三版《朱元璋传》之修订工作。后来，夏鼐撰文纪念吴晗，专摭这一事件，赞扬吴晗层层查考史料的“穷追不舍”精神，说：“为了《朱元璋传》中彭和尚（莹玉）的结局问题，虽然毛主席曾对他指出彭和尚的结局不应是功成身退，吴晗同志还是一定要查出有关彭和尚被元朝军队杀害的可靠史料，才心安理得地把它写入书中。”②

又如对朱元璋的评价。1955年，第三版《朱元璋传》修订出版，吴晗将新书分送友人，并征求意见。毛泽东阅览后建议：“朱元璋是农民起义领袖，是应该肯定的，应该写得好点，不要写得那么坏。”③ 吴晗对毛泽东这一意见持谨慎态度，“一面认真地翻阅史料，一面努力学习马列主义”，“力求用历史唯物主义的观点和方法，对朱元璋这个人物进行科学地、历史地总结”④。至第四版《朱元璋传》修订问世时，书中对朱元璋的评价坚持实事求是、一分为二的观点：既肯定朱元璋推翻元朝统治、统一全国，安定社会秩序、发展生产等历史功绩，又指出朱元璋推行特务政

---

① 顾建华：《吴晗对新中国史学的贡献》，《华北工业大学学报》1992年第2期。

② 夏鼐：《我所知道的史学家吴晗同志》，《社会科学战线》1980年第2期。

③ 袁溥之：《忆吴晗同志二三事》，《北京盟讯》1981年第3期。

④ 苏双碧、王宏志：《一位辛勤耕耘的史学家——纪念吴晗诞生七十五周年、逝世十五周年》，《历史研究》1984年第3期。

治、杀戮功臣宿将、实行八股取士、宣扬迷信思想等局限性。[①] 吴晗评价朱元璋时，坚持运用唯物史观，坚持论从史出，得到了学术界的称赞，谓吴晗对朱元璋的“正面评价和负面评价都是有历史根据的”，是“就史论史”，“吴晗本着一个历史学家尊重史料、尊重史实来写历史，保留了一个正直的历史学家对待历史的态度”[②]。

四 史料学教学实践上的导引

吴晗对史料给予充分重视，在唯物史观的指导下进行史学研究，形成了独特的治史风格。他将自己的史料学研究经验贯穿于教学实践，利用授课、学术演讲等多种活动，劝导初学者应注重对史料的搜集与研究，并认真讲授整理史料的具体方法。

吴晗每劝勉初步研习者“作学术研究必须先打好基础”[③]，除说明理论学习的必要性外，还强调“史料是研究历史的基础，”“哪怕是很细小的问题，也必须掌握充分的史料，不然就没有说服力”[④]。1962 年，吴晗在北京师范学院历史系向同学们传授治史经验，先是引导大家意识到须从广度和深度两个层面进行历史知识的储备。他说：“所谓广，就是基本知识要广。无论研究中国史还是外国史，对中国的历史都要有基本的了解。”“所谓深，就是钻研要深。对某个具体问题，或者是断代史、专史，就不只是广的问题，而是要钻得深，要尽最大可能，掌握所有有关史料，而且要有自己的见解。”[⑤] 继而使大家意识到史料于治史工作的重要性。对某一专题进行具体研究时，先要搜集史料，而史料的搜集，不只要“广”，更要“深”，尽可能做到“竭泽而渔”，然后再通过分析研究，形成“自己的见解”，坚持“论从史出”。

吴晗在指导学生读书做研究时，常勉励学生要多读书，因为“多读书

---

① 参见吴晗《朱元璋传（1965 年本）》，载《吴晗全集》第 6 卷，第 472—473 页。

② 苏双碧：《吴晗 学者官员双重身份的悲剧》，《炎黄春秋》2009 年第 6 期。

③ 吴晗：《谈学术研究（二）》，《前线》1964 年第 11 期。

④ 张海瀛：《我的恩师吴晗先生》，《炎黄春秋》2004 年第 11 期。

⑤ 吴晗：《如何学习历史——对北京师范学院历史系同学的讲话》，《光明日报》1962 年 1 月 4 日。

就见多识广，不至于孤陋寡闻”[1]。大量地阅读史料文献，是治史者搜集与运用史料的基础。至于读书先后顺序，吴晗建议：“先读那些主要的、非读不可的书，再读一些有关的书，要有计划有步骤地、分期地读书，有些书还要背诵。”[2] 通过甄别不同史料的重要程度，将基本史料与重要史料区别开来，然后有次第地进行阅读。据相关材料，吴晗先后指导张显清、张海瀛两位研究生，谆谆告诫他们，充分重视史料文献阅读，打牢学术基础。具体到明史史料的学习和研究，他指示门径：“从明代最基本史籍读起”，“先读《明史纪事本末》，然后读《明史》，再读《明实录》”[3]，再渐次涉及有关明代的“各种专著”“各种文集和方志”[4]。就为何要先阅读基础史料，吴晗向自己的学生说道：“正因为书很多，读起来有点像老虎吃天，没法下口。所以我才再三强调，一定要从基础书读起，在基础书上下功夫。读了基础书，你就有了主心骨。有了主心骨，你再翻阅其他书时，才能够选取和驾驭那些有价值的史料。”[5]

至于搜集、整理史料的具体方法，吴晗的经验是勤奋抄录资料卡片。他的书斋“陈放着一个很高的卡片柜”，“在几十个卡片盒里，装满了他多年亲手抄下来的几万张卡片”[6]。他指导学生抄录史料卡片的方法和步骤：“一、每一段资料上要加上题目，指出这一资料属于什么问题；二、抄录的内容要有所选择，选取能说明关键性问题的资料；三、写清楚材料的来源、书名、作者、事件发生的时间等等。”[7] 他还结合自己抄录史料卡片的经验教训，提醒治史者须注意以下细节：一是为防止资料繁多而出现遗忘，应及时抄录或编制索引，以免留下“书影”之憾[8]；二是当相关史料卡片涉及多个选题或主题时，应效仿古史“互见”的做法，将这样的史料

---

① 丁名楠：《回忆吴晗先生在昆明的二三事》，载北京市历史学会编《吴晗纪念文集》，北京出版社 1984 年版，第 115 页。

② 吴晗：《如何学习历史——对北京师范学院历史系同学的讲话》，《光明日报》1962 年 1 月 4 日。

③ 张显清：《难忘的四年——回忆吴晗先生》，《明史研究论丛》第六辑，2004 年。

④ 张海瀛：《我的恩师吴晗先生》，《炎黄春秋》2004 年第 11 期。

⑤ 张海瀛：《我的恩师吴晗先生》，《炎黄春秋》2004 年第 11 期。

⑥ 张习孔：《谈吴晗的史学思想》，《历史教学问题》1989 年第 4 期。

⑦ 吴晗：《漫谈资料工作和研究工作》，《新闻业务》1961 年第 3 期。

⑧ 参见吴晗《关于研究历史的几个问题——1962 年 5 月 4 日对中国人民大学历史系和历史档案系同学的讲话》，《教学与研究》1962 年第 3 期。

同时抄入这些专题之下。[①]

实际上，史料的阅读与抄录作为历史研究工作的初步阶段，可以为后续工作奠定坚实基础。当治史者在勤奋摘录资料卡片之后，“一个专题的史料积累到可以提出问题了”，“再进一步有系统地读有关的书，发掘更多的史料”[②]，“然后辑成史料长编”[③]。就某种程度而言，吴晗在史料学方面的这种处理，是学习和效仿了宋代史学家司马光等编纂《资治通鉴》的方法。但吴晗的治史工作并未在此止步。“在长编的基础上，经过认真思考”[④]，撰写相关的学术论著，以解决这个专题的某些问题。他认为经过这样一种阅读史料、抄录资料卡片、辑纂史料长编、撰写研究论著的扎实过程，“文章的内容才可能比较有科学性”[⑤]。以上这些都是吴晗在史料学教学实践上的宝贵经验，对当时乃至今天的治史者来说都具有重要参考价值。

总之，吴晗在历史研究中重视史料，这可以从他自觉对官修史书、私修史书、诗文奏疏、考古资料及口述史料等多种类型史料的重视与利用上得以证实；从他认知史料与唯物史观的关系之于马克思主义史学发展的作用上得以证实；从他对《朱元璋传》之史料的渐次增补和不断根据新史料，对既有观点进行修订上得以证实；还可以从他孜孜不倦地教导后学应注重对史料的搜集、整理与研究上得以证实。纵观吴晗的治史生涯，他有着强烈的史料意识，重视对史料的搜集、整理与研究。诚然，在特定的历史时期，马克思主义史学阵营中存在片面强调理论、忽视史料的现象，但这并不足以代表马克思主义史学的整体情况。前述吴晗的治史经历适足反映一端。

---

① 参见张海瀛《我的恩师吴晗先生》，《炎黄春秋》2004 年第 11 期。

② 吴晗：《读史劄记・后记》，生活・读书・新知三联书店 1956 年版，第 359 页。按：《后记》作于 1955 年 8 月 18 日。

③ 闻立树：《在吴晗副市长身边工作的日子》，《百年潮》2009 年第 9 期。

④ 闻立树：《在吴晗副市长身边工作的日子》，《百年潮》2009 年第 9 期。

⑤ 吴晗：《漫谈资料工作和研究工作》，《新闻业务》1961 年第 3 期。

由明清史料研究到史料学理论：谢国桢在史料学上的学术成就*

吴　航**

谢国桢（1901—1982）一生致力于明清史研究，喜欢搜辑明清野史笔记，立志绍述全祖望、杨凤苞研治明清史的遗风，辛勤耕耘长达五十余年之久，著述宏富，造诣极深。他较早纂辑《晚明史籍考》《清开国史料考》等，蜚声学界。新中国成立后，他在范文澜的介绍和影响下，积极学习马列主义、毛泽东思想，并以之指导史学研究，注重探索明清野史笔记的发展规律；在史料编整工作上，坚持古为今用的宗旨，率先垂范，先后辑成《清初农民起义资料辑录》《明代农民起义史料选编》《明代社会经济史料选编》等史料汇编；坚持在马克思主义理论指导下，积极发展史料学理论。

客观地说，谢国桢在史料学上取得的卓越成就和作出的学术贡献，至今嘉惠后学，具有重要的学术影响；是马克思主义史学史料学的重要组成部分。故拙文之作，旨在清理和总结这份学术遗产，希冀对当前的史学研究有一定借鉴和启发意义。

* 基金项目：本文系 2018 年度国家社科基金项目"清前期'南明人物碑传'整理与研究"（18BZS009）、安徽省高校拔尖人才引进与培育计划项目（gxyqZD2019032）阶段性成果。

** 吴航，淮北师范大学历史文化旅游学院。

一 《（增订）晚明史籍考》：“研究南明史料的一个钥匙”

谢国桢早年在其师梁启超的亲自指授下，开始广泛涉猎明末清初史事相关的野史稗乘，准备着手编辑一部史料考订之作，立志“绍述全祖望、杨凤苞治明清史学的遗风”①。为此，他广搜博采，乐此不疲。不仅遍阅梁氏饮冰室内的大量藏书，还辗转于京津之间，南下江浙，北上沈阳，奔走于全国各地的公私藏书单位，甚至东渡日本、朝鲜，访求书籍。“阅时已及四年，奔走几及万里。凡通都大邑，官私藏书，靡不借览，旁及日本、朝鲜，力所能及，亦常钞译不倦，盖廑廑初稿，而所费精力已为人所不能及矣。”② 他自称：

> 桢之草斯辑也，盖始于侍先师梁启超先生饮冰室讲席，先生插架颇富，即于所藏丛书中求之，犹嫌以为未足。先生乃介桢于海盐朱希祖先生、东莞伦明先生，得窥其所藏。江安傅增湘先生并出所藏晚明野史，以资阅览。自服务于北平图书馆，命专理其事，俾成完书，馆中所藏之书，得悉资披览。吴兴徐森玉先生，精于赏鉴之学，凡有所得，必以相告，因得读故宫博物院图书馆、东方文化会、孔德学校图书馆、鄞县马廉先生之书。凡藏书之地，无不亟往求之，如是者且二年。庚午之秋，乃复远游江浙，北上沈阳，冀得窥江南塞北之遗书，乡邦遗老之传说，于是得见南京图书馆、上海涵芬楼、吴兴刘承幹先生嘉业堂、海盐张元济先生涉园、平湖葛氏传朴堂、上虞罗氏殷礼在斯堂、辽宁故宫博物馆所藏者，凡有明史稗乘，必登之于册。盖自属稿之时，以迄纂辑成册，凡历公私藏书之所约十数处，费时阅四年，而初稿始成。③

经过四年的广搜博采，至1931年，他终于纂就《晚明史籍考》一书。次

① 谢国桢：《明末清初的学风·自序》，人民出版社1982年版，第1页。按：今虽有《谢国桢全集》问世，可惜谢国桢写作较早的序跋等多未收入。为充分展现谢国桢的治学历程与学术思想的演变，征引资料均以最初刊发为根据。

② 朱希祖：《晚明史籍考序》，《晚明史籍考》卷首，北平图书馆1932年铅印本。

③ 谢国桢：《增订晚明史籍考·自序》，上海古籍出版社1981年版，第15—16页。

年由当时的国立北平图书馆铅印问世。新中国成立后，昔日复壁深藏的野史稗乘，日出不穷，为学术界所重视。朱希祖、柳亚子等并世南明史专家的图书，也捐赠于北京图书馆。谢国桢在柳亚子等老友的倡议下，将原编增补修订至 24 卷，题为《增订晚明史籍考》，1964 年由上海中华书局再版发行。此后，他重新修订此书，1981 年由上海古籍出版社出版发行。

该书原编 20 卷，依次为：卷一至三为“通记”，卷四为“万历至崇祯”，卷五、六为“党社”，卷七、八为“流寇”，卷九为“甲乙之际”，卷十、十一为“南明三朝”，卷十二为“鲁监国”，卷十三“赐姓始末”，卷十四“清初三藩”，卷十五“城守义师”，卷十六“史狱”，卷十七、十八为“传记”，卷十九为“杂记”，卷二十为“诗话传奇”。增订本 24 卷，作了较大调整或增订，主要体现在：（一）“与原书相比，既增补了资料，体例也略有不同”；（二）“原编多采序跋，增订之本，则重于书籍内容之简介”；（三）原编“特别注重于民族的矛盾，而忽视了阶级的矛盾，尤其是对农民起义军的抗清斗争，以及当时社会经济的背景，皆不够重视，故此次重新修改时，力图注意于这一点”①。具体而言，改“流寇”为“农民起义”，变“城守义师”为“抗清义师”，新增“文集题跋”两卷，“万历至崇祯”“杂记”各扩一卷。且子目较原编更为详细、具体，从中可以看出其旨趣与学术思想之变化。以下以增订本为主要论述对象。

该书在时间安排上，上起明万历时期，下迄清初平定三藩，且以甲申为断，分作两个时期。每一时期又以事实、内容、性质分类，加以区别。甲申以前，设置“通记有明一代史乘”“万历至崇祯”等三卷，便于读者对明代史事的整体掌握，以具备通知明代史事之能力。甲申之后，分为“甲乙之际”“总记南明史乘”“南明三朝”“鲁监国”“郑氏始末”“抗清义师”等。对于那些无法明确归入这两个时期的著作，则以其体裁加以分类，如“传记”“文集题跋”“杂记”“明季史料丛刻及书目”“宫词诗话小说传奇”等。从卷八到卷二十四，则是多与南明史相关的史籍，几占全书篇幅的三分之二。

在编纂体例上，此书继承清代学术家辑录文献的学术传统，仿朱彝尊《经义考》、谢启昆《小学考》、孙诒让《温州经籍志》诸书而作。增补本改写相对明显。在每部书之下，先列书名卷数版本、作者朝代姓名字号爵

---

① 谢国桢：《增订晚明史籍考·前言》，中华书局 1964 年版，第 2 页。

里；次将相关序跋、凡例等，按其时代排列；最后系以编者按语。如此，眉目更加清楚，颇便利用。

值得注意的是，该书还及时吸收与著录书籍相关的最新研究成果。不仅屡屡胪列朱希祖、柳亚子等人所作南明史籍的题跋、提要，还介绍所录史籍的最新研究情况。如卷一“查继佐《罪惟录》”条，除增入张宗祥、张元济二跋外，所增另一条按语相较原书文字简省，增入农民军领袖郝摇旗、刘体纯等拥立韩王本铉在郧西、巴东一代建立定武政权，据守抗清长达十七年之久的史事，同时指出孟森《后明韩主》一文考证甚详。① 再如“谈迁《国榷》”条，既指出中华书局已出版张宗祥编校本，又称吴晗所撰《爱国的历史家谈迁》《谈迁和国榷》等文，可资参考。②

《增订晚明史籍考》一书，是谢国桢在明清史、明清史料、目录学研究上的重大贡献。这一皇皇巨制，编纂体例独具匠心，且收书众多，著录有关明末清初史事之书1140余种，未见之书620余种，蔚为大观，具有重要的史料价值和史学价值。自其问世以来，即受到学界的广泛好评。朱希祖称：“此编之作，既自开辟门径，亦以灌溉朋侪，即如余之俭见寡闻，亦得一扩耳目，增益知识。”③ 孟森则认为：“使人执此《考》以求其书，有事半功倍之乐。”④ 柳亚子更明确地说：“这部书，我叫它是研究南明史料的一个钥匙。它虽然以‘晚明’为号，上起万历，不尽属于晚明的范围。不过要知道南明史料的大概情形，看了这部书，也可以按籍而稽，事半功倍了。”⑤ 又说：“全书史料，虽多不涉于南明，但谈南明史料，亦不能外此书而旁求其锁钥矣。”⑥ 时至今日，我们“研究明末及清初历史的人，没有一个不是以这本书为入门向导，然后才逐渐步入堂奥的；并且，在研究过程中，仍然需要不时翻检此书，从而断定所用史料的价值，或者在此基础上，再去进一步开掘史料，扩大研究的范围。如果没有谢老的这部大书，治明末清初史者，面对茫茫书海，很可能将不知从何处下手，查找稗官野史中的史料，即使花了很大功夫，恐怕难免要挂一漏万，大走弯

① 谢国桢：《增订晚明史籍考》卷一“通记有明一代史乘”，第4—8页。

② 谢国桢：《增订晚明史籍考》卷一“通记有明一代史乘”，第37页。

③ 朱希祖：《晚明史籍考序》，《晚明史籍考》卷首，北平图书馆1932年铅印本。

④ 孟森：《晚明史籍考序》，《晚明史籍考》卷首，北平图书馆1932年铅印本。

⑤ 柳亚子：《续忆劫灰中的南明史料》，柳无忌编《南明史纲、史料》本，上海人民出版社1994年版，第358页。

⑥ 柳亚子：《羿楼旧藏南明史料书目提要》，柳无忌编《南明史纲、史料》本，第419页。

路的。毫无疑问，《晚明史籍考》将会一直流传下去，成为研究明清史学者们必不可少的参考书”①。

当然，此书也存在某些不足。如部分提要不够精确；个别作者的生平，方志已有记载，而书中仍付诸阙如等。谢国桢晚年毫不隐晦地说：“顾炎武《亭林诗集》中习咏‘东武四先历’的诗句，本来是‘唐隆武四年历’的隐语，我误以为忠孝伯郑成功奉怀王常清监国于南澳的年号，则就大错特错了，其他错误的地方还不在少处，真是见讥于通人，贻笑于方家。”② 然而，如此小疵，并不影响其整体价值，它始终是我们研究明末清初史学的必备参考用书。

二　编整明清史料，发挥古为今用的宗旨

谢国桢在整理和汇编明清史料上总是率先垂范，不惜花费气力。他作出的努力和取得的成绩，使后学晚辈受益良多，是值得重视的。

20 世纪五六十年代，谢国桢不断呼吁整理和编辑史料，为研究者提供资料支撑，以充分开展史学研究。鉴于“解放以后，政府重视祖国的文物和文化遗产”，“昔日‘蛛网尘封，深固秘密’，在官僚地主书架上的书籍，和被统治阶级遗弃而著者一生心血所寄的稿本，都渐渐的发现出来，得到各省市图书馆的保管，给读者以很大的便利”。加上“在党的正确领导下，指示了观点、立场和方法，研究科学的方针和方向，给我们以辨别史料的方法，使这些资料得到妥善的保存，也得到很好的利用，使学术界充满蓬蓬勃勃的气象”。因此，他呼吁和建议编制图书目录，“有关文化部门应当调查各省市图书馆所藏的书籍，早日编成目录，或者编成联合目录，其散见在外间的应当急为搜访，以使它们不致于散失”。“目前既然有大量的笔记稗乘资料出现，为了发挥‘古为今用’的宗旨，在近来出版的《近代史资料丛刊》之后，我认为编整明清以来的史料，还是史学界目前重要任务之一。”

至于明清史料的种类，除官修史书外，谢国桢强调尤应注意野史笔记、文集、地方志，“这三项资料，是寻找我国文化遗产和古代近代社

---

① 王春瑜：《秋夜话谢老》，《学林漫步》十集，中华书局 1985 年版，第 1—12 页。

② 谢国桢：《爱国诗人柳亚子与南明史乘》，《历史教学问题》1981 年第 1 期。

会情况的宝库”。但是，编整任务十分繁重，不是个人所能做到的，“必须在党的正确领导下，组织集体编整的力量，才能胜利完成”。为此，他拟出三个工作方向：一是“选择一套分门别类、有系统的丛书，或把重要的名著标点整理，辑印为笔记丛刊”；二是“把浩如烟海的笔记稗乘，存其精华，去其糟粕，编成为笔记稗乘资料汇编”；三是“分为专类，如经济、政治、阶级斗争与民族斗争、边疆地理、科技发明、文化、艺术等，编成各种各样的资料钞存”。① 他的这些建议为古籍整理指明了努力方向，有的后来被出版单位纳入选题，如中华书局“历代史料笔记丛刊”，拟收唐代以下五朝笔记，分为《唐宋史料笔记丛刊》《元明史料笔记丛刊》《清代史料笔记丛刊》三套书。② 有的就是他凭借一己之力而编成的专题资料选编。如他于 1956 年 7 月整理出版的《清初农民起义资料辑录》。“文化大革命”以后，他继续“把以前所搜辑的明清野史笔记的资料，编成《明代社会经济资料选编》《明代农民起义资料选编》”③，分别作为“明代野史笔记资料选辑”之一、二，于 1980 年至 1981 年整理出版。

《清初农民起义资料辑录》之纂辑，是谢国桢学习马列主义、毛泽东思想以后，考虑到“农民群众为了热爱祖国而进行的英勇抗清的斗争，伟大的事迹，是磨灭不掉的，在我们的时代里，也不容它湮灭而无闻的”。然而，清初“人们因为处在清廷统治的淫威之下，自然不敢如实地加以记述”，即使像全祖望、杨凤苞等晚明史专家，“特别阐述了东南士大夫抗清的事迹”，“对于农民群众坚决抗清的运动就未能述及。至于其他记载上，记述的也很少，因之这些英勇斗争的事迹，就晦而不彰了。但我们可以从近年发现的北京清故宫内阁大库所藏的档案（统治者内部的情报）以及《清实录》《清史稿》等官书中找到一些情况。这些文件多数是当时那些为统治阶级服务的奴才们，为着要报功所写的‘塘报’、‘揭帖’、‘奏章’等，虽然有许多地方是歪曲了事实，然而如果我们把它搜剔出来再加上各省各县的方志与各家野史、笔记里面的记载，按照时代的先后，汇集在一

---

① 谢国桢：《明清笔记稗乘所见录》，《文物》1961 年第 3 期。

② 《中华书局计划编印二十四史研究资料丛刊和历代史料笔记丛刊》，《出版工作》1979 年第 9 期。

③ 谢国桢：《我的治学经历》，《书林》1980 年第 5 期。

起，用新的观点和方法来对照、分析，就不难看出每件事大致的真实情况”。[①] 基于此，此书在编纂体例上，先作概述，以说明清初农民起义的事实；“再把搜辑的资料，围绕着事实，按其时代、地区、发展情况、种类性质，排比整理，作有系统的介绍”；“所搜辑的资料，以农民起义事情发展的起讫原委为主”。而取材以清代官书、档案文件为主，以地方志、文集、野史笔记为辅，“以《清实录》《清史稿》《明清史料》甲乙丙丁编、《文献丛编》等书为主，而参以地方志、各家文集、野史笔记，以补其不足。原来的资料，都是些零篇断简的东西，经过排比和整理，事实的原委，就可以看到一个概况”[②]。

1958 年，谢国桢开始系统整理明清笔记稗乘资料的工作。1960 年 7 月，他在《明清笔记谈丛·前记》中说：“我拟将明清两代笔记稗乘，凡足以补史乘之缺，而有关于政治、经济、文化以及风土人情的事实，抉摘真伪，分类钞存，注明出处，编为《明清笔记资料汇编》。”[③] 至 1961 年 3 月，《明清笔记资料汇编》明代部分初稿完成，约 200 万字。其取材、体例与《清初农民起义资料辑录》基本相似，“以明清人所著的笔记稗乘为主，并参考明清人的文集和各种地方志，以补充其未备；准备按照历史的事实、年代分类编排，作出有系统的介绍”。分作三大类：“（一）社会经济，包括户口、土地制度、租佣与雇佣关系、农业、手工业、商业、地理与交通、赋税与徭役等；（二）国家法权、政治制度，包括阶级与阶级斗争、社会组织与风俗、国家机构、官制、刑法、律令、军事、民族关系、对外关系等；（三）思想文化，包括学术思想、史学著述、公私藏书、文学艺术、音乐戏剧、宗教、科学技术、民间工艺等。在每类之中，又详列子目，并按照问题编辑资料，以供研究者探讨和利用。”[④] 最终因为“文化大革命”的爆发，他被列为资产阶级学术权威，所有的科研工作被迫停

---

① 谢国桢：《清初农民起义资料辑录·概述》，新知识出版社 1956 年版，第 4 页。按：《凡例》说法与之相似，云：“清初农民起义事迹，已被清朝统治者摧毁殆尽，各家记载颇尠，惟有从清代官书中，尚可以窥见其一二；尤其是近年发现的清内阁大库中档册文件，是当时清朝统治者的情报，记述了农民起义抗清的事迹，也记述了清朝统治者侵略的阴谋与对农民起义军残酷镇压的情况。清朝统治者的臣仆们，为了要报功，其中自然有许多地方歪曲了事实，但也保存了不少比较真实的资料。”二者可相互参阅。

② 谢国桢：《清初农民起义资料辑录·凡例》，第 1 页。

③ 谢国桢：《明清笔记谈丛·前记》，中华书局 1960 年版，第 1 页。

④ 《谢国桢完成“明清笔记资料汇编”明代部分初稿》，《历史研究》1961 年第 3 期。

止。到十一届三中全会以后，他选取其中的明代社会经济类，以《明代社会经济史料选编》为题出版，仅是“明清笔记资料汇编”之一部分。他晚年谈及治学心得时就编整明清史料表明心迹，说：

我就试图从野史笔记中搜辑明代的农工商状况，生产技术，工艺美术，科技发明，一直到商品经济的发展和资本主义萌芽的出现，编成一部《明代社会经济史料选辑》。同时我又感到“农民的起义和农民的战争，才是历史发展的真正动力”，因之我也想编写明代农民起义和清初农民起义的史料选辑。总之，要占有足够的资料，搞好专题研究，群策群力，编出信史。①

三 对明清野史笔记发展规律的积极探索和认识

谢国桢研究明清史，喜欢搜辑明清野史笔记资料，自称：“我研究历史，侧重于明清交替之际，并着眼于古代文献和社会经济这一方面；而搜辑史实，研究问题，想从人所不甚注意的野史笔记当中寻找滋补的材料。”因为，“官修正史，事多忌讳，语焉不详，尤其是人物列传，呆板枯滞，读起来如同嚼蜡一般。那只有从当时遗留下来的明、清两朝《实录》和我们邻邦朝鲜《李朝实录》等书，以及当时政府所储存的档册、情报、公文、阅件等史料入手。还有当时地方当局所编修的地方志书，和每一时代有心人士所记录下来的野史笔记以及所作的诗文集，我们亦应从中求之”。② 又说：“要研究并解决这些问题，就必须掌握大量的资料，仅仅依靠官修正史以及《实录》等官书是远远不够的。……官修之书有这许多隐讳不可靠的地方，那末，要广泛地考究当时的社会情况，就不能不注意野史笔记、私人诗文集和地方志乘，以及各项档案资料了。”③ 以上这些是他晚年较成熟的看法。

何为“野史”？他认为：“凡不是官修的史籍，而是由在野的文人学士以及贫士寒儒所写的历史纪闻，都可以说是野史笔记，也可以说是稗乘杂

① 谢国桢：《对于研究明清史的一点体会》，《中国史研究》1979年第3期。

② 谢国桢：《对于研究明清史的一点体会》，《中国史研究》1979年第3期。

③ 谢国桢：《明代社会经济史料选编·前言》，福建人民出版社1980年版，第1—2页。按：该序写于1978年11月。

家。”至于野史笔记的史料价值，谢国桢屡有申说。较典型的观点，如“野史笔记足以扩充历史的内容，增补官修‘正史’的不足”。他以宋代正统派史学家司马光编著《资治通鉴》，元明以来官修“正史”，皆“博采朝野遗闻”等，纂成“信今传后的书籍”，作为案例予以说明之。至于“明清以来，笔记和野史稗乘的种类、数目是相当繁多的，内容也相当复杂”，往往涉及“明清以来的经济、政治、阶级斗争和民族斗争、社会风俗、文化、艺术及民间工艺等类的重要事实，虽是点滴的事迹，可是汇辑起来，加以审查整理，就可以由特殊的事例见到一般，由点滴的情况可以窥到它的全面；而况是明清时期离近代为时尚不甚远，它的因革变迁，由古而可以知道今，由昨天而可以知道今天，可以看见社会发展的情况，是研究历史和社会科学的一项重要资料”。① 这是基于明清野史笔记的复杂内容，进而强调其学术价值和现实意义。

谢国桢对明清野史笔记发展规律的探索和认识，存在一个发展过程。早在1932年，谢国桢发表《明季奴变考》一文，抓住“奴变”这一历史现象，研究明末阶级关系，所征引的近二十种史料，几乎是当时不为人注意的野史笔记。文末最后指出：“历史上的事情，往往在人们不注意的地方，我们细心去研究，可以得到不少的收获。所以古代的风俗和社会的情状，常常在极小的地方可以发现。吾盼吾国的历史家，在‘高文典则’的地方，固可以注意，但是社会上琐屑的地方何妨拿一点比较和整理的方法研究一下呢。”② 研究“极小的地方”“社会上琐屑的地方”，必然要涉及野史笔记了。

至60年代，经受马克思主义教育的谢国桢，认为野史笔记“都是正史上所未曾记载的事实，极有史料上的价值。虽然这些作品多出于封建士大夫之手，可是较之官修正史，还是更多地揭露了一些社会矛盾，反映了一些人民群众的思想要求”③。在纂辑《明清笔记资料汇编》之同时，“想把每一部书的内容和它使用的价值，做一篇提要，置在《汇编》的前面，藉以明了笔记的源流和书籍内容的要点”④。可见他较早注意探索明清野史

① 谢国桢：《明清笔记稗乘所见录》，《文物》1961年第3期。

② 谢国桢：《明季奴变考》，《清华学报》第8卷第1期，1932年12月。又，黄镇伟：《谢国桢事辑》，《文教资料》1988年第1期。

③ 谢国桢：《明清笔记谈丛·前记》，第1页。

④ 谢国桢：《明清笔记谈丛·前记》，第1页。

笔记发展规律的问题了。

十年“文化大革命”中，谢国桢被打成“牛鬼蛇神”，编入“资产阶级学术权威”行列。在被关进“牛棚”“靠边审查”的日子里，他没有浪费时光，而是静下心来阅读鲁迅的《朝花夕拾》《故事新编》《呐喊》《彷徨》《且介亭杂文》等书。鲁迅说：“历史上都写着中国的灵魂，指示着将来的命运，只因为涂饰太厚，废话太多，所以很不容易察出底细来。正如通过密叶投射在莓苔上面的月光，只看见点点的碎影。但如看野史和杂记，可更容易了然了，因为他们究竟不必太摆史官的架子。”[①] 谢国桢晚年连续发表读后之感，说“读起来是很有意思的，对研究明清时代的野史笔记很有启发”[②]；“鲁迅先生这种说法是非常透彻，而且是正确的”[③]；“鲁迅先生指出读正史不如读野史笔记等书有益，因为作者不是史官，不摆史官架子，多少反映了当时社会的现实”[④]。他非常高兴从鲁迅的论述中，看到自己摸索一生的治学经验，其实鲁迅多年前就已经讲过了。或者说，谢国桢对野史笔记的看法，跟鲁迅多年前的说法暗合。

1978 年 11 月，谢国桢为《明代社会经济史料选编》撰写前言，指出“明代野史笔记的著述，……经历了一个发展演变的过程”，对明代野史笔记的发展阶段及其特点进行勾勒，大致区分为明代初期、前期、嘉靖以后、明末清初等几个阶段，并指出嘉靖以后是“明代野史笔记写作的极盛时期”[⑤]。稍后，他在此文基础上，对明清野史笔记的发展阶段、特点和内容进行比较系统、精深的论说，形成《明清野史笔记概述》一文[⑥]。

该文认为，明清野史笔记的发展走向，“自元末、明清以来，有心人士所写的野史笔记，因当时社会的环境，时代的推移，如风起云涌，波澜起伏，有时静止，有时繁荣，如回旋式地向前发展迈进”，可以分为七个重要阶段：元末明初为初期；洪熙、宣德以后为缓和期；正德、嘉靖以来为极为兴盛的时期；明末清初为“天崩地解”时期；清初顺治、康熙时代

---

① 鲁迅：《华盖集·忽然想到（四）》，《鲁迅全集》第 3 册，人民文学出版社 2005 年版，第 17 页。

② 谢国桢：《我的治学经历》，《书林》1980 年第 5 期。

③ 谢国桢：《明清野史笔记概述》，《史学史资料》1980 年第 5 期。

④ 谢国桢：《自述》，《文献》1981 年第 4 期。

⑤ 《明代社会经济史料选编·前言》，第 2—5 页。

⑥ 按：《明清野史笔记概述》写成于 1980 年 6 月 17 日，刊发于《史学史资料》1980 年第 5 期。《明清笔记谈丛·重版说明》，即据该文节略而成，说法亦有变化。两文可互相参阅。

为由盛转衰时期；雍正、乾隆以来为由潜伏到衰微的时期；鸦片战争以后至辛亥革命爆发，为由衰微到极盛的时期，呈现出“一个弧形的发展”[①]。至其内容，谢国桢的划分有八种、九种、十种之说。不过，十种的划分法相对全面和科学，它们是：农业生产；手工业、商业；政治制度、朝章典故以及社会经济和社会风俗；农民起义；少数民族事迹和起义；历史地理和自然地理；对外关系和海外贸易；历史文献和历史人物；科学技术、工艺美术；文史哲学家传记。“按此寻找书籍，也可以沿着这个线索为科学研究者提供有关的资料，而不至于像大海捞针无处可寻了。”[②]

对此，有学者认为，谢国桢的“这种阶段划分给人以过碎的感觉，有些地方似稍欠妥，但对这个时段笔记小说发展的基本轨迹和特征的描述还是贴近史实的”；“这种分类的意义不在分类本身，而是为在浩如烟海的笔记小说中的探求提供了一个指针”。[③]

四 马克思主义理论指导下的史料学探讨

新中国成立以后，谢国桢在马克思主义史学家范文澜的引介下，到华北大学政治研究所学习马列主义和毛泽东思想，试图用新的观点来指导工作，撰写出新的论著。这对他的史学研究产生了重要影响。他在批判继承传统史学的文化遗产之同时，积极贯彻辩证唯物主义与历史唯物主义的观点和方法，明确指出：“只有用马克思主义作为指导思想，历史才真正成为一门科学。”“只有运用马克思主义的观点和方法，才能对旧的东西进行科学的分析和批判，吸取有益的养分。”[④] 至于史料学的内涵、历史与任务，则云：“史料学是史学辅助学科，是研究处理史料的原则与方法。”“自从有史料存在，就出现了史料学研究课题。”“在马克思主义理论指导

---

① 谢国桢：《明清野史笔记概述》，《史学史资料》1980 年第 5 期。按：谢国桢对明清野史笔记发展规律的探索，曾有多处，如《明清笔记谈丛・重版说明》：“明清时代的野史笔记，其发展形势好似一个颠倒的弧形。”而《明清时代版本目录学概述》则说：“明清两代史学发展的情况可成为一个蜂腰形的样子。”

② 谢国桢：《明清时代版本目录学概述》，《齐鲁学刊》1981 年第 3、4 期。

③ 牛建强：《广域的史料观念：谢国桢对明清野史笔记小说价值之认识》，《史学集刊》2003 年第 4 期。

④ 谢国桢：《史料学概论》第八章《史学研究方法和工具书的使用方法》，福建人民出版社 1983 年版，第 174 页。本节以下征引，如不注释，俱出本章第 174、186—190 页。

下，搜集和整理史料，鉴别其真伪，批判地接受其有价值的东西，为史学研究服务，就成为史料学的任务。”① 这是他在坚持以马列主义理论为指导的前提下，而形成的关于史料学的真知灼见，是新中国马克思主义史学史料学的代表性观点。

他认为研究历史，既要以马列主义和毛泽东思想作为理论指导，还要掌握比较全面的历史知识，说：“历史上遗留下来的著述和史料多半带着剥削阶级的偏见，若不钻研马列主义和毛泽东思想，不掌握辩证唯物主义和历史唯物主义理论，就无法辨别其是非而探明其真相。反过来，若不掌握历史基本知识，就无法使用准确的资料而作出论证。”“研究历史不学习辩证唯物主义和历史唯物主义理论固然不行，但是如果忽视学习历史的基本知识，不能鉴别史料的真伪，所做的工作，就会粗制滥造，或者是错误的论证。”强调二者并重，不可偏废。

这是因为，掌握全面的历史知识，是基本功夫。不管是学习通史和断代史，或进行专题研究，都必须了解每个时期的年代、地理、人物活动、典章制度和重要事件，“然后才能成竹在胸，贯穿明了某个时期的大势和趋向。古人主张‘读书得间’，反对乱抄材料的‘獭祭’，就是说要有充分的识力来驾驭资料，而不是盲目依靠资料。否则就会处于被动，甚至于如入宝山，因为不识货反而空手而归了”。当然，从事史学研究，搜辑和鉴别史料固然重要，但还不够，“最要紧的是学习马列主义和毛泽东思想，掌握辩证唯物主义和历史唯物主义理论，把它运用到史学研究中去”，且要注意观点、立场、方法等方面。

谢国桢先后纂辑《清初农民起义资料辑录》《明代农民起义史料选编》两书，熟谙明清农民起义史事，理解更为深刻。所以，他在探讨研究史学问题，强调马列主义的理论指导与研讨史料史实并重，常以农民起义问题为例。

在观点上，他强调运用阶级分析法。因为“古代的史乘和著述多半是出于封建士大夫之手，他们维护封建伦常，提倡封建道德，若不进行阶级分析，就会被优美的词句所迷惑，被表面现象所蒙蔽”。历代史书记载农民起义，无不斥骂为“盗贼”，极力丑化诬蔑农民军领袖，以至于有野史记载张献忠“杀戮数以百万计”。他指明：“《蜀碧》一书，作者欧阳直原先曾参加

---

① 《史料学概论·序言》，第1页。

过张献忠所领导的农民军，后来投降清朝，为了替自己洗刷，就疯狂地诬蔑农民军。”又说：“由于张献忠失败了，地主文人为了献媚清朝，就把肃王入川杀戮之惨，以及川南明末地主武装杨展、武大定等互相杀戮的惨状，都记在张献忠的账上，真是‘纣之不善，不如是之甚也，天下之恶皆归焉。’”①所以，他认为“运用阶级分析方法，许多问题就不辨而自明了”。

至于立场问题，他指出，记载农民起义的“大半是封建时代的官书”，如明清两代内阁大库中的档案文件，其性质既是官书公文，又是镇压农民军的情报，“如果我们站在人民群众的立场上，就可以从中看出农民起义的消息和情况”。又如明末清初荆襄十三家起义军英勇抗清和他们在巴东山区开垦荒地、发展生产的事迹，“都是清代的官书档册及《湖北通志》中透露出来的”。人们基于不同的立场和角度，能看出不同的历史内容和光景，正所谓“横看山岭侧成峰，远近高低各不同”。

随着对马列主义学习和明清史研究的愈发深入，谢国桢对农民起义研究的理解更为深入，较早地向学界呼吁调整方向：“凡是想研究农民战争史的同志不能光谈农民战争，而不谈农民起义军经济政治的措施和发展生产的计划，以及朴素的农民革命思想，否则就是不够全面的。……农民起义军不单是一场阶级斗争，而且就在其潜伏时期及其建立政权的战争时期，都是有过拯饥救民、恢复生产、发展经济的事情；也可以说是推动社会进展的力量。要是光谈打仗，只说战争或者把现代无产阶级的思想强加在封建时代农民的头上，那是把历史当儿戏，成了一部‘相斫书’。这样，既会使读者生厌，也不合乎史实。”②

需要指出，上引《史料学概论》是谢国桢探讨史料学理论的代表性著作。这部书稿于1963年9月开始起草，1964年3月19日完成初稿。他最初在北京师范大学讲授“史学源流”课程，据郑鹤声《史部目录学》而撰写讲稿；以后又在北京大学、厦门大学、四川大学和华东师范大学讲授这门课程，不断进行扩充，“从史学发展这方面着手，简介史学基本知识、前人研究的成果和新发现的书籍以及出土文物等，概括地说明史料的源流、价值和运用方法”③。十一届三中全会以后，在白寿彝的鼓励下，他对早年的讲稿

① 谢国桢：《明代农民起义史料选编·前言》，福建人民出版社1981年版，第10—11页。

② 谢国桢：《明代农民起义史料选编·前言》，第1页。

③ 《史料学概论·序言》，第1—2页。

进行修改和增订，至1981年11月定稿，名曰《史料学概论》。“此书系统地阐述了史料学的形成、学科特点、与邻近学科的关系及其在史学中的地位，介绍了历代史籍的源流，提出了处理史料的原则和方法，条分缕析，脉络分明，指点古籍，如数家珍，内容充实，材料丰富。它灌注了作者的心血，体现了作者一生的治学经验，是一部值得重视的著作。”①

谢国桢晚年在谈治学心得、总结研治明清史料的心得体会时说：

> 至于我研究学问的体会，我认为历史是一门科学，它与政治既有联系又有区别，而总的来说是与政治分不开的。因此，研究历史必须掌握马列主义、毛泽东思想，对具体事实作具体分析。……我认为光是运用这些形式逻辑的方法还是不够的，还要采用辩证唯物论的方法进行分析研究。古人说得好：“读书得间。”就是从空隙中看出它的事实来，从反面可以看出正面的问题，读正史外，还要从稗官野史中搜辑资料从事订补考证，这犹如阳光从树林中照在青苔上，斑驳的光亮可以多少反映出客观的现象，从而得出这些事实的一个侧面，然后取得内在的联系，积累了许多的专题研究，然后才能写出不是陈陈相因、抄撮成书的作品。这是我治学的一种想法。②

这段话强调了历史研究要坚持马列主义、毛泽东思想为理论指导，在方法论上采用辩证唯物主义，在史料上注重稗官野史对正史的补正作用，注重把握历史事件之间的内在联系，由表及里，由历史现象到历史本质，实现由实践到理论的飞跃，最终达到求真、致用的根本目的。这是谢国桢在深入研究明清史料、史料学而得出的相当圆熟的识见，对我们今天从事史学研究仍有重要的指导意义。

---

① 《史料学概论·编辑后记》，第219页。

② 谢国桢：《自述》，《文献》1981年第4期。

中国史学理论与史学史

学科分类体系视角下的考古学学科定位刍议

唐炳湟*

一　问题

历史学的概念有广义与狭义两种。广义的历史学指研究人类社会历史的学科，狭义的历史学特指利用各种文献资料研究人类社会历史的学科，而考古学则是利用各种古代社会人类活动遗留下来的实物研究人类社会历史的学科。从这几个简单的定义来看，考古学与狭义的历史学几乎是一种完全平行并列的关系，都属于广义的历史学。其间具有决定性意义的区别仅仅在于所用于研究的材料及由此带来的视野、观念、方法与体系的不同。然而殊途同归，其最终的目的都是研究人类社会历史。因此，考古学与狭义历史学的研究对象与学科价值本身并没有本质的不同。就此而言，考古学与广义历史学及狭义历史学的关系可以说是相当清楚的，但实际上关于考古学与历史学学科关系的争论以及对考古学学科定位问题的讨论从来就没有停止过，其中牵扯的问题相当广泛而复杂。

第一是广义历史学的问题。广义历史学的存在是无可置疑的，但如果稍加分辨就会发现，这种无可置疑的存在只在理论层面有效。比如在某些高校或研究机构的学科体系中，作为二级学科的考古学与狭义历史学常被同时置放在作为一级学科的“历史学”名目之下，这个“历史学”就是广

* 唐炳湟：中国社会科学院大学古代史系博士。

义的历史学。但在实际的研究与教学活动中，除了考古学与狭义的历史学，我们实在看不到作为实体存在的广义的历史学学科。那么这里就有一个关于广义历史学的现实与理论之间的脱节。

第二是考古学的学科属性问题，也就是考古学到底是人文学科还是自然学科的问题。狭义的历史学是典型的人文学科，其研究目的和方法具有突出的人文性。虽然在某些专门史的领域内狭义历史学的学科属性也存在一定的争议，但一般不会有人怀疑狭义的历史学在整体倾向上的人文特质。相比之下，考古学在研究方法与手段上的自然科学倾向则是显而易见的。如果仅此而言，考古学与自然科学无疑更具亲和力，但问题的关键在于，考古学研究本身的目的乃至考古学这一门学科存在的意义又深深地植根于学者的人文关怀之中，其本质是人文的，而不是自然的。也就是说，考古学自身在目的与方法之间也有一个明显的断裂。

第三是所谓边缘学科的问题。正是鉴于考古学自身目的与方法之间的矛盾，部分学者引入了“边缘学科”或者异名同实的“交叉学科”的概念，讨巧地将考古学定位在人文科学与自然科学的交点上，认为考古学兼具人文科学的阐释性与自然科学的客观性，是一门边缘学科或者说交叉学科。但是，在对人类知识进行总体划分的人文科学、自然科学与社会科学三大类别之外，所谓的“边缘学科”或“交叉学科”，其本身的合法性还是一个悬而未决的问题。即使我们认同考古学是一门边缘学科，问题仍然得不到解决，边缘学科实际上也存在学科归属的问题。举例而言，地球物理学的本质是地球科学，法医学的本质是医学，教育法学的本质是法学。一言以蔽之，即使是典型的交叉学科我们也能在其所涉多种学科之间指认居于核心的科目。考古学在这种情况下的抉择，无论是选择投向某一门自然学科的怀抱，或者回归广义的历史学的立场，乃至倒向狭义的历史学，其最终的结果都是考古学自身学科主体地位的丧失。

与上述三个问题类似的前提性讨论基础的缺失还有很多，这里只能管中窥豹，见其一斑。就上述这些问题而言，主要的讨论还是在学科体系的论域内展开的，焦点更为集中的考古学与历史学本身的问题还没有涉及。虽然学界的讨论其实更多地集中在这一层面，也看似达成了一些共识，但可供推敲的余地其实还有不少。如果再把视野放大，将博物馆学、人类学的问题纳入讨论，可想而知问题会更加棘手。其实，岂止是与考古学相关的这几个学科，我们可以毫不客气地说整个人文学科乃至社会学科都面临着学科定位困难的窘境。原因固然是方方面面的，但本文认为，主要的症结还在于目前通行于全世界的学科分类体系本身不够完善，以下就此略作申说。

二 原因

以学科分类体系为核心，导致考古学学科定位困难的原因可以从以下几个方面进行思考。

首先是考古学与狭义历史学的学科差异问题。这个问题早已是老生常谈了，相关著述也是汗牛充栋，可以说自考古学诞生那一天起，考古学与狭义历史学的差异问题就如影随形地与考古学的发展纠缠在一起。学界的探讨从考古学与狭义历史学的研究对象、研究方法、理论体系、材料技术、价值诉求等尽可能多的方面详细梳理了两者的异同，对此我们不必一一重复。这里要强调的是，虽然我们可以毫不费力地区别两个学科的不同特点，但一如学者所论，一旦讨论涉及考古学的最终目的，也就是通过考古学的方法研究人类社会历史，上述考古学与狭义历史学的所有差异瞬间就黯然失色。在这个问题上，目的大于方法的意味相当明显。同时我们还要指出的是，考古学研究成果的最终呈现方式就其主流而言仍然是与狭义历史学没有本质区别的文献形式。说得再准确一点，考古学的最终研究成果依然要通过讨论历史问题的论义形式表现出来，一个遗址、一件文物如果没有配套的文字说明，它的核心价值就是物质的，其人文内涵就会有所遮蔽。学界至今争议不断的将对夏王朝是否存在的依据寄希望于直接文字材料的发现多少就陷入了这么一个怪圈。正如有学者所指出的那样，如果只有依靠出土文字材料才能证明夏王朝的存在，那么就相当于把辨析历史遗存的最终裁定权交给了历史学，而考古学的学科价值与学科地位就值得怀疑了。

其次是目前所使用的这个来自西方的学科分类体系本身就存在问题。众所周知，考古学在近代欧洲基本上是与狭义的历史学并肩而行的，但在美洲，考古学却常常依附于人类学。之所以这样是因为两者不同的诞生背景。欧洲考古学多从事与历史相关的建筑、艺术、雕塑等研究，而美洲考古学则是与对印第安人的研究联系在一起的。我们举这个例子只是想说明，仅仅是学科诞生的历史文化背景这么一个外在因素就可以对一门学科在学科分类体系中的位置造成重大影响，充分说明这个体系还不够成熟，还不足以应对人类在为知识进行分类时所遇到的各种意外。因而在面对考古学与狭义历史学的关系这个问题时，我们可以认为很大一部分原因并不在问题本身，而在于我们探讨问题的方法、分析问题的工具、观察问题的视野。

最后是文明的独特性问题。近代中国在引进西方知识文化思想的过程中发生了各种方枘圆凿鸡同鸭讲的故事，也留下了一大堆历史问题，西方学科分类体系的引入就是其中之一。西方学科体系的核心精神是专业化，条理清晰，层次清楚，但中国传统学术的特点是笼统不分，圆融一体。这就在根本上决定了中国传统学术的命运。一个典型的例子是经学。在普遍运用西方学科体系的过程中，经学被文史哲三足鼎立的现代学科体系所取代，其研究内容被分解到多个学科之中，经学本身以儒家经典的解释与阐释为核心的知识系统在现代学科体系中找不到容身之处。同样的例子还有金石学。学者认为金石学在一定意义上可以视作考古学的前身，但实事求是地说，抛开时代背景、指导思想、价值诉求等外在的东西不论，就最核心的研究目的、方法、手段等内容而言，金石学与考古学之间的异同仍是难以用几句话就说清的问题。二重证据法的是非对错原则上也要放到金石学的大背景中才能得到合理的评价。西方学科分类体系与中国传统学术之间的矛盾不用再举过多的例子，我们相信在所谓“学科现代化”的过程中必然有大量深刻的问题被轻易地遮蔽了，而考古学在中国的学科定位问题也应当将这一点作为一个有必要深入发掘的运思方向。

三 思考

当前，要想一劳永逸地解决考古学与历史学的关系以及考古学的学科定位问题，无论是主观上的准备还是客观条件都不是很成熟。但这并不意味着这个问题就可以被视而不见束之高阁。问题暂时无法解决，研究却无妨继续开展。尽管学科定位问题在一定程度上会为本学科具体的研究造成一些影响，但这种影响并不是直接的，本学科固有的研究依然可以在清晰的学科定位付诸阙如的情况下继续展开。实际上，无论是来自考古学还是历史学领域的专家学者对此都心照不宣。在考古学与狭义历史学两个学科关系最为敏感的先秦史领域内，有共同话题的地方相互补充，无共同话题的地方并行不悖，矛盾龃龉之处则求同存异各行其是。这种状态的出现在当前是不得不然的结果，其实也是最好的结果。这是第一点。

第二，现代学术的跨学科研究提示我们，视野、立场、方法的转变常常会带来意想不到的研究结果，对于考古学学科归属的问题也可以从这个角度寻找更多的实践经验与思考方向。一般而言，考古学自身兼具人文学科与自然学科双重特性的问题是最受关注的，这让大部分学者将主要的目光集中在考古学与狭义历史学的关系上。但一如学界业已展开的讨论那样，如果把人类学、博物馆学等其他同样密切相关的学科一并纳入考察的视野，无疑会带来更多的启示。基于同样的思考，金石学、文字学等原来就与考古学关系密切的新旧学科或具体研究方向也应予以同样的重视。总之，继续推动多学科、跨学科的研究，一方面可以繁荣考古学本身的研究局面，另一方面也可以为考古学的学科定位问题提供更多的思考。

第三，在教育体系中，要加强考古学与历史学的联系。考古学研究与狭义历史学研究在理论上的互通之处毋庸多言，来自这两个领域的学者也都在主动地展开交流，互相借鉴研究成果，及时反馈学术动态。但这种交流目前看来是远远不够的，大多数情况下仍然停留在以考古学研究成果证史补史的低级层次，而造成这一局面的一个重要原因还是学科体系上的隔阂所导致的考古学者与历史学者对彼此研究工作的陌生。真正像张光直先生那样“作为一个历史工作者，也能从事野外考古工作”的学者终究是屈指可数的。就连张先生本人在表达这一观点的时候，也只是谦虚地说这是他的理想。那么，在教育体系上稍作变通，重新思考如何将考古学与历史学合二为一就不失为一个值得考虑的解决方式。

第四，理论上的继续研究依然是值得重视而且相当紧迫的。百年来，无论中国还是世界的学术研究都经历了突飞猛进式的发展，时代背景也与从前截然不同，但人类的知识分类系统却没有得到及时的更新。这就提示我们，随着人类对世界认识的不断深入，认识工具与方法的不断改进是相当必要的。除去那些应当交给哲学家讨论的问题，围绕考古学的学科定位，至少还有三个方面的理论问题值得深入研究。一是对学科史的研究，及时地从理论上对本学科的历史发展予以提炼分析，而不单单是梳理发展历程，总结研究成果，从而在理论层面推动考古学学科定位问题的发展。二是对学科分类体系本身的研究，从学科分类的理论与实践两方面，通过学科分类研究的专业学者与各学科自身专家的共同研究，提出问题、讨论问题、解决问题，促进学科分类体系的更新换代。三是对中国自身学术特点、知识体系、传统学科的研究，既跟上时代的步伐，又继承历史的遗产，在古与今、中与外、新与旧的多重变奏中找到自己的主旋律。

总之，对于考古学学科定位问题的讨论，学科体系的研究应当成为一个不可或缺的关键部分。

参考文献：

[1] 王婧：《作为独立学科的考古学——考古学、人类学、历史学学科体系之比较》，《东南文化》2001年第9期。

[2] 朱凤瀚：《论中国考古学与历史学的关系》，《历史研究》2003年第1期。

[3] 胡谦盈：《考古学与狭义历史学不宜混淆》，《中国社会科学报》2017年2月7日第4版。

[4] 赵博文：《介于历史学和考古学之间》，《中国社会科学报》2020年5月27日第7版。

论《五行志》中政治神话的撰述
——以东晋皇位嬗替中的“草妖”为例*

关健赟**

一 引言

六朝时期的皇帝在登上皇位的前后，往往借助于祥瑞、异象等超自然元素论证自身的统治合法性。在非父死子继的皇位嬗替中，这种论证更为必要。目前学界通常将这种具有政治意义的异象定性为一种政治神话①，而《五行志》则将这种政治神话纳入正史的体系中②。基于灾异论的政治神话与正史《五行志》在功用、时效性、撰写目的以及叙述传统方面均存在着不同之处。基于灾异论的政治神话主要是通过对异象的宣传和解释来影响政局，而正史《五行志》则在分类记录异象的基础上，以系统化的灾异理论去解释各类异象。前者侧重于施加即时的政治影响，而后者则更注重其解释理论的系统性和历史叙事的完整性。这些区别使得正史《五行志》的作者无法照搬政治神话，必须要在后者的基础上进行改写。

---

* 基金项目：本文系教育部人文社会科学重点研究基地重大项目“制度与生活：王朝秩序与唐五代以前的日常生活研究”（项目号：20JJD770008）阶段性成果。

** 关健赟，南开大学中国社会史研究中心暨历史学院。

① 孙广德：《我国正史中的政治神话》，杜维运、王寿南、王德毅、李云汉编：《中国史学论文选集》第6辑，幼狮文化事业公司1986年版，第69页。

② 在中古时期《五行志》和政治神话的研究中，较为系统的有：游自勇：《天道人妖：中古〈五行志〉的怪异世界》，博士学位论文，首都师范大学，2006年；陈侃理：《儒学、数术与政治——灾异的政治文化史》，北京大学出版社2015年版；胡祥琴：《怪异的叙事——南北朝正史“五行”“符瑞”诸志研究》，中国社会科学出版社2018年版。

陈侃理认为，“至班固撰写《汉书·五行志》时，灾异论儒学传统在理论构建方面趋于完成，少有创说，重心转向实践层面”①。而之后历代正史五行志的编纂实践从某种意义上来说正是这种实践的产物。对于西汉废帝刘贺以及汉宣帝刘病已的即位异象，《汉书·五行志》“草妖”条是这样记载的：

> 昭帝时，上林苑中大柳树断仆地，一朝起立，生枝叶，有虫食其叶，成文字，曰：“公孙病已立”。又昌邑王国社有枯树复生枝叶。②

《宋书·五行志》《晋书·五行志》继承了《汉书·五行志》的解释体系，记载了三次与之类似的“草妖”异象，这一叙事事关东晋皇位归属，即为正史《五行志》对政治神话的撰述③。笔者将从《宋书·五行志》《晋书·五行志》“草妖”条的相关记录出发，探讨这些政治神话的产生与流传、《宋书·五行志》与《晋书·五行志》记录的异同，希望能进一步认识正史《五行志》对政治神话的撰述，对正史《五行志》的特点进行一些探讨。

二　异象的发生与政治神话的制造

《宋书·五行志》《晋书·五行志》“草妖”条均将发生于永嘉六年七月的“豫章樟树荣茂”与“元帝中兴”联系起来④。除《五行志》外，与此事相关的其他记述如下⑤：

---

① 陈侃理：《儒学、数术与政治——灾异的政治文化史》，第132—133页。

② （汉）班固：《汉书》卷二十七中之下《五行志第七中之下》，中华书局1962年版，第1412页。

③ 罗亮注意到在中古正史《五行志》之中，“枯树再生”常被分入“木不曲直”“草妖”一类的灾异之中，并指出中古时期对“枯树再生”这一异象存在两种解读，一方面将其归为“草妖”“木不曲直”一类，象征着不可久长、人君亡子、国有大丧、后宫专恣、权臣执政等凶兆；另一方面，在现实政治运作中又将其看作善政、孝行乃至天命所归帝国中兴的象征。罗亮：《草妖或祥瑞：“枯树再生”与前蜀建国》，《中国史研究》2021年第1期。

④ （梁）沈约：《宋书》卷三十二《五行志三》，中华书局1974年版，第939页；（唐）房玄龄等：《晋书》卷二十八《五行志中》，中华书局1996年版，第859—860页。

⑤ 吴之邨先生在考证豫章郡得名之由来时，为辨析豫章郡得名于樟树之说对这方面的史料进行了详尽的收集。参见吴之邨《豫章得名考》，《安徽史学》1998年第1期。

豫章有大樟树，大三十五围，枯死积久，永嘉中，忽更荣茂。景纯（即郭璞）

并言是元帝中兴之应（《宋书·符瑞志》）；①

敝梓擢秀于祖邑（《南郊赋》）；②

瘣木荟于豫章（《杨都赋》）；③

城之南门曰松阳门，门内有樟树，高七丈五尺，大二十五围，枝叶扶疏，垂荫数畮……此树尝中枯，逮晋永嘉中，一旦更茂，丰蔚如初，咸以为中宗之祥也（《水经注·赣水》）；④

松阳门内有大梓树，大四十五围，树先枯。永嘉中忽更荣华，太兴中元皇帝果继大业（《豫章记》）；⑤

在松阳门内。梓树高十七丈，大四十五围，树常枯。晋永嘉中，忽更华茂，晋以为中兴之祥（《豫章记》）；⑥

松阳门内有大梓树，大四十五围，举树尽枯死。永嘉一旦忽更荣茂，太兴中元皇帝果继大业（《豫章记》）。⑦

这些史料相互矛盾之处甚多，吴之邨先生将这些矛盾概括为“生门生庭、忽樟忽梓、时枯时荣、围细围粗”，观之有“聋瞽聚讼，令人齿冷”

① 沈约：《宋书》卷二十七《符瑞志上》，第783页。

② 郦道元著，陈桥驿校证：《水经注校证》卷三十九《赣水》引《南郊赋》，中华书局2007年版，第921页。《南郊赋》作者为郭璞。笔者将在下文阐明“祖邑”为何指豫章。

③ 欧阳询等：《艺文类聚》卷十《符命部》引《杨都赋》，第186—187页。此段文字应出自东晋庾阐《杨都赋》，《艺文类聚》作《杨都赋》，据《世说新语》《水经注》《晋书·文苑传》等改，前引吴之邨之文误作庾阐为庾信，不知何据。参见刘义庆著，刘孝标注，徐震堮校笺《世说新语校笺》卷上《文学》，第141页；郦道元著，陈桥驿校证《水经注校证》卷三十九《赣水》，第921页；房玄龄等《晋书》卷九十二《文苑传·庾阐传》，第2386页。

④ 郦道元著，陈桥驿校证：《水经注校证》卷三十九《赣水》，第921页。

⑤ （宋）李昉等：《太平御览》卷九百五十八《木部七》引《豫章记》，中华书局1960年版，第4252页。

⑥ （宋）王象之：《舆地纪胜》卷二十六引《豫章记》，浙江古籍出版社2012年版，第831页。

⑦ （宋）欧阳询等：《艺文类聚》卷十《符命部》引《豫章记》，上海古籍出版社1982年版，第186页。关于以上列举的《豫章记》，吴之邨先生在上文所引论文中认为其中一些为东晋张僧鉴所著，另外一些为刘宋时期雷次宗所作。据《隋书·经籍志》，雷次宗著有《豫章记》，但根据唐宋时期的类书、史注中所引材料，张、雷二人均撰有《豫章记》且同一段文字往往甲书题为张记，乙处题为雷记，两两混杂，以致无法区分。参见（唐）魏徵《隋书》卷三十三《经籍志二》，中华书局1997年版，第983页。

之感。这些矛盾可能来自传抄之误、版本之别，也可能来自不同史料形成过程中的不同逻辑。司马睿南渡建邺（后改称建康）后，能够在十年左右的时间内登基称帝，建立东晋王朝，自然是各方面因素共同作用的结果。前辈学者已从司马睿出镇与司马越的关系①、司马睿在宗室中的地位②、北方士庶南迁③、司马睿集团的政策④等方面进行论述，司马睿集团在政治合法性方面的努力⑤也是很重要的一个原因。司马睿集团为建立政权制造（或利用、解释）了玉册现于临安、白玉麒麟出于江宁等祥瑞⑥。郭璞在其中扮演了十分重要的角色，他通过预言武进田中出铎、历阳井沸、会稽出钟⑦等方式为司马睿造势，将豫章樟树荣茂解释为司马睿中兴之应即为其中之一。

晋元帝即位后，郭璞在《南郊赋》⑧中再一次以“敝梓擢秀于祖邑”的形式回顾豫章樟树荣茂的政治神话意义。其中的“祖邑”指豫章，而此“祖”根据郦道元在《水经注》中的说法指“宣王祖”即司马懿曾祖父司马量。司马量曾任豫章太守⑨。郭璞正是通过司马量与豫章的关系将司马氏与此异象联系起来。由于郭璞在司马睿集团中的特殊地位，他对于“豫章樟树荣茂”的解释为东晋王朝官方承认和宣扬。庾阐在《杨都赋》⑩中大力鼓吹建康之繁盛以及晋元帝建立东晋政权之合法性，“瘣木荟于豫章”

---

① 田余庆先生在《释“王与马共天下”》中指出：“在司马越、王衍操纵之下，另一个王与马相结合的政治中心形成，这就是晋琅玡王司马睿与琅玡王导在徐州开启的局面。”参见田余庆《东晋门阀政治》，北京大学出版社2012年版，第10页。

② 至317年6月，司空刘琨等人上书劝司马睿即位时，曾有“宣皇之胤，唯有陛下”之言，可见司马睿为此时唯一存活之司马懿子孙。参见［日］越智重明《东晋政权与东晋贵族》，见其著《魏晋南朝的贵族制》，研文出版1982年版，第205页。

③ 谭其骧：《永嘉丧乱后之民族迁徙》，《燕京学报》第15期，1934年。

④ 在司马睿集团的政策中，对稳定江东局势并在此基础上成就帝业帮助最大的是王导对于南人、北人关系的调和，参见陈寅恪《述东晋王导之功业》，收于其著《金明馆丛稿初编》，生活·读书·新知三联书店2015年版，第59页。

⑤ 胡允康认为司马睿集团对于当时谣谚进行“再阐释”，以论证自身政权合法性。参见胡允康《从“中国当败吴当复”到“五马游渡江，一马化为龙”——东晋立国之际的谣谚》，《南京晓庄学院学报》2017年第2期。

⑥ 房玄龄等：《晋书》卷六《元帝纪》，第144页。

⑦ 房玄龄等：《晋书》卷七十二《郭璞传》，第1901页。

⑧ 严可均辑：《全上古三代秦汉三国六朝文》，《全晋文》卷一百二十，中华书局1958年版，第2149页。

⑨ 房玄龄等：《晋书》卷一《宣帝纪》，第1页。

⑩《杨都赋》目前较为完整的辑佚成果为严可均辑本，参见严可均辑《全上古三代秦汉三国六朝文》，《全晋文》卷三十八，第1678—1679页。

是作为晋元帝政治合法性的证明之一出现的[①]。无论树为何种、粗细几何、枯荣如何，此异象与晋元帝即位的关系应确立于两晋之交。而成书较晚的《豫章记》《水经注》作为地理类书籍，均在记载松阳门内之树及其异象，沿袭了东晋官方对于这种异象的解释。

《宋书·五行志》《晋书·五行志》“草妖”条将发生于咸和六年五月的“曲阿断柳起生”、咸和九年五月的“吴雄家榆树起生”与“（康）帝越正体飨国”联系起来[②]。针对晋成帝的立嗣问题，时任中书监、扬州刺史、都督扬、豫、兖三州诸军事的外戚庾冰[③]（其姊庾文君为明帝皇后，生成帝、康帝）与时任中书令的何充的意见截然相反。庾冰兄弟出于保持其外戚身份的考虑，希望继续“以舅氏辅王室”，故以“国有强敌，宜须长君”为由，欲立同样为明帝庾太后之子的琅玡王司马岳为嗣[④]。而何充则希望遵循父子相传的政治传统，立成帝之子为嗣[⑤]。因此，以庾氏为代表的司马岳支持者有制造、宣扬这些异象的动机。

《宋书·五行志》《晋书·五行志》“草妖”条将发生于兴宁三年五月的“西昌县修明家死栗树起生”与“祚隆孝武”“孝武嗣统”联系起来[⑥]。晋孝武帝司马曜字昌明[⑦]，在其降生前，社会上流传着“晋祚尽昌明”的谶语。司马昱早年所生三子皆死，曾就求嗣之事询问道士许迈[⑧]，亦于升

---

① 刘勰在《文心雕龙·时序》中论及东晋初年江左文坛，“元皇中兴，披文建学，刘刁礼吏而宠荣，景纯文敏而优擢。逮明帝秉哲，雅好文会，升储御极，孳孳讲艺，练情于诰策，振采于辞赋，庾以笔才愈亲，温以文思益厚，揄扬风流，亦彼时之汉武也”，以郭璞、庾阐为当时御用文人之代表。参见范文澜《文心雕龙注》，人民文学出版社1978年版，第674页。“（郭璞）后复作《南郊赋》，帝见而嘉之，以为著作佐郎”，可见《南郊赋》之政治功用甚得晋元帝之心。《晋书》卷七十二《郭璞传》，第1901页。《南郊赋》与《杨都赋》均以鼓吹东晋政权和宣扬晋元帝执政合法性为主要内容。宋展云、柳宏将其纳入东晋“中兴文学”之范畴。参见宋展云、柳宏《东晋初期建康政局与中兴文学主题的兴衰》，《中国文化研究》2012年第1期。

② 沈约：《宋书》卷三十二《五行志三》，第940页；房玄龄等：《晋书》卷二十八《五行志中》，第860页。

③ 房玄龄等：《晋书》卷七十三《庾亮传》，第1927页。

④ 房玄龄等：《晋书》卷七十七《何充传》，第2029页。

⑤ 实际上何充作为一个琅玡王氏和颍川庾氏之间的缓冲角色，更加偏向于琅玡王氏，故而这种立嗣之争背后是王庾之争。相关论述见田余庆《东晋门阀政治》，第120页。

⑥ 沈约：《宋书》卷三十二《五行志三》，第940页；房玄龄等：《晋书》卷二十八《五行志中》，第860页。

⑦ 房玄龄等：《晋书》卷九《孝武帝纪》，第224页。

⑧ 房玄龄等：《晋书》卷三十二《后妃列传下》，第981页。

平五年六月向道教神灵询问子嗣情况，幕僚杨羲即为神启的记录者[①]。司马昱后在“相者”的指认下与宫人李陵容结合，李陵容在怀孕时梦到“神人”为其子命名“昌明”[②]。这显然是司马昱和道教人士合作，为应谶构建的政治神话，其意义是宣扬自己一系的正统性。兴宁元年三月，会稽王司马昱总内外众务。兴宁三年二月，哀帝驾崩，其弟司马奕即位[③]。哀帝一朝的政治形势被概括为“军事权于桓温，机务在于会稽”[④]。会稽王司马昱在中央掌握了很大的政治权力，更在司马奕被废后登上皇位。因此在兴宁三年“西昌县修明家死栗树起生”发生时，未来的晋孝武帝——司马曜年仅四岁，此异象亦为司马昱制造之政治神话[⑤]。

以上笔者结合异象发生时的历史背景，对这些政治神话的产生与流传进行了分析，并将在此基础上讨论《宋书·五行志》《晋书·五行志》对这些政治神话的撰述及其历史解释。

三 《五行志》对异象的撰述与解释

从上文所举史料中我们不难看出，东晋官方将“豫章樟树荣茂”这一异象视为祥瑞。《宋书·符瑞志》记录了上古以来帝王的继位神话，在其解释体系中“豫章樟树荣茂”是司马睿继位神话的一部分，亦被视为“符瑞”。《宋书·五行志》《晋书·五行志》继承了《汉书·五行志》的灾异解释体系，将“豫章樟树荣茂”“曲阿断柳起生”“吴雄家榆树起生”以及“西昌县修明家死栗树起生”等异象归入“草妖”。以下笔者将重点讨论《宋书·五行志》《晋书·五行志》对“豫章樟树荣茂”“西昌县修明家死栗树起生”的撰述。

《宋书·五行志》《晋书·五行志》“草妖”条对“豫章樟树荣茂”的撰述如下：

---

① （梁）陶弘景：《真诰》卷八《甄命授》，中华书局2011年版，第136—138页。

② 房玄龄等：《晋书》卷九《孝武帝纪》，第224页。

③ 房玄龄等：《晋书》卷八《哀帝纪》，第207—209页；《晋书》卷八《海西公》，第210页。

④ （唐）许嵩：《建康实录》卷八《哀皇帝》，中华书局1986年版，第234页。

⑤ 段德庆对简文帝司马昱在哀帝、废帝朝的政治活动进行了详尽的论述，并特别讨论了“西昌修明为祥”之谶的政治背景。因此，笔者仅简单梳理从“晋祚尽昌明”之谶发展到“西昌县修明家死栗树起生”的过程。见段德庆《司马昱与门阀政治》，硕士学位论文，华中师范大学，2012年，第82—119页。

> 永嘉六年七月，豫章郡有樟树久枯，是月忽更荣茂。与昌邑枯社复生同占。怀帝不终其祚，元帝由支族兴之应也（《宋书·五行志》）；
>
> （永嘉六年）其七月，豫章郡有樟树久枯，是月忽更荣茂，与昌邑枯社复生同占。是怀愍沦陷之征，元帝中兴之应也（《晋书·五行志》）。

我们注意到《宋书·五行志》中的记载除了强调此异象为“元帝由支族兴之应”外，还增添了“怀帝不终其祚”的内容。永嘉五年六月刘曜等人已攻破洛阳，俘虏怀帝[1]。至永嘉六年七月“异象”发生时，怀帝尚在，虽仍是名义上的西晋皇帝，但“不终其祚”已可想见。因此在其叙事体系中，“怀帝不终其祚”既是在交代历史背景，又将异象的指向对象扩大为晋怀帝、晋元帝两人。《宋书·五行志》的问题是忽略了晋愍帝的存在，司马睿称帝的合法性来自晋愍帝而非晋怀帝。此外，“豫章樟树荣茂”可以应验在所有宗室身上，不具有专属于司马睿的特殊性，异象越过晋愍帝直指司马睿也缺乏说服力。

《晋书·五行志》将事应记为“是怀愍沦陷之征，元帝中兴之应也”，的确在解释体系中为晋愍帝安排了空间[2]。但在新的解释体系中，异象不仅与晋元帝即位有关，也与晋怀帝、晋愍帝的统治崩溃有关。换言之，《晋书·五行志》将晋怀帝、晋愍帝、晋元帝三人同时列为异象的指向对象。晋怀帝“沦陷”在前，“异象”发生在后，后来之异象无法成为前事之征。晋愍帝此时尚未登基[3]，其结局亦很难与此异象进行联系。与《宋书·五行志》中“怀帝不终其祚”的记载相比，《晋书·五行志》中“怀愍沦陷之

---

① 房玄龄等：《晋书》卷五《孝怀帝纪》，第123页。

② 笔者目前无法确定唐修《晋书·五行志》中此事的叙事结构是谁构建的。唐修《晋书·五行志》出自李淳风之手，唐修《晋书》最主要的来源是臧荣绪所撰《晋书》，据《史通·书志》，“臧荣绪……竟志五行”，臧荣绪撰《晋书》中已设置《五行志》。参见刘昫等《旧唐书》卷七十九《李淳风传》，中华书局1975年版，第2718页；（唐）刘知幾著，（清）浦起龙通释《史通通释》卷三《书志》，上海古籍出版社2009年版，第61页。

③ 晋愍帝于建兴元年四月登基为帝。参见房玄龄等《晋书》卷五《孝愍帝纪》，第126页。

征”的记载在历史叙事方面更为完整[①]，但在灾异论方面更不合理。

《宋书·五行志》、《晋书·五行志》“草妖”条对“西昌县修明家死栗树起生”的撰述如下：

> 晋哀帝兴宁三年五月癸卯，庐陵西昌县修明家有死栗树，是月忽起生。时孝武年四岁，而简文居蕃，四海宅心。及得位垂统，则祚隆孝武。识者窃曰西昌修明之祥，帝讳实应之矣。是与汉宣帝颇同象也（《宋书·五行志》）；
>
> 哀帝兴宁三年五月癸卯，庐陵西昌县修明家有僵栗树，是日忽复起生。时孝武年始四岁，俄而哀帝崩，海西即位，未几而废，简文越自藩王，入纂大业，登阼享国，又不踰二年，而孝武嗣统。帝讳昌明，识者窃谓西昌修明之祥，帝讳实应焉。是亦与汉宣帝同象也（《晋书·五行志》）。

段德庆已敏锐地发现了二者的不同，指出“哀帝崩于兴宁三年二月，在此事之前，《晋书》不查，行文已然有误，又删去‘简文居蕃，四海宅心’八字，大概唐人不太理解‘西昌修明为祥’与简文之间的关系。故而略去颇为关键的几字，直接强调与孝武名讳的应验，大失原旨，成为普通的按验史传”[②]。《晋书·五行志》中“俄而哀帝崩，海西即位，未几而废，简文越自藩王，入纂大业”既交代了哀帝至孝武帝的皇位传递，同时又暗示哀帝之死、海西公之废与此异象有关，不难发现，异象指向对象扩大的情况再次出现。异象指向对象的扩大与《五行志》对该异象“草妖”的定性有关，草妖既为妖异，《五行志》在解释这些异象时不仅要强调异象象征着未来皇帝的继位，还要表明异象预言了现任皇帝的统治崩溃[③]。

---

① 因此《晋书·五行志》的这种判断此后成为史学经典叙事体系的一部分，被《文献通考》《洪范政鉴》等著作承袭。见（元）马端临《文献通考》卷二百九十九《物异考五》，中华书局1986年版，第2363页；（宋）赵祯：《宋钞本洪范政鉴》卷四《火行下》，书目文献出版社1992年版，第138页。

② 段德庆：《司马昱与门阀政治》，硕士学位论文，华中师范大学，2012年，第98页。

③ 《宋书·五行志》与《晋书·五行志》对“曲阿断柳起生”和“吴雄家榆树起生”的撰述几乎没有出入，因此笔者并未进一步探讨。其中没有出现异象的指向对象扩大的情况。可能是因为晋怀帝、晋愍帝沦陷于胡人之手，晋废帝被桓温所废，均为非正常退位，可进行比附，而晋成帝并非如此。此问题的最终解决还需分析《五行志》中更多案例。

某个特定时间点发生的异象，被“解释”为日后皇帝继位的征兆，即成为政治神话。异象与皇帝继位的对应关系是一对一的。《五行志》将其视为“妖异”，则将现任皇帝的统治崩溃也纳入异象预示的范畴内，因此单个异象需要对应多个政治事件，以此解释一段时间内的历史变化。异象与政治事件的对应关系也从点对点发展成了点对线。点对线的解释体系往往会与灾异论的推演产生矛盾。因此，《五行志》部分条目的历史解释体系与灾异论的推演并不契合甚至存在矛盾。这种矛盾实际上是政治神话指向的单一性与史书叙事的连续性之间的矛盾。陈侃理认为，自《汉书·五行志》之后历代正史五行志的编纂实践“将灾异论从经学移植到史学传统中，使之获得新生”①。从本文的分析中不难看出，在这个移植的过程中，异象的性质、指向对象及其解释体系均可能发生变化，这种变化多为灾异论推演的严密性向历史叙事的完整性妥协。

① 陈侃理：《儒学、数术与政治——灾异的政治文化史》，第132—133页。

德政碑所见中晚唐藩镇主帅的治绩书写

刘琴丽*

唐代中后期的“道”，即“藩镇”，其长官名称《元和郡县图志》记载为节度使、观察使、防御使或经略使①；在传统文献中，有时简称为藩镇“主帅”②，或“藩帅”③。为了行文简便，文章有时也使用这两种称呼。肃宗至德（756）以后，“分天下为四十余道，大者十余州，小者二三州”④。这样唐代的地方行政体制便由州、县两级制，发展成道、州、县三级行政体制。唐代藩镇主帅常常一身兼任数使，并充任首州——方镇治所州刺史，权力重大，“关河诸道，多以节度兼领观察；江湖僻远，则以观察而带团练；邕容诸管，又名经略。……唐之节、察，兼牧首州”⑤。唐代

---

* 刘琴丽，中国社会科学院古代史研究所。

① （唐）李吉甫撰，贺次君点校：《元和郡县图志》目录，中华书局1983年版，第1—28页。

② 称藩镇长官为“主帅”者如：《旧唐书》卷一六三《卢简辞传》附卢弘正传：大中三年（849），卢弘正“出为徐州刺史、武宁军节度使、徐泗濠观察等使。徐方自智兴之后，军士骄怠，有银刀都尤劳姑息，前后屡逐主帅”。中华书局1975年版，第4271页。（宋）王钦若等编：《册府元龟》卷六七九《牧守部·廉俭》：“令狐楚为宣武军节度使，先是汴州主帅始至，率以钱二百万实其私藏，楚悉以归公府，繇是汴人爱其廉。”中华书局1960年版，第8118页上。《旧唐书》卷一六二《曹华传》：“王遂为沂兖海观察使，褊刻不能驭众，为牙将王弁所害，朝廷遂授（曹）华左散骑常侍、沂州刺史、沂海兖观察使。华至镇，……既出阖门，乃谓郓卒曰：‘天子深知郓人之劳，然前害主帅者，不能免罪。’”第4243页。

③ 称藩镇长官为“藩帅”者如：《旧唐书》卷一四〇《张建封传》：“贞元已后，藩帅入朝及还镇，如马燧、浑瑊、刘玄佐、李抱真、曲环之崇秩鸿勋，未有获御制诗以送者。”第3831—3832页。《旧唐书》卷一四一《张孝忠传》附张茂昭传：“自安、史之乱，两河藩帅多阻命自固，父死子代；唯茂昭表请举族还朝”，时张茂昭为易定节度使，第3859页。

④ （唐）杜佑撰，王文锦、王永兴等点校：《通典》卷三二《州牧刺史》，中华书局1988年版，第889页。

⑤ （清）吴廷燮：《唐方镇年表·序录》，中华书局1980年版，第1页。

藩帅握有地方的军权、财权和行政权，其身份的多元性决定了德政碑治绩书写的复杂性。然而传统史料在记载唐代藩帅考课时，往往是解构其身份之后的单一使职书写，未能体现其考课实践的复杂性（见后）。

受传统史料的局限，以往对于唐代官员考课的研究，主要集中在考课对象、内容、程序、考课等第、考课与官职升迁黜陟的关系等方面①，研究对象以刺史、县令为主，藩镇主帅则较少涉及②。即便考课内容的探讨也大多以制度条文为准，唯台湾学者刘馨珺利用“生碑”，从法律的角度来探讨唐代官员的考课，论述唐代法令实践的情况，思考官方治权与社会势力的结构演变，以及如何在地方上树立良吏典范③，没有专门探讨藩镇主帅的考课和治绩问题。鉴于此，文章欲利用唐代藩帅德政碑，讨论制度条文规定和实际藩帅治绩内容的差异，地方自行撰文与朝廷敕撰的德政碑对藩帅治绩书写的区别，刺史和藩帅德政碑的治绩书写歧义，以及造成这些不同背后的深层原因。

一

唐代藩帅因其身份的重要性，由皇帝亲考④。然而在安史之乱以后藩

---

① 高世谕：《唐代的考课制度》，探讨了唐代的考课机构、方式、定考标准和黜陟制度、考课内容以及唐代不同时期的考课进行情况，《东岳论丛》1983 年第 2 期，第 91—96 页。黄清连：《唐代的文官考课制度》，探讨了唐代的考课内容，包括考课官、监考程序、考簿、考钱、考牒，考课等第；考课的实际运作，考课制度与官僚政治的关系，《“中央研究院”历史语言研究所集刊》，55 本第 1 分，1984 年，第 139—191 页。曾一民：《唐代考课制度研究》，讨论唐代考课制度完备于唐代的原因以及考课内容，台湾商务印书馆 1978 年版。宿志丕：《唐代官吏考课制度》，探讨了唐代的考课办法、考绩标准和奖惩、考满停替与迁除的制度规定，对地方州县官的考课规定，《首都师范大学学报》1994 年第 1 期，第 61—66、71 页。邓小南：《课绩·资格·考察——唐宋文官考核制度侧谈》，大象出版社 1997 年版；邓小南：《课绩与考察：试谈唐代文官考核制度的发展趋势》，收录于邓小南主编《政绩考察与信息渠道：以宋代为重心》，研究了唐代的课绩标准与内容、考课中的核查手段（课绩与监察的结合）、课绩定等、考课制度发展趋势——从考课到考察，北京大学出版社 2008 年版，第 1—37 页。

② 朱华：《唐代刺史考课制度初探》，《四川师范学院学报》1999 年第 4 期，第 15—17 页；周斌：《从德行到政绩：墓志所见唐代县官评价的转变》，硕士学位论文，中国人民大学，2006 年。

③ 刘馨珺：《从生祠立碑谈唐代地方官的考课》，《东亚传统教育与法制研究》（二），联经出版事业股份有限公司 2007 年版，第 241—284 页。

④ 《册府元龟》卷六三六《铨选部·考课二》，德宗贞元七年（791）十二月，较（校）外官考使奏：“准《考课令》，三品以上及同中书门下平章事，并奏取裁。注云：‘亲王及大都督亦同。’伏详此文，则职位崇重，考绩褒贬，有司皆合上奏。今缘诸州刺史、大都督府长史、及上中下都督、都护等，有带节度、观察使者，方镇既崇，名礼当异。每岁考绩，亦请奏裁。其非节度、观察、州府长官有带台省官者，请不在此限。”第 7627 页上。

镇割据的形势下，藩帅考课根本无法全面推行①。而且考课“依不同的职任而非个人的不同绩效决定考第，在唐代中期已经逐渐形成为惯例”，并出现严重的程式化倾向②。故文章无意于探讨朝廷对藩帅考课的具体执行程序和措施，主要围绕考课内容和治绩书写进行探讨。有关唐代藩帅的考课条文，《新唐书·百官四》载：

> 岁以八月考其治否，（节度使）销兵为上考，足食为中考，边功为下考。观察使以丰稔为上考，省刑为中考，办税为下考。团练使以安民为上考，惩奸为中考，得情为下考。防御使以无虞为上考，清苦为中考，政成为下考。经略使以计度为上考，集事为中考，修造为下考。③

上述令文表明，唐代藩帅每年八月进行考课，考课重点与其所带使职有关，不同使职对应的考课内容有别。至于考课等第，邓小南先生认为，“此段文字中的‘上考’可能是指‘上上考’，‘中考’指‘上中考’，而‘下考’则应该是指‘上下考’。也就是说，对于诸使而言，无论肯于‘销兵’或者立有‘边功’，无论境内‘丰稔’或是‘办税’及时，无论‘安民’得法还是察访‘得情’，……都属于朝廷表彰的范围之内，只不过嘉奖的等第不同而已”④。邓先生所言极是，因为从藩镇主帅德政碑的赞颂事迹来看，考课条文涉及的“销兵”“足食”“边功”“丰稔”“省刑”“办税”“安民”“惩奸”“得情”“无虞”“清苦”“政成”“计度”“集事”“修造”等皆在治绩的书写范围之内（参见文中《唐代藩镇主帅治绩内容柱状图》）。又会昌六年（846）五月规定，“又观察使、刺史交代之时，册书所交户口如能增添至千户，即与超迁；如逃亡至七百户，罢后三

---

① 高世瑜：《唐代的考课制度》，文章指出：“方镇权重，校考使不敢定考，将这一难题上交给皇帝”。《东岳论丛》1983年第2期，第95页。邓小南《课绩与考察：试谈唐代文官考核制度的发展趋势》，认为面对桀骜自立的地方势力，中央政府处境复杂，“难以严格实施课绩制度”，见邓小南主编《政绩考察与信息渠道——以宋代为重心》，第19页。

② 邓小南：《课绩与考察：试谈唐代文官考核制度的发展趋势》，收入邓小南主编《政绩考察与信息渠道：以宋代为中心》，第30—32页。

③ 《新唐书》卷四九《百官四》，中华书局1975年版，第1310页。

④ 邓小南：《课绩与考察：试谈唐代文官考核制度的发展趋势》，收入邓小南主编《政绩考察与信息渠道：以宋代为中心》，第19页。

年内不得任使”[①]。令文强调对观察使户口增减的考课。总之，制度条文表明，唐代后期藩帅因其所带使职的不同，考课重点就存在差异。但现实是，唐代藩帅往往身兼数使，仅带一个使职的情况较为少见，身份的多元性与考课条文的单一指向性如何对接？传统史料中罕见这方面的记载，但是德政碑所书善政则可以为这方面的研究提供一个阐幽发微的机会。

检索正史、金石文献、方志和唐人文集等史料，笔者统计出著录的唐代藩镇主帅德政碑52方，而有录文流传下来者27方，安史之乱以前者1方（即《幽州都督河北节度使张说遗爱颂》）。尽管唐代道、州、县三级行政体制是在安史之乱以后才正式成立，但节度使的设置却早在睿宗、玄宗时期，如河西节度使置于睿宗景云元年（710）[②]，幽州节度使置于玄宗开元二年（714）[③]，故将开元年间刊立的《幽州都督河北节度使张说遗爱颂》也著录在表格中，详见文后附表《唐代藩镇主帅德政碑录文索引表》。表中27方德政碑，清楚地标明是奉敕撰写者11方，这与唐代州县官员德政碑几乎都由地方自行撰文明显不同。27方德政碑有2方碑文残泐，即《高霞寓德政碑》和《何进滔德政碑》。故文章根据留存的25方碑文，再结合上述针对藩帅的考课内容，以及唐代前期考课条文的四善二十七最[④]，将唐代藩帅德政碑书写的善政内容细分为垦田、户口、赋税、农桑、省刑、移风易俗、教化、灾害治理、发展工商业、兴学、修造（含公共工程如城墙、街道、水渠，以及边防工事等）、济贫爱民、安民（含平定藩镇内乱和辖境盗贼）、奉法、抑制豪强、力役（即徭役）、足食（涉及百姓和兵士两大群体，以及官方的储藏丰裕）、祥瑞、吏治（含惩治奸吏和选拔贤能）、销兵、军功边功、安边（即边境无虞）、训兵等二十三类。根据德政碑文的书写频次，将之汇成《唐代藩镇主帅治绩内容柱状图》。

---

① 《旧唐书》卷一八下《宣宗本纪》，第615页。

② 《新唐书》卷六七《方镇四》，第1861页。

③ 《新唐书》卷六六《方镇三》，第1832页。

④ （唐）李隆基撰，（唐）李林甫注，［日］广池千九郎校注：《大唐六典》卷二，唐代对刺史的考课条文即四善二十七最中的部分条文，四善为：德义有闻、清慎名著、公平可称、恪勤匪懈，主要针对德行操守提出的要求；二十七最中与刺史相关的考课条文是“礼义兴行，肃清所部，为政教之最”，三秦出版社1991年版，第45—46页。

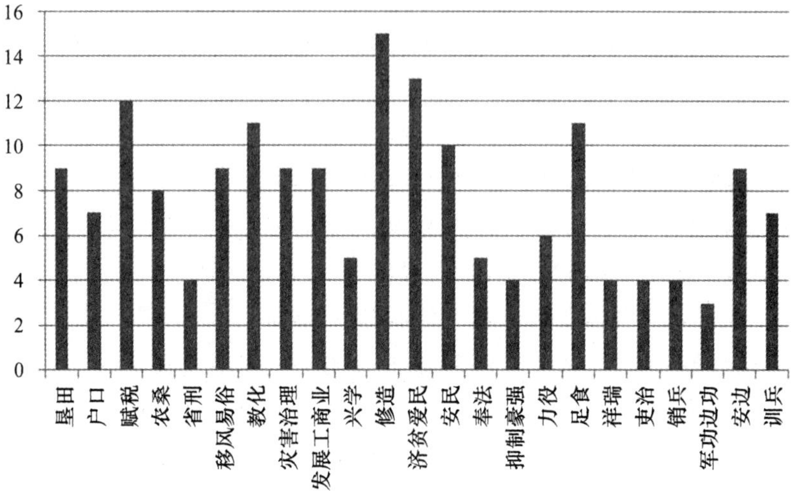

唐代藩镇主帅治绩内容柱状图

25 方德政碑很难说具有统计学的意义，但是其书写频率的高低仍能看出部分端倪。唐代藩帅德政碑的善政书写频率最高者为修造（15 次），显示了唐人对地方基础工程（包括防御工事）建设的重视。而“修造”实则为经略使的考课内容，前述经略使以“修造为下考”，即考课等级的上下等。然德政碑文表明，修造作为治绩内容并不局限于经略使，大部分藩镇主帅的治绩都涉及此。如《宣歙观察使薛邕去思颂》载，“乃新廨署，肃然清风。乃复津桥，赫然长虹。乃立水门，川路其通。乃建林亭，宾筵其充”①。其所修造者有廨署、津桥、水门、林亭。杜佑充任淮南节度观察使期间，版筑军士营屋和官家仓库，“百堵皆作，三军宁宇。辕门言言，夏屋眈眈。可以张射侯，可以容宴豆。爰居爰处，而武备修矣。巨廪崇构，翚飞云矗，缩以板干，积如京坻。得盖藏之宜，协出入之制。……连营三

---

① （清）董诰等编：《全唐文》卷九九〇《大唐宣州刺史薛公去思碑》文云：薛邕，“公字冲昧，……唐相元超之曾孙，陈留太守兼采访使江童之仲子”，中华书局 1983 年版，第 10253 页下—10254 页上。《全唐文》卷三七五《黔州刺史薛舒神道碑》云：“叔父故陈留郡太守河南采访使江童，当代名贤。季弟前吏部侍郎，今宣州刺史、宣歙等州观察使（薛）邕。”第 3814 页下—3815 页上。可见《全唐文》仅取其官职的前半部分来拟题碑文标题。（宋）陈思纂辑：《宝刻丛编》卷一五，直接著录为《唐宣歙观察使薛邕去思颂》，见《石刻史料新编》第一辑第 24 册，新文丰出版公司 1982 年第 2 版，第 18337 页上。

十二，积谷五十万”[①]。韦丹为容州经略使时，“筑州城环十三里”；任洪州（江西）观察使时，“凡为瓦屋万四千间，楼四千二百间。县市营厩，名为栋宇，无不创〔为〕。沿湖入江，节以斗门，以走暴涨。辟开广衢，南北七里。荡渫污壅，筑堤五尺，长十二里。……凿六百陂塘，灌田一万顷”[②]。可见，韦丹无论充任经略使还是观察使，都修造不断，并得到朝廷表扬，因为《韦丹遗爱碑》为朝廷敕令杜牧撰写，代表了中央的态度。山南东道节度使徐商在任期间，则改造蛮水驿，又别构设厅“以备迎送”，还构置汉广亭以“主客邀迎”[③]。《华帅韩建德政碑》载，“凡筑新城若干尺，增构营舍若干间架”[④]。地方工程建设之所以受到德政碑关注，根源就在于唐代的考课制度涉及此，大中年间朝廷下令将刺史的修造事宜，如“廨宇修饰，馆驿如法，道路开通，如此之类，皆是寻常职分，不合计课”[⑤]，即将修造事宜从考课条款中剔除。尽管条文说的是刺史，但众所周知，藩帅担任治所州刺史，故此条文对藩帅依然有效。然而大中之后的《徐商德政碑》《韩建德政碑》还在赞颂碑主的修造事宜，可见，正如前文所言，在修造一事上，唐人是将之作为地方官的“寻常职分”来看待的，故碑文常常提及此，也从侧面表明无论中央还是地方，都看重地方官对于基础工程的建设。

其次是济贫爱民（13 次），尽管这一书写不排除有虚美的可能，但也反映出理想的藩镇主帅应该爱护辖境百姓，这是儒家仁政思想的体现。居第三位书写频次的是赋税（12 次）。安史之乱以后，唐代藩帅拥有辖境的财权，而唐代后期两税法施行后实行财税三分，“一曰上供，二曰留使，三曰留州”[⑥]，因此对地方藩镇而言，财税收入关系到地方政府和中央政府的运行。在前述藩镇主帅的考课条文中，观察使若能“办税”，则可以获得上下考的等级，故在德政碑中的书写频率较高合乎常理。然而细读碑文，却发现其“办税”书写存在一种矛盾现象，即一方面赞扬藩帅及时向

---

① （唐）权德舆撰，郭广伟校点：《权德舆诗文集》卷一一《杜佑淮南遗爱碑》，上海古籍出版社 2008 年版，第 180 页。

② （宋）李昉等编：《文苑英华》卷八七〇《江西观察使武阳公韦公遗爱碑》，中华书局 1966 年版，第 4590 页上—下。

③ 《文苑英华》卷八七〇《徐襄州碑》，第 4592 页下—4593 页上。

④ （唐）司空图：《司空表圣文集》卷六，四部丛刊本，商务印书馆 1929 年版，第 138 页。

⑤ 《册府元龟》卷六三六《铨选部·考课第二》，第 7630 页下—7631 页上。

⑥ （唐）元稹撰，冀勤点校：《元稹集》卷三四《钱货议状》，中华书局 1982 年版，第 396 页。

朝廷输纳赋税，如襄州节度使徐商，积极改进两税的运送办法，“请度支陆运脚搬驮到京，遣进奏院所由勾当输纳，既免损污匹帛，又免上供失时”①。威武军节度福建观察等使王审知，针对当时部分藩镇不向朝廷交税的现象，“虽甸服之近，江汉之中，或遇阻艰，亦绝输赋。唯公益坚尊奖，慎守规程，松栢后凋，风雨如晦。地征旁午，天库充盈”②。按时向朝廷纳税。但另一方面德政碑却主张对百姓减轻税负，后者甚至成为德政碑书写的主流话题，如针对“五州之侯，或曰厚赋人”的情况，成德节度使李宝臣“封政不赋”③，减轻百姓负担。淮南节度观察使杜佑，减轻境内贫民税负，“息浮费以悦之，蠲杂征以利之。夫家之税有冒没者，免其罪以购之”④。节度使李德裕，减轻百姓的赋役负担，“苛役重赋，人之所困，明令以蠲之”⑤。《王审知德政碑》也赞扬其“轻徭薄赋”⑥。《昭义节度使李抱真德政碑》甚至认为，“薄赋以养农”⑦。后四方德政碑均由皇帝敕令大臣撰写，代表了中央立场。碑文表明朝廷既希望地方藩镇及时向朝廷纳税，但同时又希望他们对辖境百姓轻徭薄赋，呈现出一种二元对立的观点。究其根源，在于三方立场——朝廷、藩镇和百姓，碑文撰者唯独没有站在藩镇这边。

第四位是教化和足食（均11次）。在唐代考课的二十七最中，“礼义兴行，肃清所部，为政教之最”⑧，此条是针对刺史的考课条文。移风易俗实则也属于教化的内容，有9方德政碑提到此，若将之与教化内容的德政碑合并，则总共有15方德政碑提到了移风易俗和教化问题（注：有的德政碑既涉及教化内容，又提及移风易俗）。可见，藩帅对地方的教化与修造一样，都受到德政碑的极大关注。“足食”是节度使的上中考等级，然在德政碑的书写中，涉及足食者并不全是节度使，如江西观察使张镐治理江西期间，

① 《文苑英华》卷八七〇《徐襄州碑》，第4592页下。

② 《金石萃编》卷一一八，第22b，《石刻史料新编》第一辑第3册，第2160页下。

③ 《金石萃编》卷九三，第19b，《石刻史料新编》第一辑第3册，第1562页上。

④ 《权德舆诗文集》卷一一，第179页。

⑤ 《全唐文》卷七三一，第7542页下。

⑥ 《金石萃编》卷一一八，第25b，《石刻史料新编》第一辑第3册，第2162页上。

⑦ （清）杨笃：《长治金石志》第24b，《石刻史料新编》第三辑第31册，新文丰出版公司1986年版，第68页下。

⑧ 《大唐六典》卷二，第46页。

达到“我仓如陵，我民孔阜”的境界[①]，实则足食。湖南都团练观察使李巽，通过转漕的方式，达到“师以足食”[②]。威武军节度福建观察处置使王审知，统治期间“一年而足食足兵”，“时和年丰，家给人足”[③]。

居第五位者是安民（10次）。“安民”为团练使的考课内容，达到此为上上考；前述刺史的“肃清所部”实则也是安民，其为刺史“最”等的考课，所以德政碑中对于藩镇主帅肃清辖境内乱和维持治安总是大书特写，如江西观察使张镐，德政碑赞扬其平定境内“临海贼帅袁晁”和“舒城贼帅杨昭”之乱[④]。《山南东道节度使徐商德政碑》对其选官健三百置捕盗将，以维持境内治安，也大肆着墨[⑤]。从张镐、徐商所带使职来看，表明“安民”也并非仅仅针对团练使。

垦田、灾害治理、发展工商业和安边书写频率均为9次，居第六位。然前三项现有史料都没有提及其与藩镇主帅的考课相关，但却涉及刺史的考课[⑥]。“安边”规定是针对防御使的，“防御使以无虞为上考”。然在节度使的德政碑书写中，也经常赞扬其治理期间边境安宁，如开元年间，幽州都督河北节度使张说治理幽州期间，渤碣之北的“山戎”（即奚和契丹），“终公之代，不敢近边”[⑦]。贞元五年（789）《陇右节度使李元谅楙功昭德颂》赞扬其充任节度使期间，通过修筑边境防御工事，取得防御羌戎的效果，“然后排烽结队，加灶翻营。师未逾于洛源，寇已退于河曲”[⑧]。义成节度使李听，“公之节度夏台也，执专征之弓矢，驱犯塞之犬羊，堡壁作固于金汤，烽燧不惊于疆场”[⑨]。李听先驱逐侵犯边塞的少数民族，后加固边境防御工事，最终取得边境安宁的效果。

其余书写频率按照高低依次为农桑（8次），户口和训兵（均7次），

---

① （唐）独孤及：《毘陵集》卷八《张镐遗爱碑》，四部丛刊本，商务印书馆1965年版，第196页。

② 《权德舆诗文集》卷一二，第194页。

③ 《金石萃编》卷一一八，第22a，《石刻史料新编》第一辑第3册，第2160页下。

④ 《毘陵集》卷八《张镐遗爱碑》，第196—197页。

⑤ 《文苑英华》卷八七〇《徐襄州碑》，第4592页上。

⑥ 关于唐代刺史德政碑的治绩书写与考课情况，参见拙著《德政碑与唐代州县官员的政绩书写》，《四川师范大学学报》2015年第4期，第157—158页。

⑦ 《文苑英华》卷七七五，第4083页下。

⑧ 《金石萃编》卷一〇三，第3b—4a，《石刻史料新编》第一辑第3册，第1715页上一下。

⑨ 王蒲园《滑县金石录》卷四《义成节度李听德政碑》，第2b，《石刻史料新编》第三辑第29册，第41页下。

力役或徭役（6次），兴学和奉法（均5次），省刑、祥瑞、吏治、销兵和抑制豪强（均4次），军功边功（3次）。可见，书写频率的高低和朝廷的藩帅考课条目并不能完全一一对应，而且藩帅德政碑书写中还有一些属于刺史的考课条目，如垦田、鼓励农桑、户口、发展工商业、力役、兴学、狱讼、祥瑞灾异等，这与藩帅兼任刺史的身份有关。对于碑主儒家品德的描述，多属于模式化书写，这是因为碑铭“把个人看做是他在儒家意义上的多种关系的总和”，故对于碑主的儒家品质极尽形容之能事[①]。上述有关刺史的善政，拙文《德政碑与唐代州县官员的政绩书写》有详细讨论[②]，故略而不书。总之，在具体的考课实践中，从藩帅德政碑的书写内容来看，显然不是以单一的使职身份去对应考课条文，而是充分考虑藩镇主帅身份的复杂性，考课实践应当是在参考条文基础上的灵活运用。

二

由于藩帅和刺史之间的身份既有重合之处（藩帅一般兼任治所州刺史），又存在差异（藩帅管辖支州刺史，并拥有辖区的兵权、财权和行政权），故二者的德政碑治绩书写既有共同之处，又存在一定差异。另外，还有一些是藩帅考课条文没有直接涉及，却是德政碑关注的重要话题。

（一）销兵

唐代考课条文强调节度使的“销兵”业绩，此可以让节度使评为“上考”，即上上考，但在德政碑的书写中，其关注度却较低，仅有4方碑文提及，且还不局限于节度使一种身份。提到销兵者如伊西节度使杨预，碑文赞扬其“卸传甲仗，警候田畴”[③]；洪州都督江西观察使张休，“减承城吏卒几三千，归之陇亩”[④]；襄州节度使徐商，“罢疲卒奸滥之政”[⑤]；容管经略使李复，“选武艺，归老疾，罢减塞卒四千余人，以趋农时”[⑥]。“销

① ［英］崔瑞德撰，张书生译《中国的传记写作》，《史学史研究》1985年第3期。

② 拙文《德政碑与唐代州县官员的政绩书写》，《四川师范大学学报》2015年第4期。

③ 张维编：《陇右金石录》卷二《杨公纪德颂》，第53a，《石刻史料新编》第一辑第21册，第16010页上。

④ 《全唐文》卷四〇九，第4194页上。

⑤ 《文苑英华》卷八七〇《徐襄州碑》，第4593页上。

⑥ 《全唐文》卷六二一，第6267页下。

兵”不是观察使和经略使的考课强调范围，但上述德政碑同样将之书写为善政。与“销兵”相对，中晚唐甚至出现增加兵员被德政碑书写为善政者，如《李元谅楙功昭德颂》载：“籍马搜乘，补卒济师。始编簿者二千，终载书者一万”[①]。义成节度使高承简，针对“宋为属城之近，且居下流。兵力未任，物情疑骇。公乃蒐索补卒，以张其气焰；借货敛粟，以备其困乏”[②]。高承简针对义成军弱的状况，补充兵员，以增强军势。《华帅许国公韩建德政碑》赞扬其“又添主客军额若干人”[③]。此一现象表明唐朝中央对藩镇主帅“销兵”一项的考课，并没有办法进行全面贯彻。当然，“销兵”可以减少朝廷的经济开支，“养兵多寡与中央收入的多寡有关，这就是唐代在勘定两税时，力主销兵的着眼点”[④]。但藩镇之间竞争的现实（唐末尤其明显）、防守边境的需要等，都与朝廷的“销兵”理念存在出入，故德政碑对“销兵”和补充兵员都有所赞颂。

（二）上贡和朝觐

唐代中后期，藩镇林立，有的藩镇既不朝觐，也不输赋，因此，能否输赋或朝觐，实际上也就成为其服从中央与否的一项指标。输赋之外，还有土贡，即地方向中央进贡方物，“它带有强制性，非诏令不得免除”[⑤]。正是因为上贡、朝觐具有极为重要的政治象征意义，因此尽管藩镇主帅的考课条文没有明确提到此，但德政碑却对此进行大力颂扬。如容管经略使李复，“惧货贡之阙，至助之以家财”；“量远近以纳贡，职无不供之贡”[⑥]。襄州节度使徐商，“致及时之贡”[⑦]。华州节度使韩建，“上勤时贡，下济朝班”[⑧]。《王审知德政碑》也认为：“夫述职之道，底贡为先”[⑨]，强调上贡的重要性，因为其体现了对朝廷的“忠”。

唐代中后期，一些割据或半割据的藩镇主帅拒绝来朝，故能否朝觐天

① 《金石萃编》卷一〇三，第2b，《石刻史料新编》第一辑第3册，第1714页下。
② 《全唐文》卷七二四，第7450页上。
③ 《司空表圣文集》卷六，第138页。
④ 张国刚：《唐代藩镇研究》（增订版），中国人民大学出版社2010年版，第59、166页。
⑤ 《唐代藩镇研究》（增订版），第159页。
⑥ 《全唐文》卷六二一，第6267页下—6268页上。
⑦ 《文苑英华》卷八七〇《徐襄州碑》，第4593页上。
⑧ 《司空表圣文集》卷六，第138页。
⑨ 《金石萃编》卷一一八，第22b，《石刻史料新编》第一辑第3册，第2160页下。

子，也具有重要的政治象征意义。如《崔圆颂德碑》颂扬其朝觐天子，“今载公朝觐之礼以弘大之”①。义武军节度使张孝忠，贞元二十年（804）“来朝京师，德宗沃心嘉叹，宴喜蕃锡，如韩侯申伯故事。……今皇帝（指宪宗）以道御天下，烛明理本。（张茂昭）间岁再入觐，为守臣龟龙”②。元稹奉敕撰写的《魏博节度使田弘正德政碑》，提到“夹河五十余州，或服或叛。更立迭夺，废置征伐，朝觐赋入之宜，皆自为意。五纪四宗，容受隐忍”，即对于河北藩镇不入觐、不上交赋税，唐朝天子皆隐忍承受，此“四宗”当指肃宗、代宗、德宗和顺宗；宪宗朝，田弘正献地来朝，因此在元稹所撰《田弘正德政碑》中，没有涉及其地方治绩，通篇都是赞扬田弘正破除河朔割据积习，献地来朝，并助朝廷平叛，体现了中央对割据藩帅治绩评价的一项重要标准——忠。元稹在《田弘正德政碑》中对“德政”的解释是：

> 德之至者有二，政之大者有三。三政：一曰仁，为惠政；二曰法，为善政；三曰谦，为和政。二德：一曰忠，为令德；二曰孝，为吉德。今弘正献魏博六州之地，平淄青四代之寇，入镇冀不测之泉，可以为忠矣。祖考食宗庙，父子分土疆，兄弟罗轩冕，可以为孝矣。始初山东键闭束缚，泳而游之，歌而舞之，可以为仁矣。始初山东逼越废怠，裁而制之，举而用之，可以为法矣。始初山东傲恨侵取地，以德让之，功以助之，可以为谦矣。谦法仁孝，资之以忠，不曰德政，谓之何哉？③

元稹站在中央立场提出，“谦法仁孝”加上“忠”就是“德政”。可见，对割据藩镇而言，朝廷极为强调“忠”。元和二年（807）权德舆奉敕撰写《义武军节度使张孝忠遗爱碑》，其撰写的精神主旨也是张孝忠父子“三朝戴君，皆受四命。觐礼煌煌，嘉猷洋洋”④。颂扬的核心依然是“忠”，其地方治绩在德政碑中几乎无涉。然而，在顺地藩帅德政碑书写中，主要还是强调其治绩，如《徐商德政碑》对“德政”的解释是：

---

① 《文苑英华》卷八六九，第4587页上。

② 《权德舆诗文集》卷一一《张孝忠遗爱碑》，第187页。

③ 《元稹集》卷五二，第562、564页。

④ 《权德舆诗文集》卷一一，第188页。

凡公之为民，于除害兴利，若屈到之芰，子反之饮。文王昌之蒲菹，虽劳支体，勤思虑，含辛茹苦，必行之，未尝一日而懈也。故制贫民侵刻之负，罢疲卒奸滥之政，公之仁也。训骁勇以擒盗，缮甲兵以备武，公之义也。具候馆之器用，丰馈劳之饩牵，公之礼也。决高沙之壅，徙蛮溪之传，公之智也。免属官之纲，致及时之贡，利必举，害必除，公之信也。夫总五常以在躬之谓德，德及于民之谓政。①

《徐商德政碑》由地方自行撰文，碑文强调儒家的仁义礼智信“五常”观，而每一“常”和相应的善政对应，碑主若“五常”治绩皆具备，便“谓德”，“德及于民之谓政”，“五常”政施于民，就称为“德政”。故碑文不厌其烦地叙述了徐商八个方面的善政，可见，地方视角中的“德政”依然强调治绩，根源就在于撰文者的立场不同，导致“德政”的含义存在差异。

（三）奉佛

德政碑主要体现儒家的治政思想，与佛教原本毫无关涉，在由东汉迄唐代中期的德政碑书写中，罕见涉及佛教内容，然晚唐却有四方藩帅德政碑集中歌颂碑主的奉佛行为。如中和二年（882）刊立的《敕河西节度兵部尚书张淮深德政碑》，赞扬张淮深在龙兴寺兴佛事，包括修缮宕泉北大像，塑释迦牟尼像并侍从一铺，四壁图诸经变相一十六铺，广设斋会无遮，剃度僧尼等②。景福元年（892）刊立的《索勋纪德碑》，颂扬节度使索勋修缮古寺大像、栋宇，“于时改作，四厢并立，八壁重修。南建门楼，北安宝殿”③。《华州节度使韩建德政碑》载，韩建“亦奉真宗，庶能柔物。虑苟希致福，必将强敛于人。唯申孝思，自置精舍。有诏褒慰，仍赐陟屺为名”④。韩建自己出钱修建佛教寺庙，皇帝还赐给佛寺名字“陟屺”。福建节度使王审知的佛教功德行为也同样写进了德政碑：“奉大雄之教，崇上善之因。象法重兴，道师如在。虹梁雕栱，重新忉利之宫。钿轴

① 《文苑英华》卷八七〇，第4593页上。
② 吴钢主编：《全唐文补遗》第九辑，三秦出版社2007年版，第145页下—146页上。
③ 《陇右金石录》卷二，第51b，《石刻史料新编》第一辑第21册，第16009页上。
④ 《司空表圣文集》卷六《华帅许国公德政碑》，第137页。

牙签，更演毗尼之藏。而又盛兴宝塔，多舍净财。”① 如果说《张淮深碑》和《索勋碑》在敦煌，其由地方自行撰文，带有较强的地域性，反映了地方社会对于当地节度使奉佛行为的期待和赞许。但是后两方碑文由朝廷敕令大臣撰写，代表中央立场，其依然赞扬藩帅的奉佛行为，彰显了晚唐朝廷上下弥漫的奉佛氛围，以及佛教势力在地方的发展。故“德政”含义在儒家思想的基础上，又适当添加了部分佛教内容，折射出佛教观念对儒家思想的渗透。

（四）选拔属下官吏

唐代藩帅具有人事权，不仅可以辟署藩镇文武僚佐，还可以举荐刺史、县令，因此德政碑文对此大加赞颂。如江西观察使张镐，“慎选乃僚，必国之良。有若博陵崔贲、昌黎韩洄、赵郡李惟岳、北海王士华、河间邢宙、河东裴孝智、陇西李道昌，皆卿才也。以嘉言硕画，参公军事”②，赞扬藩帅张镐慎选使府僚佐。华州节度使韩建，“幕中取士，必以精修；麾下选材，亦兼敦悦。举无遗算，用即成功。此又鉴局之难也”③。赞扬韩建精选并拔擢幕府人才。

概言之，由于唐代藩帅所带使职的多样性，加之又身兼治所州刺史，身份的多重性决定了藩帅德政碑治绩书写的复杂性。解构藩帅德政碑文的内容，可以看到，适用于刺史的考课条文，同样写进了藩帅德政碑中，这与藩帅身兼刺史有关。专门针对经略使、防御使、观察使或节度使的考课条文，在藩帅德政碑文的书写中，也没有做严格区分，都笼统地将之作为善政写进碑文中，这从侧面反映出，唐代藩帅的考课并不是以制度条文为窠臼，而是以此为基础，有针对性地进行考核。唐代藩帅德政碑与刺史德政碑相比，有其自身的书写特点，如强调上贡、朝觐、治军、对朝廷忠诚等，这些都是刺史德政碑所罕见涉及的内容。藩镇类型的差异性④，也导

① 《金石萃编》卷一一八《王审知德政碑》，第23a，《石刻史料新编》第一辑第3册，第2161页上。

② 《毘陵集》卷八，第198页。

③ 《司空表圣文集》卷六《华帅许国公德政碑》，第136页。

④ 张国刚：《唐代藩镇研究》（增订版），其将唐代藩镇分为河朔割据型、中原防遏型、边疆御边型和东南财源型四大类，第44—45页。

致了朝廷对不同藩帅治绩期待的区别，故唐朝中央不可能用同一标准来考课天下藩帅，从而造成德政碑所书藩帅治绩和善政标准的不同，反映出中晚唐朝廷对藩帅治绩评价的多重标准。另外，撰写者立场的不同，藩帅和刺史的身份有别，都会带来治绩书写的差异，而非制度条文所反映的那样纯粹单一；有的治绩书写甚至不符合考课条文的规定，故德政碑所书唐代藩帅治绩，更多反映的是朝廷和地方吏民对藩帅善政的一种理想期待，难以全部落实到考课实践。

附表：唐代藩镇主帅德政碑录文索引表

碑名	时间	撰者	文献来源
幽州都督河北节度使张说遗爱颂	开元八年之后的开元年间（720—741）①	孙逖	《文苑英华》卷七七五
大唐都督杨公纪德颂	乾元二年（759）至上元元年（760）②	冥安县丞□□□□支度判官杨□	吴景山、张洪：《〈大唐都督杨公纪德颂〉碑校读》，《西域研究》2013年第1期
河西节度使杜鸿渐遗爱碑	乾元二年至大历四年（769）期间	杨炎	《文苑英华》卷八七四
卫尉卿洪州都督张休遗爱碑③	宝应元年（762）	崔祐甫	《全唐文》卷四〇九
洪州都督江西观察使张镐遗爱颂	当永泰二年（766）④	独孤及	《文苑英华》卷七七五

① 据《唐方镇年表》卷四“幽州”，张说充任幽州节度使的时间为开元六年（718）至开元八年（720），第544页。

② 据《唐方镇年表》卷八“碛西北庭”，杨预充任伊西节度使的时间是乾元二年至上元元年，第1235页。而据碑文，之前杨预充任河西副节度，而后充任伊、西、庭节度使。

③ 据《唐方镇年表》卷五“江西”，张休宝应元年充任江西观察使，第825页。

④ 据《唐方镇年表》卷五“江西”，张镐宝应元年至广德二年（764）充任江西观察使，第825—826页。然据《张镐遗爱颂》，其卒于癸卯年七月，即广德元年（763），故《唐方镇年表》的时间记载有误。而《唐方镇年表》是依据《旧唐书》的记载，《旧唐书》卷一一《代宗本纪》载：广德二年“（九月）己酉，江南西道观察、洪州刺史张镐卒”，第276页。故《旧唐书》的记载可能有误，应以碑文为准。碑文载张镐从天宝十四年（755）释褐做官，至撰碑时，“十有一年”，则碑当撰于永泰二年。

续表

碑名	时间	撰者	文献来源
成德节度使李宝臣纪功载政颂	永泰二年	支度判官朝散大夫行监察御史王佑	《常山贞石志》卷一〇，《新编》第一辑第18册①
淮南节度使尚书左仆射崔圆颂德碑	大历二年（767）正月	李华	《文苑英华》卷八六九
宣歙观察使薛邕去思颂	大历十四年（779）八月五日立	崔巨	《宝刻丛编》卷一五，《新编》第一辑第24册；《全唐文》卷九九〇
容管经略使容州刺史李复去思碑	贞元二年（786）	于邵	《文苑英华》卷七七六
陇右节度使李元谅楙功昭德颂	贞元五年（789）十月十一日	张蒙	《金石萃编》卷一〇三，《新编》第一辑第3册
昭义军节度支度营田兼泽潞磁邢洺等州观察处置等使李抱真德政碑	贞元九年（793）刻	董晋奉敕撰	《金石萃编》卷一〇三，《新编》第一辑第3册
湖南都团练观察处置等使潭州刺史李巽遗爱碑	贞元十九年（803）	权德舆奉敕撰	《权德舆诗文集》卷一二
杜佑淮南遗爱碑	永贞元年（805）②	权德舆	《权德舆诗文集》卷一一
义武军节度使营田易定等州观察处置使张孝忠遗爱碑	元和二年（807）	权德舆奉敕撰	《权德舆文集》卷一一
义成军节度使郑滑等州观察使李元素二州慰思述	元和二年	庾承宣	《全唐文》卷六一五
沂国公魏博节度使田弘正德政碑	长庆元年（821）	元稹奉敕撰	《元稹集》卷五二

① “《新编》”为《石刻史料新编》的简称，以下同。

② 郭广伟：《权德舆年谱简编》，《杜佑淮南遗爱碑》作于永贞元年（805）十月，《徐州师范大学学报》1994年第4期。据《唐方镇年表》卷五“淮南”，杜佑充任淮南节度使的时间为贞元六年（790）至贞元十九年（803），第722—724页。

续表

碑名	时间	撰者	文献来源
义成军节度郑滑颍等州观察处置等使滑州刺史高承简德政碑	宝历年间（825—827）	崔郾奉敕撰	《全唐文》卷七二四
邠宁节度高霞寓德政碑	宝历年间	韦处厚	根远、跃进：《陕西彬县发现唐代巨碑》，《文博》1997 年 2 期
义成军节度郑滑颍等州观察处置等使李听德政碑	太和三年（829）八月	宋申锡奉敕撰	《宝刻丛编》卷五，《新编》第一辑第 24 册；《全唐文》卷六二三
义成节度李德裕德政碑	大和六年（832）八月	贾悚奉敕撰	《宝刻丛编》卷五，《新编》第一辑第 24 册；《全唐文》卷七三一
魏博等州节度何进滔德政碑	开成五年（840）正月	翰林承旨兼侍书柳公权奉敕撰并书	《全唐文补编》卷八〇；《宝刻丛编》卷六，《新编》第一辑第 24 册
江西观察使韦丹遗爱碑	大中三年（849）正月二十日	杜牧奉敕撰	《杜牧集系年校注》卷七；《文苑英华》卷八七〇
山南东道节度使徐商德政碑	咸通六年（865）十二月立	李骘	《文苑英华》卷八七〇
敕河西节度兵部尚书张淮深德政碑	中和二年（882）	一说僧悟真撰，一说张球撰①	《全唐文补编》卷一三八
归义军节度使索勋纪德碑	景福元年（892）九月	张景俅（球）	《陇右金石录・唐》卷二，《新编》第一辑第 21 册

① 如荣新江和晒麟认为碑文撰者为都统僧悟真，分别见荣新江：《敦煌写本〈敕河西节度兵部尚书张公德政之碑〉校考》，收入《周一良先生八十生日纪念论文集》，中国社会科学出版社 1993 年版，第 206—216 页；晒麟：《〈敕河西节度兵部尚书张公德政之碑〉复原与撰写》，《敦煌学辑刊》1993 年第 2 期。但马德和杨宝玉认为，碑文撰者为张球，分别见马德：《〈张淮深碑〉的作者再议———兼论敦煌写本之张球、恒安书体比较》，收入《丝路历史文化研讨会论集（2012）》，新疆科学技术出版社 2013 年版，第 95—98 页；杨宝玉《〈张淮深碑〉作者再议》，《敦煌学辑刊》2015 年第 3 期。仇鹿鸣则根据荣新江的研究，唐廷其实一直未正式授予张淮深节钺推测，《张淮深德政碑》是归义军擅自撰制，见仇鹿鸣《长安与河北之间：中晚唐的政治与文化》，北京师范大学出版社 2018 年版，第 140 页。

续表

碑名	时间	撰者	文献来源
华帅许国公韩建德政碑	乾宁元年（894）	司空图奉敕撰	《司空表圣文集》卷六
威武军节度福建管内观察处置三司发运等使福州刺史王审知德政碑	天祐三年（906）闰十二月一日	礼部侍郎于兢奉敕撰	《金石萃编》卷一一八，《新编》第一辑第3册

杨仲良《皇朝通鉴长编纪事本末》研究三题

李灵均*

南宋人崇尚编年，因而通鉴学相当兴盛，由此在史学体裁上产生了纪事本末体和纲目体。① 作为记载本朝史的《皇宋通鉴长编纪事本末》的出现，正是在这一背景下产生。南宋杨仲良所撰《皇朝通鉴长编纪事本末》（以下简称《长编纪事本末》）将李焘《续资治通鉴长编》分门类编，各有事目，事目之下又有子目，"汴京百七十年礼乐兵刑之沿革，制度政令之举废，粲然具备，可以案目寻求"②，成为研究北宋史的必备文献。

以赵铁寒、徐规、蔡涵墨等为代表的学者研究《长编纪事本末》之版本，主要着眼于推测南宋以降的早期刻本以及清代《宛委别藏》本、广雅书局本等个别版本，并且梳理各类目录书中的相关记载。其主要看法如下：（1）赵铁寒认为广雅本的来源未见说明，他推测是根据藏书家张金吾的钞本而刊刻的。③ （2）徐规认为广雅书局本《长编纪事本末》优于《宛委别藏》本。《宛委》本乃据宋理宗宝祐五年（1257）杨氏第二次刻书而影抄的。广雅本是据杨氏书影宋钞本刊刻的。黄以周等人辑的《续资治通鉴长编拾补》是据湖州藏书家陆心源皕宋楼钞本《长编纪

---

* 李灵均，北京大学历史学系。

① 燕永成：《南宋史学研究》，甘肃人民出版社 2007 年版，114—123 页。

② （清）阮元撰、邓经元点校：《揅经室集》外集卷一，中华书局 1993 年版，1185 页。

③ 赵铁寒：《〈续资治通鉴长编纪事本末〉题端》，收入赵铁寒主编《宋史研究资料萃编》第二辑《资治通鉴长编纪事本末》，据广雅书局本影印，文海出版社 1981 年版。

事本末》改纪事体为编年体而成的。[①] 徐规同时指出，清人在今辑本《长编》与《宛委》本《长编纪事本末》以及《拾补》中删改清廷所讳避文句之处颇多，而广雅本《长编纪事本末》大抵仍影宋钞本之旧，与杨氏原书最接近，这是它可取的地方。广雅书局本失误处，经初步比勘，约在三千条以上，多为沿袭《长编》之旧文。然可供补正今本《长编》及《拾补》之脱漏、舛误者殆亦有数千条之多。[②]（3）蔡涵墨从《长编纪事本末》之现行版本、作者、序文等方面着手，指出现在文本源自单一钞本传统，其年代至少可以上追到17世纪，或者更早。[③]（4）李灵均《〈宛委别藏〉本〈皇宋通鉴长编纪事本末〉探源——兼论〈宛委别藏〉对违碍文字的系统性篡改》（待刊）一文指出中国国家图书馆藏题名《皇朝通鉴长编纪事本末》清钞本一种是《宛委别藏》工作底本，该钞本保留了以阮元为首的《宛委别藏》工作人员的校改细节，其中最引人注目的是大量删改违碍文字现象，并分析了宛委底本中校勘、改讳、篡改违碍文字的具体情况，并追踪宛委底本之来源。（5）闫建飞《广雅书局本〈长编纪事本末〉编校考》主要探讨了作为现存本书唯一刻本广雅书局本《长编纪事本末》的编纂过程。[④]

本文原题《〈续资治通鉴长编纪事本末〉版本初探》，然鉴于学界现有研究，大规模删改旧文，取其剩义，略作三题，主要梳理《长编纪事本末》在清以前的流通史，并介绍经实地调查的各图书馆所藏清钞本。

一

本节主要从书籍流通史角度，探讨《长编纪事本末》在清代之前的传布情形，以期“辨章学术、考镜源流”。关于《长编纪事本末》概况及其早期传布，蔡涵墨做了精深细致的考据，其主要结论如下：（1）《长编纪事本末》的作者杨仲良（字叔明，号柳溪先生），籍贯为四川眉

---

① 徐规：《〈续资治通鉴长编纪事本末〉研究》，《文史》2001年第1辑·总第54辑，中华书局2001年版，第193页。

② 徐规：《〈续资治通鉴长编纪事本末〉研究》，第194—204页。

③ ［美］蔡涵墨：《论〈续资治通鉴长编纪事本末〉与十三世纪前期的史学编纂与出版》，《历史的严妆——解读道学阴影下的南宋史学》，中华书局2016年版，第271—273页。

④ 闫建飞：《广雅书局本〈长编纪事本末〉编校考》，《中华文史论丛》2020年第1期。

山。杨仲良可能和杨泰之同时代，生活时代为1170—1230年（宋孝宗乾道至理宗绍定年间），并且可能和李焘有姻亲关系。（2）《长编纪事本末》的原始书名是《本朝长编节要纲目》，大约完成于嘉定三年（1210），并在眉山刊刻，魏了翁为之撰写序文。《本朝长编节要纲目》综合了纪事本末体和朱熹设计的纲目体两种体裁。（3）蒙古入侵四川期间，原始书版遭到破坏，另一种版本于宝祐五年（1257）在庐陵刊刻。这一版本更动了眉山刻本的版式，仅以纪事本末体刊行，可能是出于商业成本考量和避免与绍定二年（1229）陈均《宋九朝编年备要》有所冲突。（4）没有任何现代以前的刊本保留至今，现行的广雅本乃是一个可以追溯到宝祐五年庐陵本的手稿传统。近年有李光生撰文讨论相同议题，与蔡涵墨结论大致一致。[①]

目前所见，最早引用并提及《长编纪事本末》一书的是南宋理宗绍定二年（1229）陈均所著《皇朝编年纲目备要》。现存中国国家图书馆藏南宋绍定本《皇朝编年纲目备要》书前有《皇朝编年纲目备要引用诸书》，逢“宋”必称“皇朝”，所列宋人姓名必冠以官称或谥号等信息，似乎应为较为原始的版本，其中即有“《长编纪事本末》，杨公仲良”的记载。[②] 南宋末王应麟编纂《玉海》时，将《长编纪事本末》收入《艺文志》：“杨仲良为《长编纪事本末》一百五十卷。”[③] 这是关于本书最早的书目著录。可知，在南宋晚期（最早在绍定二年，至迟在宋亡），已经流传有早于宝祐五年刊《长编纪事本末》之版本，并受到了学者应有之重视。

在元代，关于本书的信息鲜有记载。虽然元代未曾有国家藏书目录，《元史》也未有《艺文志》，但元代中后期，元廷因纂修《宋史》而在江南等地搜访遗书，《长编纪事本末》亦在搜访目录中。据袁桷《修辽金宋史搜访遗书条列事状》载：

---

① ［美］蔡涵墨：《论〈续资治通鉴长编纪事本末〉与十三世纪的史学编纂与出版》，《历史的严妆——解读道学阴影下的南宋史学》，第270—292页；李光生：《〈续资治通鉴长编纪事本末〉考异》，《四川图书馆学报》2021年第2期。

② （宋）陈均：《皇朝编年纲目备要》，南宋绍定刻本，北京图书馆出版社2004年版，凡例叶13a。又本书点校本底本为日本静嘉堂文库藏南宋刻本，亦收有此书目。参见陈均撰，许沛藻、金圆、顾吉辰、孙菊园点校：《皇朝编年纲目备要》，中华书局2006年版，第16页。

③ （元）王应麟：《（合璧本）玉海》卷四七《艺文》，中文出版社1977年版，叶44a、b。

> 宋世九朝莫详《长编》，而可资证援参考复别有书。今院中《长编》不备，诸书并缺，今具于后：《续通鉴长编》《长编纪事本末》……①

至于本次访书是否搜集到《长编纪事本末》，目前已不可完全确定，但从继承元内府藏书的明初内府藏书中收录《长编纪事本末》这一史事来看，元廷内府可能收藏本书。虽然1977年点校本《宋史》以《长编纪事本末》作他校的校勘记共51条，但仍无法判断元修《宋史》是否最终参考本书。并且，《宋史·艺文志》也未著录《长编纪事本末》。这从侧面说明，《长编纪事本末》在有元一代流通范围可能相当有限。

到了明初，《永乐大典》中收有《九朝纪事本末》《九朝长编纪事本末》《宋朝纪事本末》等书，它们与杨仲良《长编纪事本末》存在怎样的关系呢？先拣选《永乐大典》所收相关文字与通行本《长编纪事本末》作如下比对②：

表1 《永乐大典》与现存《长编纪事本末》对比

《永乐大典》			《长编纪事本末》（《宛委别藏》本）		备注
著录书名	正文	卷次	正文	卷次	
《九朝纪事本末》	美人尚氏杨氏争宠　明道二年十二月，美人尚氏、杨氏骤有宠，尚氏尝于上前出不逊语，侵皇后郭氏，后不胜忿，起批其颊，误查上颈，后以是坐废	卷二九七二	美人尚氏杨氏争宠 明道二年十二月，美人尚氏、杨氏骤有宠，尚氏尝于上前出不逊语，侵皇后郭氏，后不胜忿，起批其颊，误查上颈，后以是坐废	卷三十三	
	景祐元年七月，天下常平仓置已久，领于司农寺	卷七五〇六	景祐元年七月，天下常平仓置已久，领于司农寺	卷四十四	

① （元）袁桷著，杨亮校注：《袁桷集校注》卷四一《修辽金宋史搜访遗书条列事状》，中华书局2012年版，第1845页。

② 杨家骆《〈永乐大典〉所引〈九朝长编纪事本末〉考》一文将《永乐大典》所引《九朝通鉴长编纪事本末》与清辑本《长编》作过详细对比，资料丰富，可资参考。参见杨家骆编《续资治通鉴长编（新定本）》卷二，世界书局1961年版，第52—86页。表格1为笔者重新搜讨。

续表

《永乐大典》			《长编纪事本末》（《宛委别藏》本）		备注
著录书名	正文	卷次	正文	卷次	
	庆历四年正月，陕西谷价翔贵。丁丑，诏转运司出常平仓米贱粜贫民		四年正月，陕西谷价翔贵。丁丑，诏转运使出常平仓米贱粜贫民	卷四十四	
	哲宗元祐元年八月丁亥，司马光札子："勘会熙宁之初，执政以旧常平法为不善，更将籴本作青苗钱，散与人户，令出息二分，置提举官以督之。丰岁则农夫粜谷十不得四五之价……"	卷七五〇六	元祐元年八月丁亥，司为光札子："勘会熙宁之初，执政以旧常平法为不善，更将籴本作青苗钱，散与人户，令出息二分，置提举官以督之。丰岁则农夫粜谷十不得四五之价……"	卷百一十	
	（元祐）四年七月丙申，右司谏刘安世言："臣闻国无九年之蓄曰不足，无六年之蓄曰急，无三年之蓄曰国非其国……"	卷七五〇六	（元祐）四年七月丙申，右司谏刘安世言："臣等窃谓自罢青苗钱后来，天下州县皆有积镪。……日久渐至九年之蓄，太平之策莫大于此……"	卷百一十	不一致
《宋朝纪事本末》	陈瓘贬逐 元符三年三月甲戌，承议郎权发遣卫州陈瓘为右正言。九月甲戌，左正言陈瓘为右司谏	卷三一四四	陈瓘贬逐 元符三年三月甲戌，承议郎权发遣卫州陈瓘为左正言。九月甲戌，左正言陈瓘为右司谏	卷百二十九	
《九朝长编纪事本末》	王拱辰等劾苏舜钦　庆历四年十一月甲子，监进奏院右班殿直刘巽、大理评事集贤校理苏舜钦并除名，勒停工部员外郎、直龙图阁兼天章阁侍讲、史馆检讨……	卷三四〇一	王拱辰等劾苏舜钦 庆历四年十一月甲子，监进奏院方班殿直刘巽、大理评事集贤校埋苏舜钦并除名，勒停上部员外郎、直龙图阁兼天章阁侍讲、史馆检讨……	卷三十八	
《九朝长编纪事本末》	真宗景德二年七月丁巳，诏以十一月十三日有事于南郊。上封事者言郊丘天地神位板皆有司临事书题，多不严肃，望令重造……	卷五四五三	景德二年七月丁巳，诏以十一月十三日有事于南郊。上封者言郊丘神板皆有司临事题书，多不严肃。诏卤簿使王钦若改造……	卷十六	略有出入

续表

《永乐大典》			《长编纪事本末》（《宛委别藏》本）		备注
著录书名	正文	卷次	正文	卷次	
	景祐二年四月，翰林学士承旨章得象等言："奉诏详定司天监生于渊，奏祀九宫贵神位止用一局……"	卷五四五三			
	政和四年三月一日，礼制局言：见依崇宁祀仪定方坛神位。谨按："皇地祇北向，盖取答阴之义。故阳杞降神升烟于坛，其位在丙，以阳杞皆南向故也……"	卷五四五三			
	元丰四年十月戊午，详定礼文又言："国朝时，令秋分飨寿星于南郊。熙宁祀仪于坛上设寿星一位南向……"	卷五四五四	又言："国朝时，令秋分飨寿星于南郊。熙宁祀仪于坛上设寿星一位南向……"	卷七八	
	真宗景德四年十二月十六日，都官员外郎同判太常礼院孙奭言立冬祀黑帝。按，礼文以帝高阳氏配玄辰星三辰七宿从祀……	卷五四五四			
	宋宣和元年，御笔封大觉金仙文殊菩萨，封安惠文静大士普贤菩萨，封安乐妙静大士泗州大圣，封巨济大士双林傅大士，封应化大士初祖达磨……	卷八七〇六	辛酉，御笔："德士冠并依道流，见戴诸色冠样止不饰日月星辰，除有官职者许服皂䙓紫道服执牙简，余已有紫衣人并紫道服褐衣……封大觉金仙文殊菩萨，封安惠文静大士普贤菩萨，封安乐妙静大士泗州大圣，封巨济大士双林传大士，封应化大士初祖达摩……"	卷一二七	略有不同
	明道二年十月丙寅，崇文院纂唐遗事，翰林学士承旨盛度请命官刊，修《唐书》故也	卷一〇一三六	明道二年十□月丙寅，崇文院纂唐遗事，翰林学士承旨盛度请命官刊，修《唐书》故也	卷三二	

续表

《永乐大典》			《长编纪事本末》（《宛委别藏》本）		备注
著录书名	正文	卷次	正文	卷次	
	元丰五年十二月丁巳，诏景灵宫绘像。臣僚本支下两房以上取无人食禄者，如俱无人食禄或俱有人食禄均者，取最长……	卷一八二二三	十二月丁巳，诏景灵宫绘像。臣僚本支下两旁以上取无人食禄者，如俱无人食禄或俱有人食禄均者，取最长……	卷八二	

以上可知，《长编纪事本末》在明初已有流传，在传抄和著录过程中存在不同名称。①

明前期的正统六年（1441），因“本朝御制及古今经史子集之书，永乐十九年自南京取回来，一向收贮于左顺门北廊，未有完整书目”，杨士奇等领衔编纂官方藏书目录《文渊阁书目》，所载大都是宋金元三朝内府藏书之遗及明初四方购求所得之书。在这份明前期皇家藏书清单中，有这样的记载：

> 《宋太平纪事本末》一部，十五册，阙。
> 《宋九朝纪事本末》一部，八十册，阙。②

在此稍后，钱溥曾长期入东阁为史官，“阅中秘书凡五十余大厨，因录其目，藏以待考”③，于成化二十二年（1486）完成《秘阁书目》，亦著录有“《宋九朝纪事本末》八十、《宋太平纪事本木》十五”④。其中，《宋太平纪事本末》为何书，目前已不可考，而《宋九朝纪事本末》，即为杨仲良

---

① 按：《宋会要辑稿》亦收录有题名《九朝纪事本末》的文字，其来源恐与永乐大典编纂有关。关于此问题，笔者将另撰文论述。

② （明）杨士奇等撰：《文渊阁书目》卷五，宇字第六厨书目，叶12b，《宋元明清书题跋丛刊》明代卷第一册（总第4册），中华书局2006年版影印清嘉庆十年顾修辑刊《读画斋丛书》本，第55页。

③ （清）永瑢等撰：《四库全书总目》卷八七《史部四十三》，中华书局1965年版，第744页。

④ （明）钱溥：《秘阁书目》，《宋元明清书题跋丛刊》明代卷第一册（总第4册），中华书局2006年版影印国家图书馆藏清抄本，第229页。

《长编纪事本末》。至万历修《内阁藏书目录》时，已不见著录。至晚明，“所录皆明一代之书”[①] 的黄虞稷《千顷堂书目》中又见本书著录：“欧阳守道《皇朝通鉴纪事本末》一百五十卷（起建隆，迄靖康）。”[②] 本书作者被黄虞稷误认为作序者欧阳守道，但至少可以看出《千顷堂书目》所著录的是宝祐五年及之后的《长编纪事本末》。

由上可见，《长编纪事本末》至少成书于南宋绍定二年（1229）之前，在宋时流传不广，仅见陈均引用，稍后被王应麟《玉海》著录。[③] 元修《宋史》时，曾征集到本书。在有明一代，本书一直被收藏在皇家秘阁，未曾刊布，流传亦不广。

二

自南宋宝祐元年《长编纪事本末》版行以来，各种刊本相继佚失，至清乾隆年间始有钞本流传，后又经阮元抄录收入《宛委别藏》丛书，进而清季广雅书局在钞本基础上版刻刊行，方得以广布。查阅《中国古籍总目》《北京大学图书馆藏古籍善本书目》等书目，可了解本书现存钞本 9 种，刻本 1 种：其中钞本散藏于台湾“国家”图书馆（1 种）、中国国家图书馆（3 种）、北京大学图书馆（1 种）、浙江省图书馆（1 种）、南京图书馆（1 种），此外还有《宛委别藏》钞本 1 种；刻本为光绪十九年广雅书局本。[④] 今所通行者，为清嘉庆时《宛委别藏》钞本[⑤]和光绪十九年广雅书局刊本。[⑥] 以上数种清钞本，为我们了解本书在清代乃至更早的传布

① （清）永瑢等撰：《四库全书总目》卷八五《史部四十一》，第 732 页。

② （明）黄虞稷撰，瞿凤起、潘景郑整理：《千顷堂书目》卷四，上海古籍出版社 2001 年版，第 122、123 页。

③ 至于蔡涵墨认为“《长编纪事本末》的原始书名是《本朝长编节要纲目》，大约完成于嘉定三年（1210），并在眉山刊刻，魏了翁为之撰写序文”，笔者认为作者对姚勉《本朝长编节要纲目序》一文解读似乎有值得商榷之处，因与本文议题并非直接相关，姑且存疑。

④ 中国古籍总目编纂委员会编：《中国古籍总目·史部》，中华书局 2009 年版，第 175 页；北京大学图书馆编：《北京大学图书馆藏古籍善本书目》，北京大学出版社 1999 年版，第 74 页。

⑤ 《宛委别藏》丛书一直收藏于故宫博物院，商务印书馆于 1935 年影印其中 40 种，后台湾商务印书馆于 1981 年影印出版全套《宛委别藏》，江苏古籍出版社于 1988 年再次影印出版，因而学界得以较易获得此版本。2003 年，国家图书馆又据《宛委别藏》影印单行本《长编纪事本末》。

⑥ 广雅书局本《长编纪事本末》在晚清流传颇广，后台湾文海出版社于 1981 年据此影印出版，收入赵铁寒主编《宋史资料萃编》第二辑，流传更广。

谱系，进而探求本书原貌提供可兹参照的依据。为方便后文之行文，现将主要清钞本的基本情况列表如下：

表 2 **现存《长编纪事本末》各版本信息**

	版本	卷数①	册数	行款
1	宛委别藏本	存 142 卷，阙卷 6 至 7、卷 114 至 119	?	半叶 11 行，行 22 字，版心白口，无格
2	中国国家图书馆藏清钞本甲种②（国图甲本）	存 142 卷，阙卷 6 至 7、卷 114 至 119	24	半叶 11 行，行 24 字，版心白口，无格
3	台湾“国家”图书馆藏清钞本（台图本）	存 142 卷，阙缺卷 6、卷 7、卷 114 至 119	24	半叶 11 行，行 24 字，版心白口
4	中国国家图书馆藏清钞本乙种③（国图乙本）	存 142 卷，阙卷 6 至 7、卷 114 至 119	24	半叶 11 行，行 24 字，版心白口，无格
5	浙江图书馆藏清钞本④	存 147 卷，阙卷 6 至 7	64	半叶黑格 10 行，行 21 字，版心白口，单黑鱼尾，左右双边
6	南京图书馆藏清钞本⑤	存 142 卷，阙卷 6 至 7、卷 114 至 119	20	半叶黑格 10 行，行 26 字，版心白口，单黑鱼尾，左右双边
7	中国国家图书馆藏清钞本丙种⑥（国图丙本）	存 103 卷：卷 1 至 5、8 至 46、71 至 98、120 至 150	33	半叶 13 行，行 24 字，版心白口，无格
8	北京大学图书馆藏清钞本（北大本）	存 142 卷，阙卷 6 至 7、卷 114 至 119	48	半叶蓝格 10 行，行 26 字

① 现存所有版本的《长编纪事本末》的卷五、卷八皆阙半，不列入本表。
② 书号 03831
③ 书号 A00821。
④ 书号善 1107/胶 429。
⑤ 书号 112361。
⑥ 书号 15280。

续表

	版本	卷数①	册数	行款
9	日本静嘉堂文库藏钞本②	（残本）143 卷	24	每半叶十一行，每行约二十四字。卷中避宋讳，语涉宋帝皆空格。此书系据宋徐琥刊本摹写
10	广雅书局刻本	存 142 卷，阙卷 6 至 7、卷 114 至 119	24	半叶黑格 11 行，行 24 字

笔者曾在《〈宛委别藏〉本〈皇宋通鉴长编纪事本末〉探源——兼论〈宛委别藏〉对违碍文字的系统性篡改》（待刊稿）中揭示出，《宛委别藏》本《皇宋通鉴长编纪事本末》源自影宋钞本系统，其工作底本是根据台图本乾隆四十一年王鸣韶钞本的过录本（即国图甲本）。经层层过录转抄，宛委底本中的讹误已影响原书应有之价值；在抄入《宛委别藏》过程中，《宛委别藏》工作人员除必要校勘外，还进行了全面的改讳、篡改违碍文字工作，因此，宛委本已与所据底本大相径庭，因而相关部分从略。以下主要介绍浙江图书馆藏清钞本、南京图书馆藏清钞本及北大本。为方便后文论述，现选择涉及民族关系等“违碍”文字较多的卷 150《高宗渡江》，来窥测传抄过程中的具体细节：

表 3　**诸抄本卷 150《高宗渡江》对比**

出处	宛委别藏本	国图甲本		台图	国图乙本	北大本	国图丙本	广雅书局	浙图	南图
		原文	删改							
靖康二年四月辛酉	辛酉，金营始空	虏营	金营	虏营	金营	虏营	虏营	虏营	虏营	虏营
靖康二年四月甲子	访闻二圣曾幸金营	虏营	金营	虏营	金营	虏营	虏营	虏营	虏营	虏营

① 现存所有版本的《长编纪事本末》的卷五、卷八都阙半，不列入本表。

② 严绍璗编：《日藏汉籍善本书录》，中华书局 2007 年版，第 441 页。

续表

出处	宛委别藏本	国图甲本		台图	国图乙本	北大本	国图丙本	广雅书局	浙图	南图
		原文	删改							
靖康二年四月丁卯	有脱金营来者供具不一	虏营	金营	虏营	金营	虏营	虏营	虏营	虏营	虏营
	伏见金兵南下	逆胡犯顺	金兵南下	逆胡犯顺	金兵南宗	逆胡犯顺	逆胡犯顺	逆胡犯顺	逆胡犯顺	逆胡顺
	自信敌退必能复辟也	虏	敌	虏	敌	虏	虏	虏	虏	虏
	但为金人未远	虏人	金人	虏人	金人	虏人	虏人	虏人	虏人	虏人
靖康二年四月戊辰	欲决河灌敌人	虏	敌	虏	敌	虏	虏	虏	虏	虏
靖康二年四月甲戌	敷天同左袒之心	左袒	南向	左袒	南向	左袒	左袒	左袒	左袒	左袒
	比金兵邀请二圣北去	虏	兵	虏	兵	虏	虏	虏	虏	虏
	措置邀迎外敌人	虏	敌人	虏	敌人	虏	虏	虏	外虏	外虏

（一）浙江图书馆藏清钞本

现藏浙江图书馆，书号善1107/胶429。本书题名为《皇朝通鉴长编纪事本末》，行款为半叶黑格10行，行21字，版心白口，单黑鱼尾，左右双边，共64册。根据著录信息，存147卷，阙卷6至7。著者题为宋杨仲良撰，序跋者包括宋欧阳守道序。印章信息包括：“吴兴刘氏嘉业堂藏书记”“结壹庐藏书印”“浙江省立图书馆藏书印”。

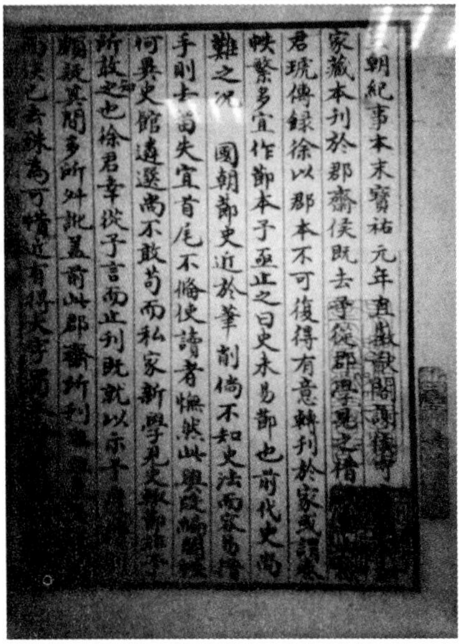

图1 浙江图书馆藏清钞本《皇朝通鉴长编纪事本末》

本书无清人序跋，因而只能通过藏书印来判断其流传状况。“结壹庐藏书印”为朱学勤之印，“吴兴刘氏嘉业堂藏书记”为刘承干之印。朱学勤（1823—1875），字修伯，浙江杭州人，是晚清著名藏书家。刘承干（1881—1963），浙江吴兴人，是著名的嘉业堂主人。本书很可能是朱学勤后人卖给刘承干，1949年以后（很可能是1951年）捐给当时的浙江省图书馆，因而在民国时期浙江图书馆馆藏目录中，未发现本书，2002年善本书目有著录。[①]

（二）南京图书馆藏清钞本

现藏南京图书馆，书号112361。本书题名为《皇朝通鉴长编纪事本末》，行款为半叶黑格10行，行26字，版心白口，单黑鱼尾，左右双边，共20册。现存存142卷，阙卷6至7，卷114至卷119。著者题为宋杨仲良撰，序跋者包括佚名校、丁跋道序。印鉴信息包括：“八千卷楼藏书印”“嘉惠艺林”“江苏□图书馆善本书□□印”[②]。

---

① 《浙江图书馆古籍善本目录》，浙江教育出版社2002年版，第113页。

② 此印笔者未能很好识别。

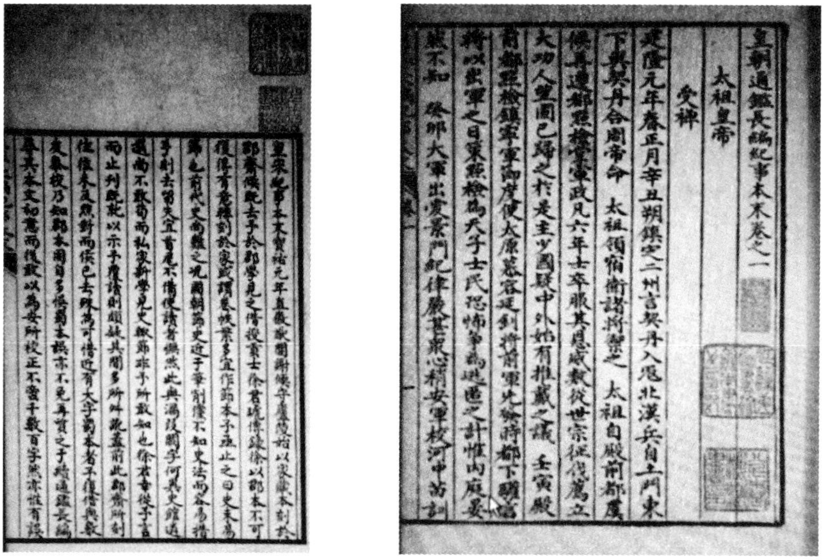

图2　南京图书馆藏清钞本《皇朝通鉴长编纪事本末》

丁丙在第一册书前有跋文，文字与《善本书室藏书志》卷七所收基本相同：

《皇朝通鉴长编纪事本末》一百五十卷钞本

前有庐陵欧阳守道序，云《皇朝纪事本末》宝祐元年徽猷阁谢侯守庐陵，始以家藏书刊于郡斋，贡士徐君琥重为传刻。其间多所舛讹，又得大字蜀本参校，工毕在丁巳，然不言著书人姓名，或另有序而阙失也。案《玉海》云杨仲良为《长编纪事本末》一百五十卷，陈均《皇朝编年备要》引用书目亦载其书，则为仲良所撰无疑。李焘取北宋九朝事实，仿司马光长编之体编年述事为《通鉴长编》，卷帙繁重，乃别为分编次成太祖七卷、太宗七卷、真宗十四卷、仁宗二十四卷、英宗四卷、神宗三十四卷、哲宗二十六卷、徽宗二十八卷、钦宗六卷，共一百五十卷，各有事目，目中复有子目，汴京百七十年礼乐兵刑之沿革，制度政令之举废，粲然具备，洵可与李编相辅而行。且李编徽、钦两朝皆有阙，扶藉此犹得考见崖略。原阙卷一百十四至一百十九，今又阙六、七两卷，五、八两卷亦非完帙。阮氏元尝钞录进呈，见《揅经室外集》。①

此钞本在丁氏《八千卷楼书目》中著录为“《通鉴长编纪事本末》一百五十卷宋杨仲良撰抄本刊本”②。光绪三十三年（1907），八千卷楼大部分藏书被两江总督端方收购，组建江南图书馆，在其善本书目中已经著录本书信息：

《皇朝通鉴长编纪事本末》百五十卷（杨仲良　抄本）二十本。③

1933年至1935年《江苏省立国学图书馆图书总目》亦著录本书：

《皇朝通鉴长编纪事本末》一百五十卷（宋杨仲良　抄本　丁书（?）　善甲三二）二十册。④

本书最终流入今南京图书馆。

值得注意的是，南京图书馆所藏《长编纪事本末》与浙江图书馆所藏钞本在用纸、文字等多方面基本相同，但从字迹看应出自不同人之手，可初步断定二者同源。考察朱学勤、丁丙、刘承干之生卒年，可断定此两种钞本应在光绪元年之前即有流传。

同样以《长编纪事本末》卷150《高宗渡江》中的违碍文字作对比，从表2我们可发现，浙图本和南图本基本保留了本书未删改前的原貌。至于浙图本为何从著录信息上显示保存了卷114—119，则有待进一步目验。

（三）北京大学图书馆藏清钞本

该钞本现藏北京大学图书馆。本书题名为《皇朝通鉴长编纪事本末》，

---

① （清）丁丙：《善本书室藏书志》卷七，收入《清人书目题跋丛刊（第二册）》，中华书局1990年版，第484—485页。

② 丁立中：《八千卷楼书目》卷四，1923年钱塘丁立中聚珍仿宋版印本，收入中国书店出版社编：《海王邨古籍书目题跋丛刊》第四册，中国书店2008年版，第52页。

③ 江南图书馆编、王懋镕初校：《江南图书馆善本书目》史六第二十三号，民国间南洋印刷厂铅印本，《明清以来公藏图书汇刊》第25册，北京图书馆出版社2008年版，第47页。

④ 江苏省立国学图书馆编：《江苏省立国学图书馆图书总目》卷九，1933年至1935年铅印本，叶37b，《明清以来公藏书目汇刊》第33册，北京图书馆出版社2008年版，第85页。

存142卷，阙卷6—7、卷114—卷119。行款信息为半叶蓝格10行，行26字。著者题为宋杨仲良撰，序跋者包括宋欧阳守道序。印鉴信息包括："继振私印""永场私印""它栽""庾信平生最萧瑟""李氏荫芗鉴藏""玉峰李氏荫芗珍藏书画之印""王永（?）之印""紫垣曾读""国立北京大学藏书"。

由表2中《高宗渡江》部分的比对来看，本钞本基本未经删改，同时含有诸多校勘性质的批注。如卷八《秦王事迹》叶7a中有这样一段文字：

> 后出嫁赵氏，(生)① 军器库副使廷俊。朕以廷美故，令廷俊属鞬左右，廷俊泄禁中事于廷美，日者西池窃发之谋。若命有司穷究，则廷美罪（不容诛）。朕止令居守西洛，而廷美不悔过，益怨望出不逊语，始命（迁房陵），以全宥之。

天头处的批注为："此数行自多脱失，今仍其旧。"卷十叶16a处"弥德超"，批注为："弥，《宋史》作弭。"可见，本钞本经过了初步的校勘。

三

有种种证据表明，清光绪十九年广雅书局刊行的《长编纪事本末》的其中一个版本来源是国图丙本。本部分内容已有闫建飞《广雅书局本〈长编纪事本末〉编校考》的最新研究，而本文最初成文于2017年，暂一仍其旧，略作论述。

该钞本现藏中国国家图书馆，书号15280，为方便区分，暂定名乙种。本书题名为《皇朝通鉴长编纪事本末》，行款为半叶13行，行24字，版心白口，无格，共33册。现存103卷，阙卷6—7、卷7—45、卷47—70、卷99—119，可能是整函亡佚。著者题为宋杨仲良撰，序跋者包括宋欧阳守道序。书前有叶昌炽、夏孙桐书信。印鉴信息包括："孔继涵印"（白文方印）、"荭谷"（朱文方印）。

---

① 括号内文字为笔者据其他版本所补。

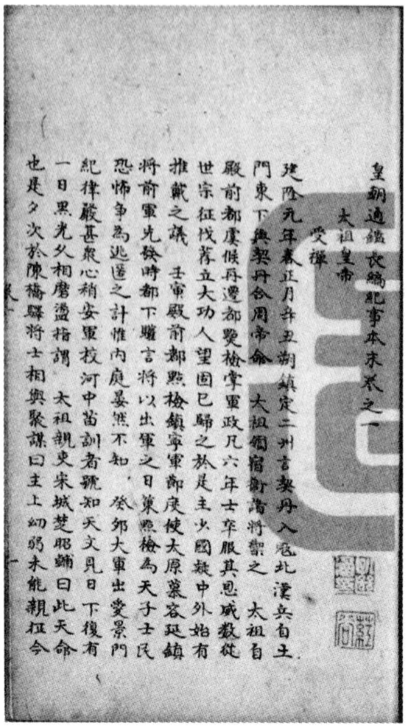
皇朝通鑑長編紀事本末卷之一
太祖皇帝
受禪
建隆元年春正月辛丑朔鎮定二州言契丹入寇北漢兵自土
門東下與契丹合周帝命 太祖領宿衛諸將禦之 太祖自
殿前都虞候再遷都點檢掌軍政凡六年士卒服其恩威數從
世宗征伐荐立大功人望固已歸之於是主少國疑中外始有
推戴之議 壬寅殿前副都點檢鎮寧軍節度使太原慕容延釗
將前軍先發時都下讙言將以出軍之日策點檢為天子士民
恐怖爭為逃匿之計惟內庭晏然不知 癸卯大軍出愛景門
紀律嚴甚衆心稍安軍校河中苗訓者號知天文見日下復有
一日黑光久相磨盪指謂 太祖親吏宋城楚昭輔曰此天命
也是夕次於陳橋驛將士相與聚謀曰主上幼弱未能親征今

图3 中国国家图书馆藏清钞本《皇朝通鉴长编纪事本末》丙种卷一

第一册卷首附有书信两通，第一通为叶昌炽致王文老信（参见图4、5），录文如下：

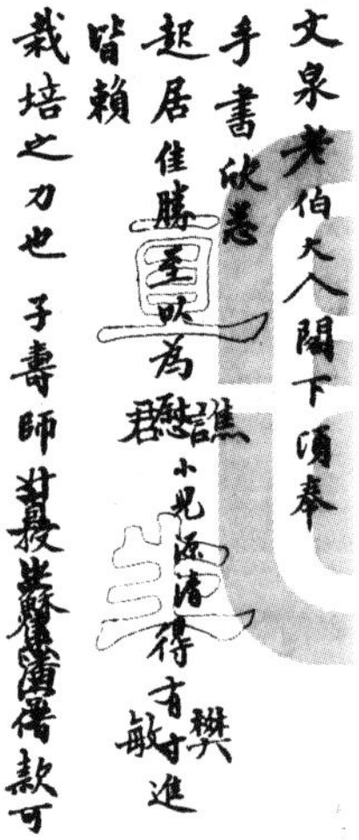
文泉老伯大人閣下頃奉
手書欣悉
起居佳勝至以為慰 小兒源清得有寸進
皆賴
栽培之力也 子壽師[illegible]款可

图4 叶昌炽致王文老信第一部分

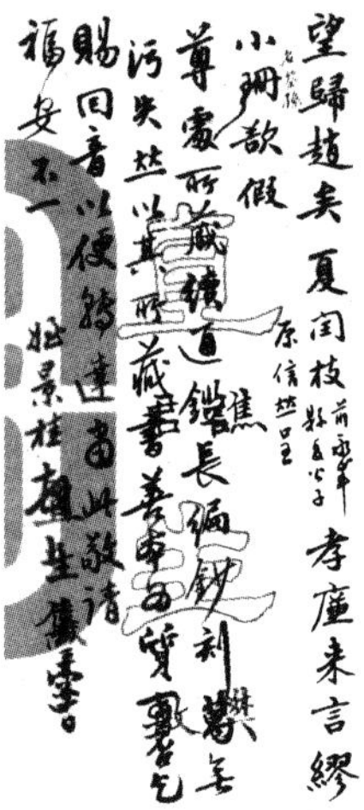
望歸趙矣 夏間枝 孝廉來言繆
小珊欵假
尊處所藏續通鑑長編鈔刻[illegible]
污失[illegible]以其所藏書善本[illegible]
賜回音以便轉達 尚此敬請
福安不一 姪景桂頓首

图5 叶昌炽致王文老信第二部分

文泉老伯大人阁下顷奉手书，欣起居佳胜，至矣为慰。小儿源清得有寸进，皆赖栽培之力也。子寿师才授苏藩，借款可望归赵矣。夏闰枝（前永年县夏公子原信并呈）孝帘来言，缪小珊（名荃孙）欲假尊处所藏《续通鉴长编》钞刻万（?）矣污失，并以其所藏书善本为质，可否乞赐回音，以便转达，肃此敬请，福安不一。

□景桂……（后不可识别）

第二通为夏孙桐致叶昌炽信（见图6），录文如下：

昨晚缪小珊兄谭及南皮制军来书，云粤局刻□将竣，催觅应刻之书。小珊仍拟将□王文老所藏《续通鉴长编纪事本末》，并云文老如不放心，愿以所有秘本为质，日来，□□如有人来，新与商之，未偿□首肯在京付钞，不过两三月，可归赵也。《刘宾客集》二子备校，昨憩□书名□□□九□□□□□□□□□□□仁兄□□□□□□□□

廿九

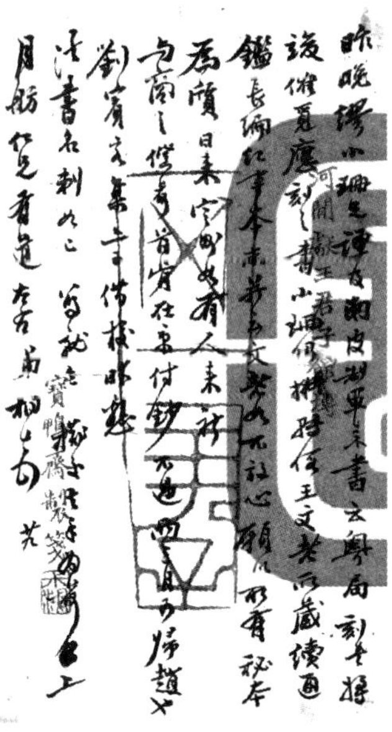

图6　夏孙桐致叶昌炽信

根据“孔继涵印”“荭谷”两方印鉴，可知本书原为孔继涵所有。[①]考察孔继涵之生平，可判断本钞本之上限至少为乾隆时期钞本。至于王文泉为何人，尚无定论，可能为王灏。王灏（1823—1888），字坦甫，号文泉，是著名的《畿辅丛书》的编纂者。然笔者亦不敢确定，姑认作王文泉。王文泉曾一度为本书之所有者。

以上两通书信为我们了解广雅书局本《长编纪事本末》之底本提供重大线索。起初，张之洞在广东创办广雅书局，通过缪荃孙的关系，希望借王文泉所藏《长编纪事本末》抄录，缪荃孙经夏孙桐联系到叶昌炽，叶昌炽一向与王文泉交好，向王文泉转达了这一意向。缪荃孙为晚清著名藏书家，在信中“愿以所有秘本为质”，足见此钞本之价值。

经初步比对，中国国家图书馆藏清钞本丙种与广雅书局本《长编纪事本末》高度一致，至少可能广雅书局本《长编纪事本末》所据之版本来源之一。

高桥智认为，研究古籍流通学，至少有三点问题意识：复元、同定、保管。[②] 以《长编纪事本末》为中心的流通学研究，也至少具有两点问题意识：其一是“辨章学术、考镜源流”，解决本书版本源头的问题，即“复元”，这一点值得另附文讨论；其二是在梳理本书版本流通问题的基础上，判定诸版本优劣。由现存文献可知，本书在南宋至少有两次版刻，在元明两代一直藏于内府。清朝初年，经由徐乾学、季振宜，本书钞本使得见于世。除浙图本待核验，目前所见的各种清钞本的来源，均指向徐乾学钞本。由徐乾学钞本所衍生出宛委别藏本系统、南图·浙图本系统、广雅书局本系统、北大本系统等各种钞本。

---

① 孔继涵（1739—1738），字体生，“乾隆三十六年进士，官户部主事，充日下旧闻纂修官。以母疾乞养归。继涵笃于内行，雅志稽古，于天文、地志、经学、字义、算数之书，无不博综。与休宁戴震友善，考证异同，良多资益。凡所钞校者数千百帙，集唐以来金石刻千余种，与经义史志相比附。又汇梓罕存之本为微波榭丛书，及搜梓算经十书，皆为世所称。所自著有《春秋世族谱》《春秋地名人名同名录》《春秋闰例日食例》《左国蒙求》《国语解订讹》《周官联事考工车度记补》《林氏考工记解》《句股粟米法》《释数同度记》《水经释地》《红榈书屋集》二卷、词四卷。四十八年，卒，年四十五。子广栻，能传其学”。参考王钟翰点校《清史列传》卷六八《儒林传下一》，中华书局2016年版，第5529页。

② ［日］高橋智：《古籍流通の意義——善本と藏書史》，收入中国古籍文化研究所编：《中国古籍流通学の確立——流通する古籍·流通する文化》，雄山閣2007年版，第23—25页。

论晚清旅日学人的革命史书写*

周励恒**

清朝末年，旅日学人①是引进近代史学的一支重要力量。他们翻译了众多外国人撰写的史学著作，尝试用新的史体和史观来进行历史撰述，引进了很多新概念，力图构建新的中国史学。在他们传播的新概念中，“革命”是非常重要且常见的一个。在中国，“革命”一词古已有之，但在近代被旅日学人赋予了更新、更复杂的含义。旅日的革命派和维新派知识分子对“革命”的理解和认识既有相同之点，也有差异之处。为了宣传各自的政治思想，他们以历史作为载体，翻译了很多“革命史”和革命家的传记，用“革命”的眼光来评判中国的历史。他们通过这些史学撰述不断地丰富“革命”的含义，使“革命”最终成为了我们现代所熟悉的概念②。

---

* 本文为国家社会科学基金青年项目“旅日学人对中国现代化奠基和发展的贡献和研究”（批准号：2KZS001）阶段性成果。

** 周励恒，中共中央党校文史教研部。

① 这里的旅日学人，包括留日学生和旅日学者。留日学生指的是晚清从中国到日本读书的学生，包括完成学业的和没有完成学业的。旅日学者指的是一些因为主张革命、参加维新运动被清政府通缉等原因赴日本居住生活的学者。他们在中国已经有了一定学术成就和学术地位，去日本不是以修读文凭学位为目的，而是一方面从事政治活动，一方面进行著述、讲学等活动。

② 关于“革命”一词的概念演变，学界已有很多成果。最早对中国革命观念进行详细研究的专著是陈建华的《“革命”的现代性：中国革命话语考论》。该书梳理了“革命”一词的现代含义由英文到日文再到中文的传播过程，以及知识分子对“革命”的认识由反感到接受，“革命”含义从狭义到广义的变化。金观涛、刘青峰《革命观念在中国的起源和演变》一文梳理了“革命”一词在中国古典汉语中的含义，考证了用“革命”来译“revolution”的过程，阐述了中国现代革命观念和西方革命观念的差异，以及中国当代革命观的形成（见《观念史研究：中国重要政治术语的形成》，法律出版社 2009 年版，第 365 页）。粟孟林的《中国知识界对“法国大革命”的理解与迎拒（1840—1919）》，以“法国大革命”相关知识在中国的传播为线索，从革命话语权的竞争、革命思想的嬗变以及社会—思想的演进层面研究了“法国大革命”观念在中国的传播和迎拒（博士学位论文，湖南师范大学，2014 年）。

研究清末旅日学人的革命史书写，对于认识中国史学现代转型的具体情形，具有不可忽视的意义。

一　旅日学人与“革命”概念的再认识

“革命”一词，由“革”和“命”组成。“革”有“更新”[①]的意思。“命”有“天之令也”的意思，意为“天命”。两字放在一起连用，就有了天道轮转、易姓改号、改朝换代的意义。这也是“革命”在中国历史传统中最常见的含义。由此还衍生出汤武革命、彻底变革、天地周期性变化等含义。[②]

“革命”所指涉的西方概念在英语中用“revolution”表示，总的来讲有两种意思：一为“以暴力的手段推翻一个政府或社会秩序，拥护一种新体制”，“在某种事物的工作方式、组织方式或人们对它的看法上发生的巨大而深远的变化”；还有一个意思是指“旋转”[③]。概括来讲，现代的“革命”概念就是“彻底变革以促使进步”。从中国传统的起义造反、改朝换代，到以暴力手段建立新体制，现代“革命”概念强调进步性，否定了封建王朝易姓改号的循环史观。这种认识上的转变，与旅日学人的宣传推广关系密切。

“革命”的现代含义源于日本对这个古老词汇的改造。日本人在引入西方“revolution”这一概念的时候，用“革命”来翻译之。“革命”一词在日语中的原本含义与中国基本相同，都是“改朝换代”“革故鼎新”的意思。在日本传统语境下，“革命”并不是一个褒义的词汇，因为“易姓改号”“王朝更替”等概念与万世一系的天皇体制不符。在明治维新吸收西洋文化的浪潮中，“革命”一词增添了“尊王改革”的含义，与“改革”可以互换，“日语‘かくめい’借汉语‘革命’之形兼容并包了中国皇权更迭和西欧和平渐进、暴力颠覆的互文语义”[④]。

---

① 许慎著，段玉裁注：《说文解字注》，上海古籍出版社1981年影印本，第107页上。

② 参见金观涛、刘青峰《革命观念在中国的起源和演变》，《观念史研究：中国现代重要政治术语的形成》，第368页。

③ 见《新牛津英汉双解词典》（第二版），上海外语教育出版社2013年版，第1878页。

④ 祝克懿、蒋勇：《20世纪社会政治关键词“革命”的互文语义考论》，《福建师范大学学报》2010年第2期。

晚清时期，随着日文书籍的翻译，汉语“革命”一词也随之传入中国。黄遵宪在1887年撰就的《日本国志》中就使用了“革命”一词：“五月，盗刺参议大久保利通（以其变法专制故也。凶徒石川县士岛田一郎既就缚，犹自鸣得意，曰：‘吾为国除害矣！’先是明治二年，参议横井平四郎为十津川乡士所要杀，横井盖尝主张革命论者。兵部大辅大村益次郎亦遭刺杀，凶徒怀书自首，乃责其练习西洋兵法云）。”[①] 1890年，王韬写作《重订法国志略》时，受到冈本监辅《万国史记》的影响，提到了“法国革命”。这些是较早在中文语境中以“革命”表达“revolution”的用法。[②] 这些片段，虽然有可能只是作者对所参考的日文文献无意识的沿用，但却突破了传统“革命”的狭隘观念。如王韬在《重订法国志略》中对法国革命过程的描写十分不堪，将起义民众称为“暴徒”“乱民”，将马拉、罗伯斯庇尔等人称为“叛党”，但在写到波旁王朝复辟时又将这场在他看来既不正义也不成功的动乱称为“革命”。[③] 这种表述与传统“革命”概念中“应天顺民”的合法性相矛盾。

戊戌变法失败后流亡日本的梁启超开始注意到日本式“革命”中尊王改革的新含义。他指出日本人眼中的“革命”并非仅为政权之间的激烈交替，也用于形容“淘汰”和“变革”。他在1899年12月的《夏威夷游记》中首次使用他所接受的、由日语转译的“革命”新含义，提出“诗界革命”和“文界革命”的口号，由此衍生出“革命”的改良属性，希望中国能像日本明治维新一样以和平的方式实现政治现代化。梁启超在流亡期间曾长期任《清议报》和《新民丛报》的主笔，大量宣传西方的政治理论和改良主张，他在文章中，一直推崇“革命”即是“改良”的思想，极力摒除其与改朝换代、暴力推翻政府的关系。如他曾撰文称“日人今语及庆应明治之交无不指为革命时代，语及尊王讨幕废藩置县诸举动无不指为革命事业，语及藤田东湖、吉田松阴、西乡南洲诸先辈，无不指为革命人物”，试图建立“革命”话语的新概念。[④]

---

① 黄遵宪：《日本国志》，天津人民出版社2005年版，第85页。

② 陈建华：《“革命”的现代性：中国革命话语考论》，上海古籍出版社2000年版，第30—36页。

③ 如“一千八百十四年五月四日事。法人迎路易十六王弟于英，即王位，是为路易十八，定四疆畛域如革命前……”见王韬《重订法国志略·卷六》，淞隐庐，1890年，第27页。

④ 梁启超：《释革》，《新民丛报》第22号，1902年2月。

虽然梁启超等改良派旅日学人力推渐进改革式的新型“革命”意涵，但由于中国传统易姓革命观念根深蒂固，“革命”一词在革命派学人的笔下仍具暴力属性。与革命派来往密切的欧榘甲曾在《清议报》发表《中国历代革命说略》，表彰汤武式的暴力革命，为其正义性辩护：“当中古之世，有开天辟地之大革命家出，则成汤其人也，易曰汤武革命，应乎天而顺乎人，革之时义大矣哉。今革义行于五洲矣，革效被于四海矣。其风潮起于环地中海而居之国……自今文明世界，一草一木、一土一石、一饮一啄、一波一沤，皆浴自由之光荣，新华之昭耀，而原其始也，莫不有革命为之别开天地。”①

20世纪初，中国思想界愈发倾向革命，旅日学人在报刊上发表了大量鼓吹革命的文章。1902年，宫崎滔天在日本《二六新报》上连载《三十三年之梦》，宣传孙中山的革命事迹。同年8月，单行本出版。章士钊以“黄中黄”为笔名，节译出版，更名为《孙逸仙》。经过此书的宣传，孙中山以往在国内“江洋大盗”“乱臣贼子”的形象得到了极大改观，以推翻清朝为主要任务的“革命”逐渐为人所熟知。

1903年是中国近代革命观念趋向成熟的一年，章太炎发表了《驳康有为论革命书》，邹容发表了《革命军》。章太炎充满激情地讴歌了“革命”，说：“公理之未明，即以革命明之；旧俗之俱在，即以革命去之。革命非天雄大黄之猛剂，而实补泄兼备之良药矣！”② 邹容在《革命军》开篇毫不掩饰地宣扬革命的正义性：

> 革命者，天演之公例也；革命者，世界之公理也；革命者，争存争亡过渡时代之要义也；革命者，顺乎天而应乎人者也；革命者，去腐败而存良善者也；革命者，由野蛮而进文明者也；革命者，除奴隶而为主人者也。③
>
> 闻之1688年英国之革命，1775年美国之革命，1870年法国之革命，为世界应乎天而顺乎人之革命，去腐败而存良善之革命，由野蛮

① 无涯生（欧榘甲）：《中国历代革命说略》，《清议报》，1899年10月。

② 章太炎：《驳康有为论革命书》，汤志钧编：《章太炎政论选集》（上），中华书局1977年版，第204页。

③ 邹容：《革命家》，郅志选注：《猛回头——陈天华、邹容集》，辽宁人民出版社1994年版，第182—183页。

而进文明之革命，除奴隶而为主人之革命。牺牲个人以利天下，牺牲贵族以利平民，使人人享其平等自由之幸福。……吾是以于我祖国中，搜索五千余年之历史，指点二千余万方里之地图，问人省己，欲求一革命之事，以比例乎英、法、美者。呜呼！何不一遇也。①

在邹容看来，革命不仅仅在政治层面，“试放眼纵观上下古今，宗教道德，政治学术，一视一绨之微物，皆莫不数经革命之掏摝”。革命的目的也不仅在于推翻满族统治，争取民族独立，而且要以革命求得文明，“去腐败而存良善”，应乎世界潮流。② 值得注意的是，章太炎在为《革命军》写的序中表达了他的革命观：

抑吾闻之，同族相代，谓之革命；异族攘窃，谓之灭亡。改制同族，谓之革命，驱除异族，谓之光复。今中国既灭亡于逆胡，所当谋者光复也，非革命云尔。容之署斯名，何哉？谅以其所规划，不仅驱除异族而已，虽政教学术，礼俗材性，犹有当革命者焉，故大言之曰革命也。③

从中可以看出，章太炎脑中的革命概念受梁启超的影响较大，在他看来，排满与其说是“革命”，不如说是“光复”。而“革命”更应指“政教学术，礼俗材性”的新陈代谢，这似乎与梁启超所提倡的“革命变革说”有相通之处。

由于革命派旅日学人对“排满”的提倡，“革命”暴力的含义被充分强调。至此，“革命”的意涵愈加丰满，形成了在政治上以暴力手段实行共和，在思想文化学术领域进行变革的多重面相。

二 关于法国革命史书写之论战

20世纪初年，旅日学人在政治上对革命的讨论延伸到了史学领域。

① 邹容：《革命军》，郅志选注：《猛回头——陈天华、邹容集》，第183页。
② 郅志选注：《猛回头——陈天华、邹容集》，第183页。
③ 郅志选注：《猛回头——陈天华、邹容集》，第180—181页。

1903年，旅日学人翻译出版了日本涩江保的《法国革命战史》[1]《英国革命战史》、奥田竹松的《法兰西革命史》。法国大革命成为了中国人认识近代“革命”概念的一个重要对象。对法国大革命史的叙述和描绘就成为了塑造“革命”概念的重要手段。为了消解革命派暴力排满、建立共和国的主张，维新派也对法国革命进行了解读。在1906—1907年间，《新民丛报》与《民报》围绕着如何评价法国大革命史开展了针锋相对的论战，刊发了一系列文章。通过分析法国大革命的起因经过和结果，维新派和革命派都从中寻找到了可供参考的历史经验。

值得一提的是，日本史著中对法国大革命史的评价也是褒贬不一，如日本文学家涩江保编纂的《法国革命战史》详细叙述了法国大革命的全过程，但对革命血腥暴力的一面却着重渲染，且称起义群众为“暴徒”，革命事件本身则被称为“乱”[2]。但松平康国的《世界近世史》对法国大革命的重要意义予以肯定，认为这是“社会之大变迁”、影响地球各国的大事。革命驱除了“国王之专制与贵族之特权”，追求平等自由，是历史的进步。[3] 维新派和革命派都能从不同叙事倾向的日本史著中寻找到对自己有利的材料。

维新派向来提倡以相对缓和的手段来改良政治，实行君主立宪。因此着重揭示法国大革命的消极因素。1906年，《新民丛报》上发表了康有为的《法国革命史论》。该文对法国大革命持悲观失望的论调，以痛心的笔触分析了法国大革命这一“人间惨剧”爆发的原因以及破坏后无法建设的现象。

在康有为看来，法国大革命是一场悲剧，其原因在于议院制度的不完善[4]，以及贸然引入不适合法国的政治制度。法国革命党领袖拉飞咽（现译作拉法耶特）“不审国势地形之迥异”，引入美国的政治制度，非但于法国无效，反而引致祸患，“妄执他国之验方，以望疗己国之痼疾，其可行哉？”[5] 此外，康有为根据“公羊三世说”理论，认为要想达到民主共和

---

① 《法国革命战史》原名《佛国革命战史》，于1896年由东京博文馆出版，有上海商务印书馆、文明书局两种译本。

② ［日］涩江保：《佛国革命战史》，人演译社1903年版，第81页。

③ ［日］松平康国：《世界近世史》，作新社1902年版，第250—251页。

④ “法之召大乱也，以初开议院之制未善也”，见明夷（康有为）《法国革命史论》，《新民丛报》1906年8月，第85号。

⑤ 明夷（康有为）：《法国革命史论》，《新民丛报》1906年8月，第85号。

的“太平世”，要先经过“据乱世”和“升平世”，“苟未至其实，实难躐等”[①]。拉飞咽等人妄图跳过君主立宪阶段，结果必然是失败。

法国大革命导致社会混乱的第二个原因是革命后，统治阶层由不具备治国理政才能的无能之人担任。他在文中指出，当时法国“凡乡市之吏，任参议参政之职者，多不能读法令。以此愚氓任官，安得不乱?”况且立法之学，非常深奥，即使是政治平稳的美国，其民选官员也多不能称职，更何况法国革命初起，人才缺乏。在这种环境下，那些“屠伯之性”的人，如罗伯比尔、马喇、段敦、埃卑尔易伯尔等就有了上位掌权的机会，杀戮遂不可避免。

此外，革命团体之间的竞争也是法国成为恐怖世界的原因。康有为对革命所引发的争权夺利以及其中人性的阴暗进行了深刻剖析，认为吉伦特派失败的原因是该派成员文化素养较高，“多名士、学人，研哲理，知公义”，而又心地仁慈，“行事赋刑，皆审轻重。即其敢于革命，亦由于怜小民之压制而舍身拯之”。他们起来革命是为了给人民群众谋取利益，而不是“行恐怖法以揽权位”。因此在与山岳党竞争之时，“宁甘退会让权，而不忍调兵捕戮”。然而在残酷的权力斗争中，“稍有退让，祸败随之”，当机不断，反受其害，“必被反噬而失势”。贤能之人一旦失势，“则必屠伯悍贼执政”。执政党内部不久也会“各争权位而互相屠戮”，因此则导致“多疑而立嫌疑之狱，以罗织无辜”。权力斗争是残酷无情的，只有最暴力残忍的人才能生存下来，因此法国大革命局势的血腥，也不能全部归罪于“罗伯卑尔之性特惨酷”，“乃事势惨酷，乃事势曲折导之使然”。[②]

至于革命的结果，康有为评价称“百二十九万人流血以去一君，卒无所成，只助成武人拿破仑为大君，复行专制而已”。革命付出重大流血牺牲后一无所成，归根结底是因为吉伦特派“不虑事变，妄倡革命”，才导致这一“历史悲剧”。在康有为看来，革命者的本质是爱国的，但是不能因为“目击国弱，积愤牝朝，无所发纾”，而“郁极生变”，中国只有行改良才有出路。目前中国的革命支持者只不过是“盲者试步，非有真知，人云亦云”而已，若中国爆发革命，则革命党之间的内斗，不知会比当年曾国藩、左宗棠互劾激烈多少。他还把革命比作纵火，火烧起来后“岂能

① 明夷（康有为）:《法国革命史论》,《新民丛报》1906年8月，第85号。

② 明夷（康有为）:《法国革命史论》,《新民丛报》1906年8月，第85号。

定大风之从何方来耶?”[1]

梁启超在文后的跋语中对康有为的观点表示支持。他指出，革命的破坏现象不会随着革命目的的高尚而减轻。无论是何种性质的革命，只要破坏了旧秩序，“而新法律未立，即立而民未习，效力无自而强，于斯时也，冲突之起，非借腕力无从解决之”。所谓腕力，就是暴力强权，“质言之，则能杀人者胜，见杀于人者败而已”[2]。因此，只要是革命，流血冲突就在所难免，而革命结果则难以预料。

该文一出，引起了革命派阵营的极大反响。汪东引用章太炎的评论称：“自此论出，其为进步之梗者，良非浅鲜，不可不有以匡之。”[3] 于是，他在章氏授意下撰写了《正明夷法国革命史论》，针对康有为的理论，层层批驳。

首先，针对康有为全面否定法国大革命的论调，汪氏指出：虽然大革命历经七年，“丧乱繁多”，但其成绩亦“赫然可观”。革命的结果“一洗旧弊”，“能袪虐政，均利权，卒达改革之首志”。康有为选择性无视革命的成就，眼光专注于负面影响，是其“尊君之心理实使然”[4]。

对于康有为认为革命导致国内大乱的原因在于盲目移植不适合法国国情的民主共和制度，汪东承认法国大革命初期议院制度不完善。只有上议院意味着贵族专制，法国大革命后仅设下议院则走向了民权专制的极端。但这并不是效法美国的错误，而是没有效法彻底的错误。至于康氏认为的罗伯卑尔等借助议院实行恐怖统治，汪东反驳说：“罗伯卑尔等，非必借议院之成立，然后敢为肆行。彼当千七百八十九年，已拥其党，立不勒敦俱乐部，势日甚，米拉、拉飞咽，尝思遏之，卒归无效。”而且罗伯卑尔、马喇等人也并非康有为笔下无识无学的屠夫刽子手，而是受过良好教育的“英迈果断，有卓见者”[5]。

至于康有为认为吉伦的党“妄倡革命”，汪东指出：吉伦的党的错误，不在倡导革命，而是“坐失事机”，没有及时消灭罗伯卑尔党人，以至两败俱伤。康有为认为吉伦的党没有对罗伯卑尔党人展开清洗是因为他们

---

① 明夷（康有为）:《法国革命史论》,《新民丛报》第85号，1906年8月。

② “法国大革命时代，其革命党所倡设之目的，良耶，否耶？此彼辈所日日讴歌尸祝者也。其破坏之现象，恶耶？否耶?”见《法国革命史论》跋语，《新民丛报》第85号，1906年8月。

③ 寄生（汪东）:《正明夷法国革命史论》,《民报》第11号，1907年1月。

④ 寄生（汪东）:《正明夷法国革命史论》,《民报》第11号，1907年1月。

⑤ 寄生（汪东）:《正明夷法国革命史论》,《民报》第11号，1907年1月。

"多名士学人，研哲理，知公义"，行事太"君子"，"本于不忍人之心而非益残忍流血，行恐怖法以揽权位"。两党相争，"既不能杀人，而不禁人不杀己，则必为忍人所杀矣"[①]。而汪东则对康氏所谓的"不忍之心"嗤之以鼻。按照他的理解，"忍"和"不忍"是对立统一的，"天下之事，惟有所忍，乃能有所不忍。而大不忍之心，即存于此须臾之忍之间也"。他认为吉伦的党对革命的残酷性有充分认识。革命不能不杀人流血，本身就是"忍事"。明知其"忍"而为之，为的是拯民于水火，而做到宏观上的"不忍"。吉伦的党之所以没有清洗罗伯卑尔党人，是因为"不智"，或者"知之而听之"，是策略失误，而不是因为所谓的"不忍"。他的这一论断也表明，革命党人对"革命"的暴力属性是不排斥的。

最后，汪东总结道，法国大革命有利有弊，其消极影响"非不可逃避者也"。在文后的《驳饮冰子跋》中，他还阐述了对历史借鉴问题的看法。他认为，"历史之性质，取已往之事实而详记之。若一身之日记然"，后人借鉴时应有所别择，不能将已发生过的历史当作"惟一之轨线"，"不能改途易辙者"，即不能用历史来预测未来，认为同样的历史一定会重现。[②]

在《正明夷法国革命史论》发表后不久，汪东又撰写了另一篇《法国革命史论》，刊登于《民报》第13号，目的在于从法国革命的历史中寻找借鉴。作者在引言中称，"历史而良也，固当详述之，以为后人之规则。历史而不良也，亦当细叙之，以垂后昆之殷鉴"，"作法国革命史论，事有足为党人法者，必加详述，其足为戒者，亦莫或敢讳"。[③]

之所以选择法国作为研究的最佳对象，原因有三点："法国当十八世纪，在上者之专恣，与夫文士党锢之狱，民之困议论之沸腾，无一不与中国类，一也。人才极盛，党派繁多，苟取而详论之，孰者为善，孰者为恶？孰者为美德？孰者多秕政？使知之谂矣，而行之易于别择取舍，二也。欧洲列国之革命，靡不由传播于法者，故以法事影响为最大。纲挈领张，又研精史学者之本旨也，三也。"[④] 这篇长文反映了革命派学人对革命的认识，是一篇有自己主张的史论著述，尽管其材料来源于日本河津祐之翻译的《佛国革命史》，奥田竹松著的《佛兰西革命史》，有贺长雄、本

---

① 明夷（康有为）：《法国革命史论》，《新民丛报》第85号，1906年8月。
② 寄生（汪东）：《正明夷法国革命史论》，《民报》第11号，1907年1月。
③ 寄生（汪东）：《法国革命史论》，《民报》第13号，1907年5月。
④ 寄生（汪东）：《法国革命史论》，《民报》第13号，1907年5月。

多浅次郎的《西洋历史》，以及烟山专太郎的讲述。[1]

汪东的文章试图厘清法国发生革命的原因和过程，但没有连载完。总体来说，该文介绍法国历史的内容少，联系清朝实际情况的内容多。因为作者认为："述法国革命之旨，在与中国一一相较。否则何取乎以异国往事为谈资？故叙清虐史至于万言，使读者知佥人之诬妄与革命之真理，非轶出本论范围之外也。"[2]

文章指出革命发生的原因之一是路易十四时代王室和贵族生活的骄奢淫逸。他们为了自己的奢华生活，侵害民众的权利。这一时期法国虽然"威权赫奕，振其国势，以凌跨欧洲各国之上"，但是"内施虐政，民力凋敝，虽当一时，眩于震烁古今之武功，暂以掩蔽其愁惨之气"[3]，已然外强中干。到了路易十六时期，政治环境仍未好转，"遂以成流血僵尸之局"[4]。同时，法国大革命前文学哲学等人文学科的发展，民主、理性思想的勃兴也为革命的爆发奠定了思想基础。

他认为中国目前的局势与法国大革命前夕十分相似，中国近年思想界蓬勃发展，"挽近数年，人智日增，无论宗旨若何，要接舍空谈而渐趋实理"，而政府"朝政纰缪"，"既颁新制，旋循旧则。晨诏立宪，夕事株求，玩忽视民"[5]，实已到了革命的前夜。

康有为在论述法国大革命史时往往强调法国波旁王朝时期封建制度的黑暗、放大革命前法国民众生活的苦难，认为法国国民当时所承受的痛苦是当今中国所没有达到的，暗示清朝政治局面尚可，革命非为必要。康氏将虐政分为两种，一为税，二为刑，"法封建僧寺之贪横，税敛刑法之苛重，民困苦不聊生，其可骇可悲。实中国人所未梦想者也"。汪东则用清代的赋税制度进行针锋相对的反驳："其有躬被惨酷而最为切肤之痛者，宜若满清入关以来"，"清制有丁役，有丈量，有圈占，病民莫甚"，"恣意征税，任情徭役，按户派金，揣肥量瘠，有以愈耶？层层中饱，敲剥有以愈耶？"与法国相比，清朝不遑多让。[6] 除赋税制度外，文章还列举清朝

---

① 寄生（汪东）:《法国革命史论》作者附识，《民报》第13号，1907年5月。
② 寄生（汪东）:《法国革命史论》（续第十三号第二章），《民报》第15号，1907年7月。
③ 寄生（汪东）:《法国革命史论》（续第十三号第二章），《民报》第15号，1907年7月。
④ 寄生（汪东）:《法国革命史论》（续第十三号第二章），《民报》第15号，1907年7月。
⑤ 寄生（汪东）:《法国革命史论》（续第十三号第二章），《民报》第15号，1707年7月。
⑥ 寄生（汪东）:《法国革命史论》（续第十三号第二章），《民报》第15号，1907年7月。

刑狱制度的残酷，以及晚清时期督抚、县令的滥杀，驳斥了康有为中国法律制度比法国人道的说法。相反，中国的“文字狱”却为法国所无，“卢骚之诡激，止于放弃出境”，倒是中国的改革者如果发表了为当权者所不容的意见时，往往会被处以极刑。①

两派对于法国大革命史的解读，差别很大，这是由他们革命观的差异导致的。尽管如此，他们的争论客观上促进了对法国大革命爆发原因以及革命过程的充分探讨，使革命史研究成为这一时期历史书写的重要内容，近代语义的“革命”概念逐渐形成。

三 “革命”观念与中国革命史编撰的肇兴

旅日学人在书写法国大革命史的同时，也在尝试用“革命”来重新建构中国的历史。梁启超、陈天华就曾专门撰文分析了中国历史上的革命事件。

1902年时，梁启超还主张“revolution”应译为“变革”，日本译作“革命”是欠妥的。因为汉语语境中原有“革命”一词，是“易姓改号”的意思，并不涉及政治制度的变化，两者混用，不免产生混淆，使人对“革命”的理解简单化为“改朝换代”。② 但是在革命宣传的巨大影响力下，次年他就不再坚持革命“变革”说，而是将“重大变革”的含义与中国传统革命观糅合在一起，统一用“革命”来指涉。他说：“革命之义有广狭”，分为三个级别：最广义是社会上一切抽象和具体事物所发生的大变动；次广义是政治上的划时代变化；最狭义则是单纯的针对中央政府的武力暴动。③ 在《中国历史上革命之研究》一文中，他把中国历史上的王

---

① “止于今日，沈烬杖死，血肉为糜；邹容饮鸩，尸体空骨；剖徐锡麟之心；置秋瑾于法，或皆明夷所快心。然而新政忽翻，谭杨授首。明夷之弟，且死于是役矣。汉口变起，才常尸市，勤王之策，又败于垂成矣。”见寄生（汪东）《法国革命史论》（续第四节），《民报》第16号，1907年9月。

② 他在《释革》一文中提出“revolution”应被译为“变革”，是指人类社会中发生的重大变化，不能与中国传统“王统变易”的“革命”相混。日本人译为“革命”不准确。一个国家发生“revolution”则意味着政治体制的重大变化，这种变化在历史上发生次数极少，欧洲史家仅在描绘“千六百八十八年英国之役”“千七百七十五年美国之役”“千七百八十九年法国之役”之时称之为“revolution”，“岂如吾中国，前此所谓革命者，一二竖子收受于上，百十狐兔冲突于下，而遂足以冒此文明崇贵高尚之美名也?”见梁启超《释革》，《新民丛报》第22号，1902年12月。

③ 梁启超：《中国历史上革命之研究》，《新民丛报》第46、47、48期合刊，1903年2月。

朝迭代、易姓改号称为最狭义的“革命”。

梁启超对中国革命史的看法，得到了陈天华的关注。在梁氏文章发表后，陈天华撰写了《中国革命史论》，讨论中国历史上的革命问题。两人除讨论革命定义外，还对革命的主要力量和领导者、革命的原因和动机、革命的后果和结局进行了探讨。梁文中所讨论的中国历史上的革命，均属于他定义中的“狭义的革命”，目的仅仅在于推翻政府，建立自己的王朝，并没有使社会进步。他认为即使是当今的反清革命派，也属于“心醉狭义的革命”之流。在梁启超看来，中国狭义的革命与欧洲的革命相比，有七大特点：“一曰有私人革命而无团体革命。二曰有野心的革命而无自卫的革命。三曰有上等下等社会革命而无中等社会革命。四曰革命之地段较泰西为复杂。五曰革命之时日较泰西为长久。六曰革命家与革命家之自相残杀。七曰因革命而外族之势力因之侵入。”①

对于革命的领导力量，梁启超认为中国革命的主要发起者是私人，而欧洲是团体。他文中所谓的“团体革命”，指的是一个阶级与另一个阶级的斗争。梁启超以英、美、法三国历史上的革命为例，指出这些革命都是由上流团体发起，民众参与的。② 革命对象都是贵族阶级，唯独中国革命“皆由一二私人之权术”。例如黄巾军、白莲教、太平天国等，都属于“私人权术”的范畴，不能够代表团体的利益。

陈天华也阐述了类似的想法，他把革命分为“国民之革命”和“英雄之革命”。“国民之革命”由民众主导，革命结果造福于民众，“革命之后，宣布自由，设立共和，其幸福较之未革命之前，增进万倍”，近日欧洲的革命就属于此类。但是中国历史上的“国民革命”却往往蜕化为“英雄革命”。由于起义群众“教育未普及”“程度不相等”，因此容易被野心家利用。例如秦末农民起义，始于陈胜吴广，迅速蔓延全国，义军所到之处，人民闻风而动。因此，秦末农民起义，并非出于少数人的决策，而是广大人民的共同意愿。因此，推翻秦朝的功绩，就不能全部归功于陈胜、吴广、刘邦、项羽等人，而是人民群众的功劳。但起义发展到一定阶段，又转变成为“英雄革命”，六国旧贵族又开始纷争。人民发动革命的成果，

① 见梁启超《中国历史上革命之研究》，《新民丛报》第46、47、48期合刊，1903年2月。

② “综而论之，则自希腊罗马以迄近世，革命之大举百十见，罔非平民团体与贵族团体相阋争也，独吾中国不然。惟董卓之役，关东州郡汇合，推袁绍为盟主以起义，庶几近之。然不旋踵而同盟涣矣。”见梁启超《中国历史上革命之研究》，《新民丛报》第46、47、48期合刊，1903年2月。

由一伙野心勃勃、善弄权术的“英雄人物”篡夺，最终又建立了专制统治。[①] 至于这种循环的原因，陈天华认为是“由于当时未闻共和之说，但存君主之制”造成的。

谈到中国历史上发生革命的原因，陈天华认为普通人革命，大多是“迫于饥寒，铤而走险”，而乱世枭雄则是为了“济其私心之所欲”。梁启超则从经济层面分析发生革命的原因。他提出欧洲革命往往以经济因素为导火索。梁氏发现，欧洲革命的发起者，大多都是有一定社会财富的中等社会分子。在欧洲，上层贵族是被革命的对象，而下等社会分子又没有领导革命的能力，因此只有在中等社会分子领导下参与革命。而中国革命的发起者均为上层贵族或底层贫民。他对这一差异的理解为：在中国，政治体制对经济影响微乎其微，而在欧洲历史上的新时代，“大率以生计问题为枢纽焉，即胎孕革命者，此亦其重要之一原因也”，“故中等社会，常以本身利害之关系，遂奋起而立于革命之场”。[②]

两人对革命动机的讨论关注重点在于革命者的道德观。在梁启超看来，革命发生的正义性，必须是“起于不得已”，出发点要在于自保。欧洲的自卫革命，结果是进步的。但中国的革命最初虽然是为了反抗压迫，但其领导者往往表现出极大的野心。[③] 陈天华也指出，革命不应为了成就功名，而是“出于责任心”，“夫出于责任心者，功不必自己出，利不必自己居。目的苟达，则奉身而退，无所私焉”[④]，这才是革命者应具有的道德情操。

中国的革命形势也往往比欧洲复杂。梁启超将欧洲的革命称为“单纯革命”，而将中国历史上的革命称为“复杂革命”。这是因为欧洲成功的革命，革命势力普遍较为单纯。反观中国，革命时“必百数十之革命军同时并起，原野厌肉，川谷阗血，全国糜烂，靡有孑遗”。其结果导致“同道互戕，于旧政府之外，而为敌者各百数十焉”。此外，中国历史上的革命

---

① “革命而出于英雄也，一专制去而一专制来。虽或有去旧更新之实，究之出于权术者多，出于真自由者少。”见思黄（陈天华）《中国革命史论》，《民报》第1号，1905年11月。

② 梁启超：《中国历史上革命之研究》，《新民丛报》第46、47、48期合刊，1903年2月。

③ “若楚汉间之革命，固云父老苦秦苛法，然陈涉不过曰‘苟富贵毋相忘’，项羽不过曰：‘彼可取而代也’。汉高不过曰：‘某业所就孰与仲多?’其野心自初起时而已然矣。”见梁启超《中国历史上革命之研究》，《新民丛报》第46、47、48期合刊，1903年2月。

④ 思黄（陈天华）：《中国革命史论》，《民报》第1号，1905年11月。

还往往因各种原因招致外族入侵。①

梁氏撰写《中国历史上革命之研究》的目的，在于反思中国革命破坏性大、建设性小的原因所在，以图避免落入中国历史上革命的窠臼，“能为革命史上开一新纪元，以一洒种种之污点”。虽然梁启超将中国传统易姓革命与欧洲近代革命相对比，以及用“易姓革命”的概念来评价中国古代的起义暴动这一点值得商榷，但从文中可以看出他内心深处对革命的忧虑：既希望中国实现政治进步，又对当下盛行的革命思潮怀有恐惧，虽然相信“今日国中迷信革命之志士，其理想必与此七大恶特色不相容”，但是否能完全避免重蹈历史覆辙，又殊无信心，② 因为他认为中国目前的“下等社会”，“其血管内皆含黄巾闯献之遗传性也”。

针对梁启超的这种观点，陈天华反驳道：“是不知今日万事皆当开一新纪元，不得援旧闻以相难”，“革命者惟问于当世宜不宜，不必复问历史，自我作始可也。苟无创始者则历史何从有乎”，“以泰西近世之革命，例吾以往之革命，而曰中国不如泰西，泰西可革命，中国不可革命，为是言者，殆不明泰西之历史者也”。陈天华从梁启超论述的逻辑性上指出其立论之不当。同时，他说，进化是所有国家都遵循的法则，自古都是如此，革命只不过是进化的一种形式：“宇内各国，无不准进化之理，其所以雄飞突步，得有今日者，进化为之也，非自古而然，革命以其一端也。”③ 改良派反对“革命”，其理由主要是：历史的进化是逐步进行的：“国之治化，其进在群，群之为道，其进以渐；躐等而求之，则反蹶而仆，或且失其最初之位置。”中国人长期生活在专制体制下，还不适合搞民主共和，民众还没有具备搞共和制的素养：“反对共和之说者，要以就程度立言者为最坚，貌为持重，善于附会，而怠乎方张锐进之人心，其最不可不辨也。”④ 陈天华认为，在中国社会危机、民族危机的形势下，“革命者，

① 招致外族入侵的原因为：“一曰革命军借外族之力以倒旧政府者。二曰旧政府借外族之力以倒革命军者。三曰旧政府借外族之力以倒革命军而彼此两毙者。四曰革命军借外族之力以倒政府而彼此两毙者。五曰革命军败后，引外族以为政府患者。”见梁启超《中国历史上革命之研究》，《新民丛报》第46、47、48期合刊，1903年2月。

② “虽然，理想之与事实，往往不能相应，此又不可不详察也。”见梁启超《中国历史上革命之研究》，《新民丛报》第46、47、48期合刊，1903年2月。

③ 上引皆见思黄（陈天华）《中国革命史论》，《民报》第1号，1905年11月。

④ 上引皆见思黄（陈天华）《论中国宜改创民主政体》，《民报》第1号，1905年11月。

救人救世之圣药也；终古无革命，则终古成长夜矣”①。“中国未有于一朝之内，自能扫其积弊者也；必有代之者也，于以除旧布新，然后积秽尽去，民困克苏；不革命而能行改革，乌头可白，马角可生，此事断无有也。”② 革命并不总是充满暴力，令人可怕。“革命”与“和平”不是对立的，而是统一的。“革命”是手段，目的是实现“和平”，它们之间具有辩证的关系：“吾因爱和平愈爱革命，何也？‘革命’‘和平’，两相对待；无革命则亦无和平，腐败而已，痛苦而已，尚忍言哉？”③

陈天华在《中国革命史论》中认为只有“因于时君之失政，草泽啸聚，英雄崛起，颠覆旧政府者”的平民革命才是革命史所应书写的内容。编撰中国革命史的目的是要从历史中吸取教训，避免重蹈覆辙，④ 内容应“详述其致乱之原，当时革命之实迹，及革命后之影响”，还可以与欧洲近代史上的“文明革命”进行对照研究。⑤

当然，革命派的政治宣传及历史评论中，具有明显的大汉族主义和狭隘民族主义观念。为了推翻清政府，进行革命，这是正确的。但把满族视为“异种”，这明显是错误的，也不符合历史事实，反映了当时革命派历史研究及其“革命”观的局限性。

综上所述，旅日学人对“革命”这一概念的现代认识是逐步递进的。从最传统的易姓改号过渡到政治、思想、文化方面的剧烈变革。但是在革命史的评价与书写方面，他们的观点明显受其政治立场的影响。“革命”概念在他们的历史书写中具有强烈的政治色彩。两派学人围绕法国大革命史的叙事和评价，与建立中国革命合法性、正义性息息相关。对中国革命史的书写也是如此。两派学人将中国历史上改朝换代的战争史冠之以“革命”，并用近代的革命价值观去评价之。他们对“革命”含义的使用实际上杂糅了梁氏《中国历史上革命之研究》中“革命”的“次广义”和“最狭义”。实际上中外两种革命在性质上并不相同。旅日学人之间的革命史论争，实际上还是两派围绕救国路线展开的斗争，革命派发掘出中国历

① 思黄（陈天华）：《中国革命史论》，《民报》第1号，1905年11月。

② 思黄（陈天华）：《论中国宜改创民主政体》，《民报》第1号，1905年11月。

③ 思黄（陈天华）：《中国革命史论》，《民报》第1号，1905年11月。

④ “中国的革命，固可戒者多，而亦未尝无一二足法者也。即使果无一可足法者，而愈不可不指示症结之所在，促后起者之改良，此余所以有中国革命史之作也。”见思黄（陈天华）《中国革命史论》，《民报》第1号，1905年11月。

⑤ 思黄（陈天华）：《中国革命史论》，《民报》第1号，1905年11月。

史上的“革命”中有别于“易姓改号”的进步意义，其目的在于宣扬反清革命的合法性和正义性，维新派则试图通过历史书写把改良的内容填充在“革命”概念中，从而弱化革命派使用暴力的合法性。

通过考察“革命”概念在史学上的应用可知，在新史学初创期，史学新名词时常成为各方抒发政治观念的工具。历史成为了革命派与改良派学人争取舆论的战场和传播思想的载体。学人研究和编纂历史，并非完全抱持“为学问而学问”的态度。他们对史学致用性的重视，既有现代史学转型初期不完善的因素，也有政治斗争的现实需要，反映了中国现代史学的产生与中国社会变革的紧密关系。

史料革命的宣言：傅斯年史料学思想述论*

祝凯歌**

史料学是研究史料源流、价值和利用的学科，重在史料的搜集、整理、考订和编撰，通过对史料价值的鉴别、利用，服务于历史学研究。在近代史学发展史上，1928 年，在中山大学筹备创立了中央研究院历史语言研究所，傅斯年先生在《历史语言研究所工作之旨趣》（以下简称《旨趣》）中明确提出了“近代的历史学只是史料学”① 的建所理念与史料学思想，主张借助比较语言学以及现代自然科学技术手段，通过与西方学术界的交流，推动中国国内语言学与历史研究的进步与发展。傅斯年先生的史料学主张可谓独树一帜，但是因其斩钉截铁式的论断，后世学者如周予同先生等将之归为史料学派②。加之受政治意识形态的影响，新中国成立后，傅斯年史料学思想成为学界批判的对象；20 世纪 90 时代学术界对傅斯年史料学思想的重新解读推进了这一问题的研究③。本文拟以傅斯年著

* 基金项目：本文系国家社会科学基金重大项目“20 世纪的历史学与历史学家”（19ZDA235）阶段性成果。

** 祝凯歌，淮北师范大学历史文化旅游学院历史系。

① 《历史语言研究所工作之旨趣》，《傅斯年全集》，联经出版事业股份有限公司 1980 年版，第 4 册，第 253—266 页。

② 周予同：《五十年来中国之新史学》，周予同：《周予同经学史论著选集》，朱维铮编，上海人民出版社 1996 年版。

③ 如蒋大椿《傅斯年史学即史料学析论》，《史学理论研究》1996 年第 4 期；徐晓旭、朱丹彤：《论傅斯年的“史学便是史料学”》，《人文杂志》2003 年第 2 期；陈振国：《评析傅斯年“史学即史料学”的治史观》，《湖州师范学院学报》2004 年第 3 期；桑兵：《傅斯年史学只是史料学再析》，《近代史研究》2007 年第 5 期；罗志田：《证与疏——傅斯年史学的两个面相》，《中国文化》2010 年第 2 期；黄进兴：《机构的宣言：重读傅斯年的〈历史语言研究所工作之旨趣〉》，《复旦学报》（社会科学版）2017 年第 5 期；卓立、杨晶：《傅斯年史学思想的曲解与辨正——以〈旨趣〉为中心的观念史新解》，《史学月刊》2020 年第 10 期。

作文本为中心，从史料学学科体系的角度对傅斯年史料学思想进行通盘考察，以认识傅斯年史料学思想的旨归，推进国内史料学学科建设与研究。

一 史料学学科定位和史料分类、搜集思想

傅斯年提出“近代的历史学只是史料学”，将史料学提高至学科属性的高度。傅斯年甚至将近代史学方法界定为“排比、比较、考订、编纂史料之方法”，在此意义上，“近代史学亦可说是史料编辑之学”[①]，已经明确定义了史料学学科内涵。

关于傅斯年史料学思想的文本表述，桑兵先生认为“始于《历史语言研究所工作之旨趣》，完整的表述，却是《史学方法导论》”[②]。实际上，傅斯年1927年11月写就的《中国古代文学史讲义》是其史料学思想的发轫之作。1928年所作《旨趣》、1943年《〈史料与史学〉发刊词》、关于考古学的相关论述乃至傅氏与同时期民国学人的书信中都表达了鲜明的史料学思想。

对史料分类的认识。傅斯年在《中国古代文学史讲义》的“第四章 史料论略”中将史料分为“直接史料”和“间接史料”，并对两类史料的特性作了说明。

> 史料大致可分为两类：一、直接的史料；二、间接的史料。凡是未经中间人手修改或省略或转写的，是直接的史料；凡是已经中间人手修改或省略或转写的，是间接的史料。[③]

1933年以后，傅斯年为北京大学历史系开设“史学方法导论”课程，第四讲专设“史料论略”，秉承了1927年对史料分类的基本认知，甚至在文句上出现大量重复，可以看出《史学方法导论》是在《中国古代文学史讲义》基础之上扩充的，只是思想更为深邃，从史料的相对价值的角度论证其史料学思想，当然论证的着力点已经从文学领域转向历史学研究。

---

① 傅斯年：《中、西史学观点之变迁》，转引自罗志田《证与疏——傅斯年史学的两个面相》，《中国文化》2010年第2期。

② 桑兵：《傅斯年“史学只是史料学”再析》，《近代史研究》2007年第5期。

③ 傅斯年：《中国古代文学史讲义》，北京大学出版社2009年版，第39页。

哪些为直接史料？傅斯年没有给出明确的范围，但是从《旨趣》《史学方法导论》的论述中可以总结为地方志、考古发掘如金石、甲骨卜辞等、某个洋行的贸易册、明清档案等，即大体包含文献材料与考古新发现。将新发现的材料归入直接材料之列，体现了傅斯年史料观念与旧派学者如章太炎等的不同。后者对新材料“深固闭拒”①，重视文字材料，忽略实物史料，引起傅氏不满，甚至在《旨趣》中大骂旧派为“人尸学问”②，嘲笑其为“不可救药之妄人”③，体现了傅氏与旧史学的决裂，史学革命者的气魄喷薄而出。

至于直接史料的出处，傅斯年认为大致有二：“一、地下，二、古公廨、古庙宇及世家之所藏。”④ 由于受气候、史料介质、战争和社会动乱的影响，“直接材料每每残缺”⑤。即便如史语所积极搜救的明清内阁大库档案，傅斯年认为都是些“断烂朝报”⑥。而且由于直接材料叙事具体，偏重细节小事，其局限性也是非常明显。这种局限性要求对直接史料的解读和运用，必须对间接史料有相当的熟悉和功夫，即具备相应的知识储备和学术涵养。傅斯年说：

> 若是我们不先对于间接材料有一番细功夫，这些直接材料之意义和位置，是不知道的；不知道则无从使用。⑦

这里所讲的直接材料与间接材料大致也可以理解为新、旧材料⑧。

> 必于旧史史料有工夫，然后可以运用新史料；必于新史料能了

---

① 傅斯年：《史学方法导论》，中国人民大学出版社2009年版，第4页。

② 《历史语言研究所工作之旨趣》。关于傅氏对章太炎的评价，罗志田先生认为傅斯年关于“史料学”的相关言论，因为要有意区别于“正统汉学”，因此不一定代表其实际看法，见罗志田《证与疏——傅斯年史学的两个面相》，《中国文化》2010年第2期。

③ 傅斯年：《史学方法导论》，第33页。

④ 傅斯年：《史学方法导论》，第4页。

⑤ 傅斯年：《史学方法导论》，第4页。

⑥ 傅斯年：《史学方法导论》，第4页。

⑦ 傅斯年：《史学方法导论》，第4页。

⑧ 不同的是，傅斯年认为“敦煌卷子只可说是早年的间接材料，不得谓为直接材料”，见傅斯年《史学方法导论》第4页。

解，然后可以纠正旧史料。[①]

这种主张与傅斯年交谊甚深的陈寅恪不谋而合。陈寅恪在论述新旧材料的相辅相成时明确指出，“必须对旧材料很熟悉，才能利用新材料。……上古部分必对经书很熟，中古以下必须史熟”[②]。

在学术研究层面，傅斯年先生反对对直接史料持“玩古董”“刻图章”之流的做法，主张二者的互补、互用，并以王国维《殷卜辞中所见先公先王考》、陈寅恪《吐蕃彝泰赞普名号年代考》、欧阳修《集古录跋尾》、钱大昕《潜研堂金石文字跋尾》等七例证明。

史料范畴的其他层面的论述。除了直接史料与间接史料分类外，傅斯年还论证其他七对范畴的相对价值。

1. “官家的记载”与“民间的记载”。傅斯年认为两者互有短长，但也各有弊端，以官修史书论证“官家的记载时而失之讳”，以小说稗史论证“私家的记载时而失之诬”，并推崇司马光《通鉴考异》讲究官府记载与私家野记的对勘功夫，认为“此书直是一部史料整理的应用逻辑，习史学者必人手一编”[③]。

2. 本国的记载与外国的记载。“本国人虽然能见其精细，然而外国人每每能见其纲领。显微镜固要紧，望远镜也要紧。”[④] 认为两者同等重要，也互有短长。傅斯年更是盛赞《马可波罗游记》虽有“胡涂荒谬，乱七八糟的记载，仍不失为世上第一等史料”，对于塔西佗《日耳曼尼亚志》[⑤]，也说其是“一部不可泯灭的史料（De Cermania)”[⑥]，可见，傅斯年对中外

---

① 傅斯年：《史学方法导论》，第33页。

② 蒋天枢：《陈寅恪先生编年事辑》（增订本），上海古籍出版社1997年版，第96—97页。无论私谊或者学术理解，傅斯年与陈寅恪可谓时相唱和，见解颇多相互理解与支持。详见［德］施耐德《真理与历史：傅斯年、陈寅恪的史学思想与民族认同》，关山、李貌华译，社会科学文献出版社2008年版；罗志田：《知人论事：陈寅恪、傅斯年的史学与现代中国》，《读书》2008年第6期。

③ 傅斯年：《史学方法导论》，第36页。

④ 傅斯年：《史学方法导论》，第37页。

⑤ 关于塔西佗，傅斯年译为答西涂斯。他说：“没有语言学人类学发达的罗马，不失其能派出一个使臣答西涂斯（Tacitus）到日耳曼回来，写一部不可泯灭的史料。”见《史学方法导论》第38页。按：这里实是称颂塔西佗《日耳曼尼亚志》（全名为《论日耳曼人的起源、分布地区和风俗习惯》，有马雍、傅正元中译本）的重要史料价值，这一点已为今日史学界之公论。

⑥ 傅斯年：《史学方法导论》，第38页。

史料并无差别性看待，也是持一种平等、中允的观念，这种史料观念体现了民国新派学人的平等的眼光。[①]

3.“近人的记载”与“远人的记载”。傅斯年认为“远人的记载比不上近人的记载。因为事实只能愈传愈失真，不能愈传愈近真”[②]，并力证李心传《建炎以来系年要录》所记李清照改嫁、辛弃疾献谀荒诞不经，以此说明即便是作为间接史料的记载也会因为年代的差异导致真实性不一，其中实际上包含了以年代学区分史料价值的思想。

4.“不经意的记载”与“经意的记载”。傅斯年讲“记载时特别经意，固可使这记载信实，亦可使这记载格外不实；经意便难免于有作用。有作用便失史料之信实”[③]，因而反对对史料的刻意整齐。

> 对于我们，每一书保存的原料越多越好，修理的越整齐越糟。反正二十四史都不合于近代史籍的要求的，我们要看的史料越生越好！然则此两书（按：指《晋书》《宋史》）保存的生材料最多，可谓最好。[④]

反对整齐史料，注重生材料（直接材料）的价值看似骇人耸听，实则是对史料原始性的清醒认知。由此引申到对《晋书》《宋史》的看法，这与清代以来对两书的评价迥异。以元修《宋史》为例，其因成书仓促，为后世史家诟病。《四库全书总目》说它“大旨以表章道学为宗，余事皆不甚措意，故舛谬不能殚数”[⑤]。这种认识实际上与傅斯年反对将史家主观意志掺杂进史料整理的史学评价思想有关。

5. 本事与旁涉。这对范畴的论述，实际上是傅斯年所论“不经意的记载”与“经意的记载”的延展。他认为：“本事经意，旁涉不经意，于是旁涉有时露马脚，而使我们觉得实在另是一回事，本事所记者反不相干

---

① 董恩强：《平等的眼光：民国新派学人的史料观》，《福建论坛》（人文社会科学版）2007年第12期。

② 傅斯年：《史学方法导论》，第38页。

③ 傅斯年：《史学方法导论》，第38页。

④ 傅斯年：《史学方法导论》，第39页。

⑤ （清）永瑢等撰《四库全书总目》卷四六《史部　正史类二》“宋史”条，中华书局1965年版，第412页。

矣。”① 他以《史记·今上本纪》的存佚情况，说明“若旁涉中的证据不止一件，或者多了，也有很确切的事实发见”②。

6. 直说与隐喻。这对范畴，傅斯年直言是“本事与旁涉”的进一步解说，但也指出隐喻并不等同于旁涉。作者因为时代的原因不能尽将历史真相说明，遂以隐喻暗示后人。后人往往过意地解读，造成历史的曲解。傅斯年以俞平伯先生《〈长恨歌〉及〈长恨歌传〉的传疑》一文对马嵬之变后杨玉环死后种种之离奇故事的考证指出妄解隐喻的危害，“这真是史学中最危险的地域呵！”③

7. 口说的史料对著文的史料。傅斯年所谓“口说的史料”，类似今日学界所说口述史料，而含义不同，大体包括古代文人笔记、战国诸子所记故事、历代民间传说、中古欧洲封建故事等。对于这类史料的重视，似乎受到顾颉刚先生的影响。众所周知，顾颉刚先生除了对中国古史体统的重构，提出“层累的造成的中国古史观”外，在民俗学领域也是成绩卓著，是中国现代民俗学学科的重要奠基者。顾颉刚重视传说史料的独特性，认为史料大体可以分为三类：“一类是实物，一类是记载，再有一类是传说”，三类史料“都有可用的和不可用的，也有不可用于此而可用于彼的”④。

傅斯年史料分类思想体现了其在史料源流、分类、利用层面的基本认知，实际上也揭示了基本的史料整理和使用方法，即相对范畴史料间的对勘、互用。

关于史料搜集。傅斯年主张“上穷碧落下黄泉，动手动脚找东西”⑤，具体到实际工作中，一是主张运用现代的科学考古学方法为历史学研究提供新材料。1928—1937 年安阳小屯殷墟发掘，佐证了司马迁《史记·项羽本纪》中“洹水南，殷墟上”记载的真实性，确凿无疑地证明了商代晚期盘庚迁殷的都城所在。二是借助官方力量、个人交谊为史语所学人研究罗致新材料。傅斯年主持史语所期间，除积极申请购书资金外，还以种种私谊请陈寅恪、李滂、余永梁等人在国内和海外积极搜集史料。1928 年，为

① 傅斯年：《史学方法导论》，第 39 页。
② 傅斯年：《史学方法导论》，第 40 页。
③ 傅斯年：《史学方法导论》，第 41 页。
④ 顾颉刚：《战国秦汉间的造伪与辨伪》，《史学年报》第 2 卷第 2 期，1935 年 9 月，第 209 页。
⑤ 《历史语言研究所工作之旨趣》。

了抢救流失于造纸商人之手的明清档案，傅斯年亲自致信蔡元培，积极申明明清档案价值："此后《明史》改修，《清史》编纂，此为第一种有价值之材料。"① "此事如任其失落，实文化学术上之大损失，《明史》《清史》，恐因而搁笔。……拟请先生设法，以大学院名义买下，送赠中央研究院，为一种之 Donation，然后由中央研究院责成历史语言研究所整理之。"② 通过傅斯年等人的努力，这批十分珍贵的明清档案最终得以保存。

1928 年 11 月，傅斯年作《代蔡元培拟国史办法》，强调搜集当下史料的重要性：

> 目下急需著手者，为中国革命之史。此项材料，现在如不征集，后来恐归泯灭。似可由国府组织一中华革命史委员会，先从事材料之征集。③

至于保存史料的重任，则由私人与国家机关共同承担，"除自己搜集及保存史料外，并应委托中央及地方一切机关，切实保存一切档案文件，及其他一切史料"④；"史料必赖国家之力，以保存、整理"⑤。

二　史料整理的重要及其方法、目的

因为"历代史书每由官修，故不实在；而私人所记，每取传闻，故亦不实在"，由此出发，傅斯年认为"后来史学，只应是史料整理学"⑥。这就将史料学中的史料整理提升到史学研究主体地位的高度上了。1928 年正月初五，陈寅恪曾对学生陈守实说："整理史料，随人观玩，史之能事已毕。文章或今或古，或马或班，皆不必计也。"⑦ 1929 年撰写而发表于

---

① 傅斯年：《傅斯年致蔡元培》（1928 年 9 月 11 日），王汎森、潘光哲、吴政上主编《傅斯年遗札》第一卷，社会科学文献出版社 2015 年版，第 108 页。

② 傅斯年：《傅斯年致蔡元培》（1928 年 9 月 11 日），《傅斯年遗札》第一卷，第 108 页。

③ 傅斯年：《代蔡元培拟国史办法》，《傅斯年遗札》第一卷，第 119 页。

④ 傅斯年：《代蔡元培拟国史办法》，《傅斯年遗札》第一卷，第 117—118 页。

⑤ 傅斯年：《代蔡元培拟国史办法》，《傅斯年遗札》第一卷，第 118 页。

⑥ 傅斯年：《国立"中央研究院"历史语言所第一期工作报告书（修改稿）》，转引自罗志田《证与疏——傅斯年史学的两个面相》，《中国文化》2010 年第 2 期。

⑦ 陈守实：《学术日录》，收入《中国文化集刊》第 1 辑，复旦大学出版社 1984 年版，第 422 页。

1931年5月的《国立清华大学20周年纪念刊》上的陈寅恪的文章《吾国学术之现状及清华之职责》讲了史料整理的重要性：

> 近年中国古代及近现代史料发见虽多，而具有统系与不涉傅会之整理，犹待今后之努力。①

晚清民国时期，随着甲骨材料、敦煌写卷、明清内库档案等史料的发现，史料整理已经成为史学研究的瓶颈。没有坚实的史料整理功夫，势难推动历史学研究的进展。在这一背景下，史料整理工作亟待展开，傅氏"后来史学，只应是史料整理学"与上述陈氏"整理史料，随人观玩，史之能事已毕"的主张如出一辙，似乎深受后者影响。

由于深受19世纪西方比较语言学的影响，傅斯年在《中国古代文学史讲义》和《旨趣》中多次主张用比较方法整理史料。

> 假如有人问我们整理史料的方法，我们要回答说：第一是比较不同的史料，第二是比较不同的史料，第三还是比较不同的史料。②

比较研究是提升学术认知的不二法门，傅斯年深谙其道。主张在进行比较研究时必须注意史料的复杂性和多样性，"史料学便是比较方法之运用……但史料是不同的，有来源的不同，有先后的不同，有价值的不同，有一切花样的不同"③。因此需要"因时制宜"地使用比较方法。

> 比较方法之使用，每每是"因时制宜"的。处理每一历史的事件，每每取用一种特别的手段，这手段在宗旨上诚然不过是比较，在迎合事体上却是甲不能转到乙，乙不能转到丙，丙不能转到丁。④

比较整理的目的是什么？傅氏认为是"求得近真"与"得其头绪"。

---

① 陈寅恪：《吾国学术之现状及清华之职责》，陈寅恪：《金明馆丛稿二编》，陈美延编，生活·读书·新知三联书店2001年版，第362页。

② 傅斯年：《史学方法导论》，第2页。

③ 傅斯年：《史学方法导论》，第3页。

④ 傅斯年：《史学方法导论》，第3页。

历史的事件虽然一件事只有一次，但一个事件既不尽止有一个记载，所以这个事件在或种情形下，可以比较而得其近真；好几件的事情又每每有相关联的地方，更可以比较而得其头绪。①

所谓“近真”，即追求历史之真，但这“真”是相对的，是无限接近的“真”并非绝对的“真”，所以傅斯年先生用了“近真”的表述。从比较中得到历史之真，表达了傅斯年对史学学术性根本原则的认同和深刻理解。所谓“头绪”，即只要“把材料整理好，则事实自然明了”②。

“事实自然明了”体现了傅斯年史料整理的基本追求。傅氏主张“证而不疏”，保持史料的客观性：

我们应该于史料赋给者之外，一点不多说，史料赋给者以内，一点不少说，不受任何传说观念的拘束，只求证，不言疏。③

一分材料出一分货，十分材料出十分货，没有材料便不出货。④

这种说辞也是胡适经常说的，有一分材料说一分话，有七分材料不说八分话，没有材料不说话。胡氏与傅氏师生间在史料解读的理解上一般无二。

1929年，傅斯年在致近代江西籍藏书家李滂的信中再次申明了史语所创建的主旨：

敝所设置之意，无非刊布材料，供之于人，整理材料，以为结论，但为客观之业，不作一家之言，凡共此好者，皆同志也。⑤

“整理材料，以为结论”，实际上体现了对史料客观性的充分认识，体现了“证而不疏”的史料整理思路。罗志田先生在《证与疏——傅斯年史

① 傅斯年：《史学方法导论》，第2页。
② 《历史语言研究所工作之旨趣》。
③ 傅斯年：《中国古代文学史讲义》，第77页。
④ 《历史语言研究所工作之旨趣》。
⑤ 《傅斯年致李滂》，载《傅斯年遗札》第一卷，第80页。

学的两个面相》[①] 一文中将傅斯年史学通盘研究，认为在傅斯年史学实践中，证与疏贯穿了傅斯年史学实践的全部。若从史料学角度出发，笔者认为，革命式研究机构的宣言，并不能全盘概括傅斯年史学思想的全部，而重视史料整理，既是时代使然，也是史语所区别于其他学人与机构的独特表述。

在傅斯年看来，历史学应与“著史”体式进行区别。在《旨趣》中，傅斯年以古世、中世与近代作为历史阶段的基本表述，首先界定了历史学与著史的区别：

> 历史学不是著史；著史每多多少少带点古世中世的意味，且每取伦理家的手段，作文章家的本事。[②]

关于这里的“著史”，按照傅氏的表述，特点是带有明显的主观意见，反映了古代伦理学家的思想，即带有明显的古代官方意识形态影响的著作。如《旨趣》中所提欧阳修《新五代史》、朱熹《资治通鉴纲目》。前书对《旧五代史》诸志部分大加删减，史料价值远逊《旧五代史》，加之春秋笔法的大量运用，正统思想寓含其中使得该书带有浓郁的主观感情色彩，且文学色彩浓重，不免为傅斯年所批评；后书以春秋笔法，“辨名分，正纲常”，带有程朱理学的印记。对于积极投身新文化运动的傅斯年来说，对于这部进入清代“皇家视野”[③] 典籍的批判原因自不待言。

除了与“著史”区别外，傅氏还反对将主观价值论、历史哲学、史观等掺入史学研究之中。他早在《中国古代文学史讲义》中就说：

> 使用史料时第一要注意的事，使我们但要问某种史料给我们多少知识，这知识有多少可信，一件史料的价值便以此为断，此外断断不可把我们的主观价值论放进去。[④]

① 罗志田：《证与疏——傅斯年史学的两个面相》，《中国文化》2010年第2期。

② 《历史语言研究所工作之旨趣》。

③ 《资治通鉴纲目》进入清代皇家视野的过程，可参见杨念群《何处是江南？——清朝正统观的建立与士林精神世界的变异》（生活·读书·新知三联书店2010年版）“第六章 清朝‘正统观’之确立与历史书写”。

④ 傅斯年：《中国古代文学史讲义》，第63页。

《旨趣》说：

> 果然我们同人中也有些在别处发挥历史哲学或语言泛想，这些都仅可以当作私人的事，不是研究的工作。①

1930年所作《考古学的新方法》一文，也明确讲到史学与历史哲学的区别：

> 历史这个东西，不是抽象，不是空谈。古来思想家无一定的目的，任凭他的理想成为一种思想的历史——历史哲学。历史哲学可以当作很有趣的作品看待，因为没有事实做根据，所以和史学是不同的。历史的对象是史料，离开史料，也许成为很好的哲学和文学，究其实与历史无关。②

到了1943年，傅斯年作《〈史料与史学〉发刊词》，更是表明了对“史观”的排斥，强调历史语言研究所工作之宗旨：

> 本所同人之治史学，不以空论为学问，亦不以‘史观’为急图，乃纯就史料以探史实也。史料有之，则可因钩稽有此知识，史料所无，则不敢臆测，亦不敢比附成式。③

可见，“纯就史料以探史实”，实际上延续了《旨趣》中傅斯年史料整理“证而不疏”的基本原则，也大致符合傅氏对“后来的史学，只应是史料整理学”的基本论断，而反对历史哲学、史观渗入史学研究也是对傅氏追求史学客观性的旁证。

但是，由于傅斯年过分强调史料整理，对史学研究者主体地位的忽视显而易见，由此引起后世学者的批评。正如黄进兴在评价傅斯年史学思想时所说：“正缘傅氏执着‘史实自明’不疑，令它无从预料之后‘历史相

---

① 《历史语言研究所工作之旨趣》。

② 傅斯年：《考古学的新方法》，《史学方法导论》，第187页。

③ 傅斯年：《傅孟真先生集》第四册，台湾大学出版社1952年版，第276页。

对论’的崛起，‘史实自明’遭受空前的质疑，顿成遥不可及的‘高贵的梦想’。”①

三 史料价值论：史料为评判史学进步与否的标准

傅斯年先生在《旨趣》中旗帜鲜明地提出“借用新工具，扩张新材料”，“材料愈扩充，学问愈进步”②。换言之，使用新材料，借助西方现代自然科学成就（“新工具”）才能推动史学的进步，这就将史料价值提升到决定学科进步层面上来了。

判断学术进步与否的标准，傅斯年认为有三条。

其一，“凡能直接研究材料，便进步。凡间接地研究前人所研究或前人所创造之系统，而不繁丰细密地参照所包含的事实，便退步”，并将之归结为“科学的研究”与“书院学究的研究”两种类型。结合傅斯年将史料分为直接史料和间接史料的认知，这里实际上是将充分运用直接史料作为学术进步的标准之一。在《旨趣》中，傅斯年特别推崇的几位史学家或史学作品，如欧阳修《集古录》“下手研究直接材料，是近代史学的真功夫”③；顾炎武“搜求直接的史料订史文，以因时因地的音变观念为语学，阎若璩以实在地理订古记载，以一切比核辨证伪孔，不注经而提出经的题目，并解决了它，不著史而成就了可以永远为法式的辨史料法。亭林、百诗这样对付历史学和语言学，是最近代的”④。

因此大声宣告，历史语言研究所“宗旨第一条是保持亭林百诗的遗训”⑤，体现了傅斯年对中国传统历史考据学的继承与发展⑥。也有学者认为：“傅斯年高度重视材料之搜集，依据凭证据说话的史学方法，与乾嘉考据学的治学方向与治学方法，具有内在的一致性。”⑦

---

① 黄进兴：《机构的宣言：重读傅斯年的〈历史语言研究所工作之旨趣〉》，《复旦学报》（社会科学版）2017年第5期。

② 《历史语言研究所工作之旨趣》。

③ 《历史语言研究所工作之旨趣》。

④ 《历史语言研究所工作之旨趣》。

⑤ 《历史语言研究所工作之旨趣》。

⑥ 陈国利：《傅斯年对传统历史学语言学的继承与发展》，《南开学报》（哲学社会科学版）2019年第1期。

⑦ 吴根友、孙邦金：《戴震、乾嘉学术与中国文化》，福建教育出版社2015年版，第1039页。

其二，“凡一种学问能扩张它研究的材料便进步，不能的便退步”①。针对忽视四裔边疆史研究的现状，推崇法国汉学家沙畹（Edouard Chavannes，傅氏作沙万）、儒莲（Stanislas Julien，傅氏作玉莲）、高第（Henri Cordier，一译亨利·考迪埃，傅氏作高儿耶）等人的汉学成就，主张借助西方汉学界的学术成果。即便是民俗、艺术领域的一些材料，傅氏举例说如“神祇崇拜、歌谣、民俗，各地各时雕刻文式”② 等，也要向西方学习，以助力中国学术的进步。

> 西洋人作学问不是去读书，是动手动脚到处寻找新材料，随时扩大旧范围，所以这学问才有四方的发展，向上的增高。……材料愈扩充，学问愈进步，利用了档案，然后可以订史，利用了别国的记载，然后可以考四裔史事。③

1928 年，早在史语所筹备期间，傅斯年等人就在致蔡元培、杨杏佛的信件中提议在史语所增聘国外汉学家。

> 此研究所本不是一个国学院之类，理宜发达我国所能欧洲人所不能者，（如文籍考订等）以归光荣于中央研究院，同时亦须竭力设法将欧洲人所能我国人今尚未能者而亦能之，然后国中之历史学及语言学与时俱进，故外国人之助力断不可少。拟聘伯希和、米勒、珂罗倔伦三君为外国所员。④

这里所说的“外国人之助力”，即借助国外先进理念与方法，实现本国学术与国外学术的“与时俱进”。上述法国汉学家沙畹长于考证，曾出版法文版《史记》，开欧洲汉学研究之先河。儒莲注重文本文献的解读，曾大量翻译中国古代名著如《孟子》（拉丁文版）、《大唐西域记》《天工开物》《太上感应篇》《道德经》《西厢记》等作品，时至今日，国际汉学

① 《历史语言研究所工作之旨趣》。

② 《历史语言研究所工作之旨趣》。

③ 《历史语言研究所工作之旨趣》。

④ 《傅斯年、顾颉刚、杨振声致蔡元培、杨铨》（1928 年 5 月 5 日），《傅斯年遗札》（第一卷），第 94 页。

界以其名字命名的“儒莲奖”被称为汉学界的诺贝尔奖。高第专注于修订英国著名汉学家裕尔（Henry Yule）的《东域纪程录丛》[①] 与《马可波罗游记译注》，使之更加完善。对西方汉学家成就的关注、拟定聘用与助力中国学术的思考与行动，体现了傅斯年学术思想的前瞻性。

其三，“凡一种学问能扩充它作研究时应用的工具的，则进步；不能的，则退步”[②]。这里，傅斯年似乎更加注重工具理性的应用，主张用比较语言学的方法来建设中国古代语言学，甚至借用现代自然科学的手段和方法，即“地质、地理、考古、生物、气象、天文等学，无一不供给历史问题者之工具”[③]。实际上已经包含了历史学的多学科工具性的治学思想。“借用新工具”的目的在于“扩张新材料”，这与后来傅斯年主张“新材料之发见与应用，实是史学进步的最要条件”[④] 的思想是一以贯之的。

可以说，傅斯年重视史料价值的思想，已经将史料提升到决定史学进步与否的高度。这种史料价值论思想，既是对传统历史考据学近代成分的继承与发展，同时主张关注西方汉学成就，借用西方自然科学手段与方法，助力中国学术的进步。从学术继承与交流的角度来看，其无疑具有进步性。

四 傅斯年史料学思想的旨归

中国近代史学研究风气的变化，首推1902年梁启超先生《新史学》的发表，“史界革命”的口号推动了传统史学向现代史学的转向；傅斯年先生的史料学思想以及史语所的建立与成就，则从史料建设层面构建了中国现代史学的基本研究范式；而马克思主义史学的传播与中国化，则使中国现代史学走向了历史发展的新高度。梁氏的开拓之功以及马克思主义史学的深远影响自不待言，而傅氏史料学思想则引起了后世学者的议论与偏见，尤其是在注重历史书写的当下，重新研究傅斯年的史料学思想似乎更有重要的警醒意义。

傅斯年史料学思想对史料学的地位、史料整理方法与史料价值论的论

---

① ［英］亨利·裕尔：《东域纪程录丛：古代中国闻见录》，［法］考迪埃修订，张绪山译，中华书局2008年版。该书体现了作者对东方历史地理的深刻认知，考证犀利，分析能力出众。

② 《历史语言研究所工作之旨趣》。

③ 《历史语言研究所工作之旨趣》。

④ 傅斯年：《史学方法导论》，第33页。

述，不吝为中国近代史学发展进程中的一场“史料革命”宣言，其提倡的“近代历史学只是史料学”的论断将历史学回归史料研究的本真，从史料学体系构建史学研究体系虽有“客观主义”之嫌，但并不影响其对现代中国史学建设的促进作用。

傅斯年史料学思想旨在倡导实事求是的史学研究作风，对于浮华的晚清民国今文经学研究风气以及古文研究中的章太炎的做法有一定的纠偏作用。傅斯年对章太炎的批评前文已述。其对今文学的批评，在致顾颉刚的信中说：

> 颉刚以前，史学、考订学中真正全是科学家精神的，只有阎若璩、崔述几个人。今文学时或有善言，然大抵是些浮华之士；又专以门户为见，他所谓假的古文，固大体是假，他所谓真的今文，亦一般的不得真。①

这里，傅斯年表达了对今文学的浮华之风与门户之见的不满。加之对章太炎一脉专以家法治学，不重视新材料（尤其是甲骨文）的做法不满，在接受外来比较语言学和客观主义史学的基础上，遂有史料学思想的坚定主张以及史语所的建设。从此意义上说，傅斯年史料学思想与组织建设对旧史学实际上“破中有立”，着眼点则在“立”，在建设。屈万里先生在《敬悼傅孟真先生》文中说：

> 自从顾颉刚等竖起怀疑古史的旗帜，天下风起云涌，但他们只有破坏，没有建设。而历史语言研究所，则运用科学的可信的材料，从事本国史的建设，史语所替中国文史界开了一条大路，孟真先生本人则是开路的急先锋。②

虽然对顾颉刚“疑古学派”的治学评价未免失之公允③，但对傅斯年

---

① 傅斯年：《与顾颉刚论古史书》，《史学方法导论》，第 62 页。

② 屈万里：《敬悼傅孟真先生》，载（台北）《自由中国》第四卷第一期，1950 年 5 月 1 日。

③ 按：史语所筹建中，傅斯年、顾颉刚、杨振声三人负责筹备，若说傅氏《历史语言研究所工作之旨趣》旨在批评顾氏“疑古学派”的做法，似乎证据不足。另外，史学工作者工作重点有主次缓急之别，顾氏于晚年的史学成就也并不能说顾氏“只有破坏，没有建设”。可参阅张书学《顾颉刚与傅斯年治史异同论》，《东岳论丛》1994 年第 1 期。

史料学思想以及史语所对现代史学发展的推动作用的肯定则是毋庸置疑的。

傅斯年史料学思想的最终目的是"要科学的东方学之正统在中国"，就是着力争夺中国学术界的话语主导权，表现了强烈的民族意识。长期任职史语所的董作宾可谓傅斯年史料学思想的实践者。他在讲到未来甲骨学发展的方向时曾说：

> 我们现在无论治何种学问，都应该一面把眼光放大，要看到全世界的学人，他们走向何处？在如何的工作？一面把眼光缩小，要精密的观察，自己向秋毫之末来找问题。用近世考古学的方法治甲骨文，同时再向各方面作精密观察，这是"契学"唯一的新生命。①

可以说，傅斯年史料学思想"要科学的东方学之正统在中国"得到了史语所学人的践行，这种与世界学术界争雄的气魄无疑对于当下史学界构建史学研究的中国学派具有较强的现实意义。

① 董作宾：《甲骨文研究的扩大》，收入《傅斯年遗札》第一卷，第240页。

外国史学理论与史学史

罗萨林·托马斯对希罗多德语境的解读

——兼论历史语境视野下的希罗多德研究

阿　慧[*]

20世纪后半叶以来，随着莫米利阿诺（Momigliano）提出“谁是古典史家当时的受众”这一讨论，[①] 对于历史语境的分析逐渐开始为希罗多德（Herodotus）的研究者们所关注。其中，既有如芬利（Finley）、拉特内尔（Lateiner）等将希罗多德历史书写时的语境解读作为工具，用以解释希罗多德的写作特点的学者；[②] 也有直接将希罗多德历史书写时的语境作为研究的关键、对希罗多德所处时代的情形加以专门讨论的学者。而在后者之中，罗萨林·托马斯（Rosalind Thomas）的《语境中的希罗多德：人种

---

* 阿慧，复旦大学历史学系。

① 莫米利阿诺有意识地对于包括希罗多德在内的部分古典史家进行写作时的历史情境进行了一定的追溯，尝试性地对古典史家作品在当时的受众加以探讨，但他本人并未对这一问题进行更多深入，而是使得学界一部分希罗多德的研究者开始注意到相关问题并展开回应与讨论，在一定程度上可被视为历史语境视野下希罗多德研究的首倡者。参见 A. Momigliano, “The Historians of the Classical World and Their Audiences: Some Suggestions”, *Ann. d. Scuola Norm. de Pisa*, 8 (1978), pp. 59 - 75。

② 芬利注意到了古人的记忆与历史写作间可能存在的关联，通过回溯古希腊人的共同记忆与观念，认为时人的记忆与在记忆的影响下所形成的观念，将影响希罗多德写作《历史》的叙述方式及内容选择。参见 M. I. Finley, “Myth, Memory, and History”, *History and Theory*, 4 (1965), pp. 281 - 302。而拉特内尔则通过分析希罗多德所处时代的情境，尝试为《历史》中的多重叙述提供解释。参见 D. Lateiner, *The Historical Method of Herodotus*, University of Toronto Press, 1989。

志、科学与说服的技艺》[①] 的意义则颇为特殊。作为一部在学界引发了一定关注的著作，托马斯对希罗多德的语境解读拓宽了相关的研究视角，为历史语境视野下的希罗多德研究提供了更为丰富的研究面向。

托马斯讨论究竟何以具有上述意义？她的论述又是在何种背景下形成？本文尝试以托马斯关于希罗多德写作《历史》时的语境问题的讨论为中心，从语境研究的角度出发，说明托马斯的讨论在学界相关的希罗多德研究中的价值。

一　跳出“自我”与“他者”对立的考察

“语境”（context）一词最早源于拉丁文 contexere，原意为“编织在一起”。最早将“语境”作为一个学术研究术语提出的是文化人类学家马林诺夫斯基（Malinowski）[②]，而首先提倡将语境应用于史学研究的学者是思想史家斯金纳（Skinner）。斯金纳认为，写作者在进行写作时面对的情况具有当时代的特定性，因而，在对历史文本加以解读时，“需要将自己所要研究的文本纳入一种思想的语境和话语的框架体系之中，以便于我们去识别那些文本的作者在写作这些文本时的意图与思想……尽可能地以作者

---

① Rosalind Thomas, *Herodotus in Context: Ethnography, Science and the Art of Persuasion*, Cambridge University Press, 2000. 罗萨林·托马斯，英国国家学术院院士、牛津大学贝利奥尔学院古典学与古代希腊史教授，主要研究方向为古典语文学、古希腊口述与表演文化及法律与社会学、古希腊史学史、古代希波关系史与古希腊城邦研究。除《语境中的希罗多德：人种志、科学与说服的技艺》外，代表作还包括《古典时期雅典的口述传统与写作记录》（*Oral Tradition and Written Record in Classical Athens*, Cambridge University Press, 1989）、《古希腊的语文学与口述》（*Literacy and Orality in Ancient Greece*, Cambridge University Press, 1992）、《城邦历史、集体记忆与希腊世界》（*Polis Histories, Collective Memories and the Greek World*, Cambridge University Press, 2019）。

② 1923 年，文化人类学家马林诺夫斯基在《原始语言中的意义问题》一文中，首次提出了“语言环境”的概念，认为语言是“人们的一种行为模式，而非对应于思想的符号”，话语产生的当时及紧接在其前后存在各种实际事件，构成了话语发生时的情景，马林诺夫斯基称之为“情景语境”。在 20 世纪三四十年代，马林诺夫斯基又提出了“文化语境”的概念，指代话语产生的整个文化背景，也就是话语产生时的社会文化背景。马林诺夫斯基认为，理解任何话语的意义都不能脱离“情景语境”或“文化语境”。参见马林诺夫斯基《原始语言中的意义问题》，赵肖为、黄涛译，《温州大学学报》（社会科学版）2013 年第 2 期；马林诺夫斯基：《科学的文化理论》，黄建波等译，中央民族大学出版社 1999 年版。

自己的方式对他们加以理解”[①]。换言之，从历史学的角度对语境加以考察，意味着要对文本写作者所处的时代、社会、思想、文化背景等诸多方面进行综合分析，追溯历史文本产生时的情境。在斯金纳之后，这一研究方法并没有被局限在思想史领域的研究中，而是作为一种重要的文本研究方式，被广泛应用于对历史学诸多领域的考察上，其中也包括希罗多德研究。

在托马斯的同辈学者中，对希罗多德写作《历史》时的语境的讨论其实并不少见。在这些学者的讨论中，被关注最多的一个问题是对“自我”与“他者”的考察，即当时的希腊人怎样看待希腊以外的“他者”，以及他们如何处理“自我”与“他者”间的关系。

“自我”与“他者”的观念萌生于近代西方民族国家的形成过程中，通过与当代西方哲学的结合，关于“自我”与“他者”的讨论成为了学术界无法避开的讨论内容之一，拓展至包括希罗多德研究在内的众多领域。而在希罗多德的研究中，关于“自我”与“他者”问题的讨论主要围绕着两种观点展开。

一种观点认为，希罗多德在进行《历史》的书写时存在“自我”与“他者”二元对立的取向。阿尔托格（Hartog）认为，希罗多德的异域叙述建构了希腊人进行自身定位时，作为希腊人之外的“他者”的参照标准，从而映衬出希腊人内在的形象与身份。[②] 卡特里奇（Cartledge）也表示，希罗多德利用了一种二元对立的方式对“他者”的异域加以叙述，并贯穿于《历史》的始终。[③] 维苏尼亚（Vasunia）的观点则更进一步，主张从希罗多德时期以来，直到亚历山大时期，希腊人的表述中使一直存在作为“他者”的异域——埃及。将埃及视为“他者”的观念，推动了亚历山大对埃及的征服，甚至影响了1789年拿破仑（Napoléon）的远征。[④] 乔纳

① Quentin Skinner, *Vision of Politics*, Cambridge University Press, 2002, p. 8. 国内学者李宏图曾专门撰文对斯金纳所倡导的“历史语境主义”加以讨论，参见李宏图《语境·概念·修辞——昆廷·斯金纳与思想史研究》，《世界历史》2005年第4期。

② Francois Hartog, *The Mirror of Herodotus: The Representation of the Other in the Writing of History*, Janet Lloyd Trans., University of California Press, 1998.

③ Paul Cartledge, “Taking Herodotus Personally”, *Classical World*, 102. 4 (2009), pp. 371 - 382.

④ Phiroze Vasunia, *The Gift of the Nile: Hellenizing Egypt from Aeschylus to Alexander*, University of California Press, 2001.

森·霍尔（Jonathan M. Hall）与伊迪斯·霍尔（Edith Hall）同样相信，希腊人观念中“自我”与“他者”的二元对立始终存在，前者认为希腊人一方面通过对自身的关注来建立相关的谱系，另一方面则通过作为对立面的“他者”来认识自己的特点；[①] 后者则强调，希波战争之后，希腊人通过逐步建立作为蛮族的“他者”形象，建构了自己的对立面。[②]

另一种观点则认为，在希罗多德的笔下，“自我”与“他者”的对立并不存在。伯纳尔（Bernal）认为，希罗多德进行异域叙述的目的其实是为了找寻希腊文明的埃及源头，而这意味着所谓的希腊人观念中的“自我”与“他者”的二元对立只是被后人建构出来的。[③] 穆森（Muson）也表示，希罗多德的异域叙述不是要强调希腊人与异邦人的不同之处，而是要找寻两者的相同点，这也就意味着，希罗多德的写作目的本身便是强调“自我”与“他者”之间的关系并不是二元对立的。[④]

不过，无论上述是哪一种观点，学者们考察希罗多德写作《历史》时的语境的视角都是基于外部的，讨论的重点是希罗多德及其同时代的希腊人如何“向外看”，并以此为依据来理解希腊以外的世界，对于当时的希腊人如何理解和讨论他们自己所关心的问题关注较为有限。相关学者的论述对于希罗多德当时所处的希腊内部的思想语境的讨论实际上是相对缺乏的。不仅如此，无论参与“自我”与“他者”讨论的学者持何种观点、从何种角度切入讨论，其背后已经或多或少地产生了对于“自我”与“他者”理论加以建构或解构的倾向，是在一个单一而宏大的模式下对希罗多德《历史》的相关问题进行考察。由此，这种考察便可能面临脱离希罗多德《历史》文本本身的危险，同语境分析立足文本、尽可能摆脱基于现代立场下的个人预设的初衷背道而驰。更何况，“自我”与“他者”等概念，原本便是现代学界的发明，存在难以规避的“以今论古”的缺陷。

而托马斯对希罗多德写作《历史》时的语境的关注，则跳出了“自我”与“他者”的框架，尝试立足文本，将关注的焦点回归到希罗多德进

---

① Jonathan M. Hall, *Ethnic Identity in Greek Antiquity*, Cambridge University Press, 1997.

② Emma Bridges, Edith Hall and P. J. Rhodes, *Cultural Responses to the Persian Wars*, Oxford University Press, 2007.

③ Martine Bernal, *Black Athena: The Afroasiatic Roots of Classical Civilization*, Vol. 1, Rutgers University Press, 1987.

④ Rosaria V. Muson, "Who are Herodotus' Persians", *Classical World*, 102. 4 (2009), pp. 457 – 470.

行写作时的希腊世界，由此来考察希腊人内部的思想语境。

严格说来，对希腊人内部思想语境的考察也并非托马斯的创见。伯里（Bury）、莫米利阿诺等学者曾经回顾、梳理并分析过可能对于包括希罗多德《历史》在内的希腊史学编纂产生影响的诸多要素，诸如大殖民运动与公元前6世纪小亚细亚爱奥尼亚地区的知识革命、希腊人对东方历史与地理的兴趣，以及波斯文化对希腊人的吸引力；[1] 梅耶（Myers）与施林普顿（Shrimpton）也曾关注到希波战争对于希罗多德书写《历史》的刺激；[2] 纳吉（Nagy）则认为，从文学渊源与写作风格来看，希罗多德的叙述与荷马（Homer）、品达（Pindar）的作品一脉相承。[3] 上述学者的观点多是将希罗多德同其前代的历史背景与先辈作家相关联，认为希罗多德是一位受到公元前6世纪晚期或公元前5世纪早期希腊文化熏陶的作家。

而托马斯则尝试对希罗多德所处的当代赋予更多的关注，她希望“将希罗多德的《历史》视作公元前5世纪中晚期思想发展的一部分加以考察”[4]，由此，希罗多德与其同辈的智者及医药学家在托马斯的讨论中建立了关联。而那些位于希腊与波斯交接地带的爱琴海东部的城市，也被她看作是影响了希罗多德写作的“东部希腊世界的一部分”[5] 加以分析与考察。托马斯对学界中存在的传统的雅典中心主义取向进行了批评，认为这种观点低估了东部希腊的重要性，同时还落入了“将雅典视为公元前5世纪后半期的智力活动唯一的兴盛之地”[6] 的误区。在她看来，公元前5世纪中晚期的思想发展所辐射的范围，应该从雅典拓展至更广阔的希腊地区。

从这个意义上而言，相比于其前辈与同辈的学者，托马斯对希罗多德写作《历史》时的语境问题的关注，在时间范围上将着眼点从希罗多德的先代与前辈拉回到了希罗多德的同辈；而在空间范围上，托马斯利用“希腊本土”与“东部希腊世界”的概念，在摈弃了“自我”与“他者”的

① J. B. Bury, *The Ancient Greek Historian*, Macmillan, 1909；莫米利阿诺：《现代史学的古典基础》，冯洁音译，华东师范大学出版社2009年版。

② J. L. Myers, *Herodotus, Father of History*, Oxford University Press, 1999；G. S. Shrimpton, *History and Memory in Ancient Greek*, McGill – Queen's University Press, 1997.

③ Gregory Nagy, *Pindar's Homer: The Lyric Possession of an Epic Past*, John Hopkins University Press, 1990.

④ Rosalind Thomas, *Herodotus in Context: Ethnography Science and the Art of Persuasion*, p. 2.

⑤ Rosalind Thomas, *Herodotus in Context: Ethnography Science and the Art of Persuasion*, p. 2.

⑥ Rosalind Thomas, *Herodotus in Context: Ethnography Science and the Art of Persuasion*, p. 10.

思维模式的同时，也并没有将研究的视野局限在以雅典为中心的区域，而是以“希腊思想的发展进程”为线索，涵盖了更为广泛的希腊地区。就此而言，无论是在讨论的立足点还是在其着眼的时空范围方面，托马斯的考察都有所突破，为希罗多德写作《历史》时的语境的讨论提供了新的可能性。

托马斯的这一思路也得到了其他学者的肯定。鲁宾康（Rubincam）认为，相比于发源于近现代、将“自我”与“他者”相对立的考察视角，托马斯对于希罗多德的关注更为贴合后者写作时代的逻辑与眼光；① 库文斯（Couvenhes）亦认同，若是像托马斯一样将希罗多德置于“自我”与“他者”的理论框架之外，便能够发现，希罗多德是一位充分了解并把握了自身所生活的公元5世纪末时代动向的思想者；② 还有学者在托马斯的启发下对过度强调“自我”与“他者”的学术取向进行了反思，比希勒（Bichler）指出，单纯的“自我”与“他者”的二分法或许并不适用于希罗多德的《历史》，只是后世学界从自身角度出发的一种强行代入。在希罗多德的笔下，希腊人与蛮族或许并非全然对立的概念，而是一种文化上的相对区别，存在相互影响渗透，乃至彼此转化的可能；③ 拉特内尔同样不支持强行为希罗多德的写作设置“自我”与“他者”之别，认为当时的希腊人的关注点可能更加集中在人类共同的外在属性与特征方面，其相同性应多于族群差异。④

二 摆脱实证主义的“另辟蹊径”

在《语境中的希罗多德：人种志、科学与说服的技艺》中，托马斯表示，会将“更多的精力集中在对于论证类型、方法、语言，以及特定情况下的知识或理论的解读上，尝试通过（将希罗多德《历史》）同其他领域

① Catherine Rubincam, “Review: Herodotus in Context: Ethnography, Science and the Art of Persuasion by Rosalind Thomas”, *Phonix*, 56. 3/4 (2002), pp. 362 – 364.

② Jean – Christophe Couvenhes, “Review: Herodotus in Context. Ethnography, Science and the Art of Persuasion by Rosalind Thomas”, *L'Antiquité Classique*, 71 (2002), pp. 291 – 292.

③ Reinhold Bichler, “Review: Herodotus in Context. Ethnography, Science and the Art of Persuasion by Rosalind Thomas”, *Gnomon*, 75. Bd., H. 2 (2003), pp. 130 – 134.

④ Donald Lateiner, “Review Article: Assessing the Nature of Herodotus' Mind and Text”, *Classical Philology*, 97. 4 (2002), pp. 371 – 382.

著作的参照比较，找寻作品之间在思想方面的联系性”①。她在对希罗多德写作《历史》时的语境进行分析时，希望关注到的重点是不同作品间思想上的关联。至于托马斯建立不同作品间思想关联的方式，则是选择不同文本的叙述内容相互对照参考，并以此为基础，考察文本之间在语言方面，特别是在一些特定词语、概念上的异同，从而解读这些文本在思维方式上的相似与差异之处。

例如，在第二章中，托马斯选取了四则个案以解释希罗多德对公元前5世纪所流行的医药学知识的理解与运用，分别是希罗多德对冈比西斯疯狂行为的讨论、对利比亚人保健方式的介绍、对埃及人医疗观念的考察，以及有关当时普遍意义上的日常饮食与健康的叙述。在分析这四则案例时，托马斯关联了大量的文本材料，通过辨析专业术语的使用，以及特定理论间的细节关联，呈现出了希罗多德《历史》所体现的“探究”（histroies）的当时代基础：“这些例子提供了希罗多德（的写作）与其所处时代的医药学之间的联系——他所知晓的一些特定理论，既出现在希罗多德自己的人种学观念之中，也在早期的医药学作品中有所体现。……这些文本在讨论中所体现的微妙的复杂性也表明，希罗多德在某种程度上试图参与当时的流行议题，并（与时人）分享自己的理解和认识。”②

利用这种方式，托马斯将希罗多德《历史》与当时的希波克拉底派（Hippocrates），即医药学家的作品，以及智者（sophists）的作品之间进行了对照。她认为，希罗多德的《历史》中涉及的部分人种学的观念，与同时代的医药学家的作品中的认识非常相似，而这很可能意味着这些内容实际上是当时的希腊人所共同关注的问题。也就是说，尽管希罗多德所记叙的内容属于遥远的过去，但是其主张已被赋予希罗多德所生活的“当下”的背景。

而在论及希罗多德的《历史》与智者作品的关联时，托马斯强调，两者的关联不仅在于对当时所流行的话题的共同关注，在讨论方式及论述的语言风格上也极为相似。由此，托马斯进一步认为，在自己的写作中使用了与智者相似的论证与说服方式的希罗多德，在思维方式上也与智者一致：他们在作品中所进行的考察在本质上都可以被定位为个人的“求智”

① Rosalind Thomas, *Herodotus in Context: Ethnography Science and the Art of Persuasion*, p. 21.

② Rosalind Thomas, *Herodotus in Context: Ethnography Science and the Art of Persuasion*, p. 40.

活动，是从一种更为主观的角度出发，对个人认识进行的表达，而不只是对当时所流行的话题进行经验主义式的复述。就这个意义上而言，“希罗多德是一位智者”①。

托马斯没有遵循西方学界传统的希罗多德研究路径，将希罗多德视为“历史之父”，而是将他的身份定位为智者。而她之所以会对希罗多德的史家身份提出质疑，认为希罗多德是一位智者，其根源在于20世纪80年代后现代思潮的冲击。② 在这一思潮的影响之下，一部分学者希望将希罗多德从西方史学史的传统脉络之中剔除出去，从而为史学赋予更为规范的“现代学科”框架。托马斯也是其中之一。

在托马斯之前，质疑希罗多德史家身份的学者多从传统的实证主义角度出发，关注希罗多德在《历史》中的叙述是否真实。阿尔马约（Armayor）认为，希罗多德的《历史》所记载的内容，只是对当时的文学与传说中的内容进行的改编，希罗多德没有进行过任何旅行，他既没有到达过他宣称自己前往过的地方，也没有看到过任何他说自己亲眼所见的一切。③ 韦斯特（West）也认为，希罗多德在引用铭文时所表现出的叙述方式与他所宣称的自己所使用的方法并不一致。④ 而费林（Fehling）在考察了希罗多德所有可能追溯到来源的材料后，认为希罗多德实际上没有得到任何材料，他对材料来源的说明不过是希腊人的一种文学习惯。也就是说，希罗多德的材料全部是自己编造出来的，他所进行的写作，不过是在希腊文学传统影响下的一种文学创作。⑤

随着费林论著英译本的面世，他的观点在希罗多德研究界产生了极大的影响。费林对希罗多德《历史》作为西方世界第一部史学作品的地位发起了挑战，无论学者们对他的观点认同与否，都必须对他的看法加以回应。由此，学界对希罗多德的《历史》的讨论在很长一段时间都纠缠在希罗多德的写作是否真实可信上，而由于缺乏能够作为直接证据与希罗多德

---

① Rosalind Thomas, *Herodotus in Context: Ethnography Science and the Art of Persuasion*, p. 284.

② 关于后现代思潮冲击下西方学者对希罗多德史家身份的讨论，可参见吴晓群《20世纪后半叶希罗多德研究的两种路径》，《世界历史》2015年第1期。

③ O. K. Armayor, “Did Herodotus Ever Go to Black Sea?”, *Harvard Studies in Classical Philology*, 82 (1978), pp. 45 - 62.

④ S. West, “Herodotus’ Epigraphic Interests”, *Classical Quarterly*, 35 (1985), pp. 278 - 305.

⑤ Detlve Fehling, *Herodotus and His “Sources”: Citation, Invention and Narrative Art*, J. G. Howie Trans., F. Cairns, 1989.

《历史》相互印证的文本材料，持不同观点的学者注定难以说服彼此。

而托马斯在这方面的讨论可以说是另辟蹊径。她在立足于希罗多德的《历史》文本的同时，在考察中涉及了语言学方面的内容，也体现出了将修辞学与古典学研究相结合的倾向。这种倾向背后所隐含的问题意识在于，从关注希罗多德的叙述是否真实，转而关注希罗多德为何以这种方式进行叙述。相比于传统的实证主义的研究路径，托马斯这一角度的考察无疑在方法论上具有积极意义。德蒙特（Demont）高度评价了托马斯的研究，认为她不仅首创了将希罗多德《历史》与希波克拉底派的作品进行比较对照的研究方法，还摆脱了"希罗多德的写作是否为杜撰"这一几乎无解的争论，为学界的讨论开辟出了新道路；[①] 巴布勒（Bäbler）则认为，托马斯观点的价值在于，通过精细的语言学分析明确构建起了希罗多德进行写作时的思想环境，因此，托马斯虽然放弃了希罗多德作为"历史之父"的身份，却没有如费林等学者一般，将希罗多德简单地矮化为一个脱离其时代的"故事创作者"。[②]

然而，从另一个角度而言，在古典世界的传统之中，修辞在大多数情况下都被划分在"技艺"的范畴中，此处的"技艺"在古希腊语中称为ἄρτος，与后世所演化出的更为偏重内涵意蕴的"艺术"（art）一词相比，更加强调其所具备的功能性，即偏向"技能"（skill）的意味，所有掌握这种技艺的写作者都可以将之应用到自己的作品之中，而这无法成为定位作家身份的依据。

同时，在希罗多德所处的时代之下，"求智"乃是当时的知识精英们普遍进行的活动，无论是希罗多德、智者，还是医药学家，他们的作品实际上都是对于其个人探究成果的表达，因而其思维方式存在趋同的现象也并不奇怪。在当时尚未出现不同学科领域划分的"前学科"的背景之下，知识精英们在写作时的风格存在混合与杂糅的趋势亦再正常不过。仅仅基于在作品中使用了相同的技巧、体现了相同的思维方式，乃至存在相同的行文风格，并不能够形成他们是同一类作家的判断。因此，托马斯仅仅基于语言学与修辞学方面的考察，就将希罗多德视为智者的观点，无疑还缺

① Paul Demont, "Review: Herodotus in Context. Ethnography, Science and the Art of Persuasion by Rosalind Thomas", *Revue des Études Grecques*, 116. 1 (2003), pp. 357 - 358.

② Balbina Bäbler, "Review: Herodotus in Context. Ethnography, Science and the Art of Persuasion by Rosalind Thomas", *Museum Helveticum*, 58. 4 (2001), p. 226.

乏更进一步的支持。故而，瑞尔（Rihll）虽肯定托马斯展开论述的出发点具有合理性，承认当时希腊社会的知识精英可能普遍熟悉其时代的科学与哲学思想，且在自己的后续研究中论证并发展了这一观点，[①] 但也曾批评托马斯的部分论述太过拘泥于细节，使得其说服力与价值都有所欠缺。[②]

不可否认，希罗多德的《历史》并不是严格的现代意义上的历史著作。但是，需要认清的一点是，无论是希罗多德还是其他古典作家，都没有作为现代的历史学家来进行写作的自觉。而希罗多德在《历史》之中所表达的“保存人类的功业”[③] 与记录希腊人与异邦人“发生纷争的原因”[④] 的写作目标，和他所使用的“探究”的方法，以及在《历史》的行文中所表达出的不自觉、原始而朴素的历史学批判精神，已经体现出了他的书写具有历史学的基础要素。[⑤] 希罗多德进行历史书写的时期乃是历史的发轫期，在这一学科萌芽的过渡阶段，没有成型的规范能够为希罗多德所遵循，因此，希罗多德的写作自然会既具有前时代的特点，又具有他将要开创的新时代的特色。在这样的情况下，如果单纯地纠结于现代学科的概念，仅仅因为希罗多德的《历史》不符合现代历史学的规范而否定希罗多德作为史家的身份，实际上是再次走入了“以今论古”的歧途，出现了利用今人的视角与思维去框架古人的误解。诚如莫米利阿诺所言，“如果我们不对希罗多德抱有一些不切实际的期望，就应该承认他已经做得很完美了”[⑥]。在这样的情况下，与其以现代的学科定义与职业眼光去审视希罗多德，不如从希罗多德的写作本身出发，来增进对于希罗多德的理解。这或许才是对希罗多德《历史》写作时的语境加以研究时应当保持的初衷。

---

① T. E. Rihll, “Teaching and Learning in Classical Athens”, *Greece and Rome*, 50 (2003), pp. 168 - 190.

② T. E. Rihll, “Review: Herodotus in Context: Ethnography, Science, and the Art of Persuasion by Rosalind Thomas”, *Isis*, 95. 2 (2004), pp. 286 - 287.

③ Herodotus, *The Landmark Herodotus: The Histories*, Andrea L. Purvis, Robert B Trans., Strassler, ed., Pantheon Books, 2007, p. 1.

④ Herodotus, *The Landmark Herodotus: The Histories*, Andrea L. Purvis, Robert B Trans., Strassler, ed., Pantheon Books, 2007, p. 1.

⑤ 关于希罗多德的写作在西方史学史与史学思想方面的开创性意义的论述，可参见黄洋《希罗多德：历史学的开创与异域文明的话语》，《世界历史》2008 年第 4 期；张巍《希罗多德的“探究”——〈历史〉序言的思想史释读》，《世界历史》2011 年第 5 期；吴晓群《希罗多德的“历史书写”》，《华东师范大学学报》（哲学社会科学版）2009 年第 6 期。

⑥ A. Momigliano, “The Place of Herodotus in the History of Historiography”, *Studies in Historiography*, Garland Press, 1985, p. 141.

三 “学术语境”影响下的历史语境研究

在将托马斯所讨论的希罗多德写作《历史》时的语境视为考察对象时，在学界的希罗多德研究得以成长、发展的整个过程中所形成的“学术语境”，是另一个不容忽视的要素。希罗多德研究界既有的思想观点与研究范式所形成的学术环境，如何影响托马斯的讨论，并体现在她的著作之中，同样是一个值得关注的问题。

历史语境主要在研究中强调，将文本写作时的情境与当时的社会文化背景纳入历史考察的视野之下，尝试回归到文本写作的“当时”来理解文本；而与之相区别的“学术语境”的内涵大致上可以分为两个方面：一方面，“学术语境”来源于整个学界多年来对相关问题加以讨论而形成的学术史的观照；另一方面，“学术语境”也受影响于学者在参与学术讨论、经历学术思考的同时所形成的学术研究背景与立场，也就是当下现实的学术关注。①

具体到托马斯的研究背景来看，如前文所述，托马斯对于“希罗多德是一位智者”的判断，在很大程度上受到了20世纪80年代希罗多德研究界关于希罗多德身份讨论的影响。托马斯在自己的著作中所尝试回答的问题，实际上是为同辈学者在后现代思潮下所热烈探讨的“希罗多德是否堪称史家”的问题。因此，从本质上而言，托马斯虽然提出要回归希罗多德写作《历史》时的语境来考察问题，但她所讨论的问题本身其实依旧扎根于现代学界的研究土壤。不仅如此，托马斯在她的著作中所使用的关注修辞与语言学的研究方式，既具有古典学研究中重视修辞的传统痕迹，同时也在一定程度上承袭了学术界历史语境研究的发展、体现出了史学研究方法的革新。而这无疑从另一个层面反映出希罗多德研究界的学术发展历程对于托马斯的影响。拉特内尔在评价托马斯的研究时便表示，“罗萨林·托马斯的书对希罗多德、他的同代人，以及现代学者的心态有着健康

---

① 有关“历史语境”“学术语境”之间的区别与关联，以及如何结合二者进行史料解读方面的讨论，李剑鸣曾撰文进行过专门的分析（在其文中将“学术语境”称为“史学语境”），参见李剑鸣《历史语境、史学语境与史料的解读——以弗吉尼亚州批准美国宪法大会中一条材料的解读为例》，《史学集刊》2007年第5期。

的尊重"[①]，是在整合现代学界既往研究成果的基础上发展出的研究。

而从问题意识来看，无论是托马斯对于"自我"与"他者"二元对立讨论模式的跨越，还是避开"雅典中心论"的误区，将研究视野放宽的尝试，抑或是放弃实证主义的传统框架，选择另一种方式对希罗多德的身份所进行的再解释，其实都是她对于学界当下讨论的参与和回应，是她在其他同辈学者研究的基础上所进行的思考。托马斯本人在其著作的序言中曾明确表示，希望能够通过自己的讨论，尝试回答莫米利阿诺所提出的"谁是古典史家当时的受众"的问题。[②] 换句话说，尽管托马斯研究的关注点在希罗多德《历史》的文本和其他古代希腊的材料上，但是在尝试探索希罗多德进行《历史》写作时的语境的同时，她的问题意识的来源也仍然属于现代，实际上是在当下现实的学术关怀之下，对来自久远过去的材料所进行的讨论。

在"学术语境"的影响之下，托马斯对于希罗多德写作《历史》时的语境的考察，一方面因循了希罗多德研究界学术史的发展脉络，另一方面又体现出她所参与讨论的当下现实的学术环境。而这一点，也造就了托马斯所使用的语境研究这一方法本身的局限性。无论托马斯所倚重的"学术语境"的背景是来自学术史的发展还是当下现实的讨论，两者在一定程度上都来源于现当代人的认识与思考。在这种情况下，受到现代"学术语境"所影响的学者们无论在语境的考察中怎样注意去规避基于个人立场的预设，他们所使用的方式与看待问题的眼光，实际上都无法摆脱现代学界的标准与痕迹。想要完全地回归到古人进行历史书写时的语境之中，几乎是绝无可能的。同时，学者们所参与的学界的所有讨论与对话，实际上也都是在现代的规范与标准的框架下展开的。

倘若仍然回到托马斯的著作的内容之中来看，便能发现，无论是出现在她讨论中所谓的"医药学家"群体还是被称为"智者"的哲人群体，乃至其对这些群体进一步加以概括的"知识精英"等概念，其实都来自于后世或现代。在这样的情况下，想要通过对希罗多德书写《历史》时语境的考察，将包括希罗多德在内的古人，划分、定位在后世派生出的类别之下，实际上本身便带有一定自相矛盾的意味。即便托马斯认为自己所提出

---

① Donald Lateiner,"Review Article: Assessing the Nature of Herodotus' Mind and Text", p. 377.

② Rosalind Thomas, *Herodotus in Context: Ethnography Science and the Art of Persuasion*, p. 21.

的“希罗多德是一位智者”的结论来自于对希罗多德进行《历史》写作时语境的考察，符合希罗多德所处的时代背景，但她对于希罗多德的史家身份加以质疑的这一问题取向，实际上仍然被涵盖在现代学界中希罗多德研究领域的学术发展史的脉络之下，在很大程度上仍然需要被贴上“现代”的标签。而就其在研究中所运用的方法来看，虽然历史语境的考察在学界已经成为了一种较为常用的研究手段，将语言学与修辞学与史学相结合的讨论也并不少见，甚至在更早的历史时期内就以传统的形式延续，但托马斯利用这些方法进行考察的目的，还是为了对希罗多德的叙事提供一种能够为现代学界所认同的解释，希望加以回应的，仍然是希罗多德研究的“学术语境”下现代学者们的关切。

换言之，在托马斯对希罗多德的历史语境加以追溯时，她自己其实也正处在现代“学术语境”的裹挟之中。无论是在现当代史学发展的传统中所主张的希罗多德是一位史家的认识，还是在后现代思潮的冲击下提出的希罗多德是一位“智者”的主张，都是来自后世的所谓“后见之明”。但这并不意味着当今学界所进行的种种考察并无意义。今人固然无法为古人代言，能够确切定位希罗多德的当然只有希罗多德自己。但从另一个角度而言，包括托马斯在内的后世的研究者所能做的，更多地其实是通过考察希罗多德的作品，透视并发掘其身份的诸多可能性，赋予这个古老而久远的人物以新的生机和活力。而后者正是托马斯的研究为学界所肯定的价值所在。如罗姆（Romm）所言，“全书成功地探索了一个广阔的、鲜有人涉足的文化领域，并给出了希罗多德参与其中并将之运用为《历史》创作的关键元素的可能性。……这使得学界能够在富有启示性的新背景下重新审视希罗多德”①。

总体而言，托马斯对于希罗多德写作《历史》时的语境的考察，在跳出了“自我”与“他者”二元对立的讨论模式的同时，也摆脱了学界传统的实证主义的框架，从语言与修辞的角度入手，试图对希罗多德的《历史》的文本叙述方式加以解释，她的著作无论是在问题意识方面，还是在方法论的选择方面，都具有一定的开创性意义，为希罗多德的研究提供了

① James Romm, “Review: Divinity and History: The Religion of Herodotus by Thomas Harrison; Herodotus in Context: Ethnography, Science and the Art of Persuasion by Rosalind Thomas”, *The American Journal of Philology*, 123. 1 (2002), p. 124.

新的思路。不过，在肯定这一研究重要性的同时，也需要认识到，托马斯对于历史语境的考察与讨论，实际上是在无法摆脱的现代“学术语境”的影响下，对于希罗多德研究中一部分既有讨论的参与和回应。同样也存在考察角度与方法论层面的局限性。

实际上，不只是托马斯及其作为研究对象的希罗多德，所有的现代学者在对属于过去语境下的作品与作者加以重新讨论时，几乎都无法摆脱始终存在的现代“学术语境”与古代“历史语境”之间的张力。而这种张力的存在，在一方面固然是语境研究自身理论困境的体现，但在另一方面，也是经典研究得以更新与发展的关键。因此，在应用语境研究这一方法参与相关的学术讨论的过程中，如何在充分认识“学术语境”对历史语境研究存在影响的情况下，平衡并协调好这两者之间的张力，以一种更为审慎务实的眼光去理解相关的讨论，使得学界对于相关问题的认识与理解能够进一步深入，更新并丰富既有研究的内涵，保证相关的经典研究常有常新，或许是所有的历史学者需要加以认真考虑的问题。

论希罗多德记叙宗教话题的选择性特征

——以《历史》中的“赫拉克勒斯”之谜为例*

张　娓**

引　子

赫拉克勒斯（Heracles），宙斯与凡人阿尔克墨涅之子，古希腊神话中的大力神①。在希罗多德《历史》第二卷里，有一段用以解释为什么一部分埃及人不愿意用手触碰山羊的神话。该神话讲述阿蒙神通过伪装的形式面见其子“赫拉克勒斯”。由此《历史》中出现了希腊人与埃及人均信奉“赫拉克勒斯”的特殊现象。那么希罗多德笔下埃及的“赫拉克勒斯”与希腊神话中的赫拉克勒斯是同一位神灵吗？一位希腊神与一位埃及神同名，是偶然的巧合还是某种因素支配的结果？

---

* 本文系2019年度国家社科基金重点项目“晚期罗马帝国与周边“蛮族”关系研究”（项目号：19ASS002）阶段性成果。

** 张娓，中共福建省委党校福建行政学院科学社会主义与政治学教研部。

① 一般认为希腊神话中的赫拉克勒斯生前为半人半神，死后荣升不朽神祇（Apollodorus：*The Library of Greek Mythology*, trans. by Robin Hard, New York：Oxford University Press, 2008, p. 93；Vanessa James, *The Genealogy of Greek Mythology*, New York：Penguin Group Inc., 2003, p. 15）；但哈里森表示赫拉克勒斯始终居于半神地位（Jane Ellen Harrison, *Themis*：*A Study of the Social Origins of Greek Religion*, Cambridge：Cambridge University Press, 1927, pp. 481 – 502）；格思里则认为，赫拉克勒斯在其神话故事的最初版本里是人，但他在被古希腊人接受和传播的过程中，因其卓越的魅力逐渐上升成神。这一由人到神的转变是一种典型的“公众传统的转变”（W. K. C. Guthrie, *The Greeks and Their Gods*, Boston：Beacon Press, 1950, pp. 231 – 242）。

一　“赫拉克勒斯”之谜是否成立?

> 恰恰相反，那些居住在门德斯的埃及人，以及拥有门德斯同类神庙的埃及人，是用绵羊来牺牲，从不用手触碰山羊。底比斯人以及那些在本身行动上模仿他们，也不用手触碰山羊的人，对这一习俗的起源作出如下解释：他们说，赫拉克勒斯无论如何都想要看到宙斯，但宙斯不愿自己被他看到。最后，赫拉克勒斯不断地提出请求，宙斯便想出一个办法：提前将一只山羊剥皮割首，然后身披羊皮，把羊头举在自己面前，躲藏在如此的伪装下为赫拉克勒斯所目睹。①
>
> ——希罗多德：《历史》，II. 42.

以上即为埃及当地人所说的关于“赫拉克勒斯”的神话。希罗多德对这位埃及的“赫拉克勒斯”表现出相当大的兴趣：“为了在这件事情上，我可以不管从什么方面得到确切的知识……”（II. 44）依据 II. 43—44 节可知，希罗多德先后通过逻辑思考和实地考察两种方式探究了“赫拉克勒斯”之谜。

其逻辑思考经由三个问题推进：首先，希腊神话中的赫拉克勒斯和埃及人口中的“赫拉克勒斯”是同一位神吗？答案是否定的，因为“关于希腊人所知道的另一个赫拉克勒斯，我（希罗多德）在埃及的任何地方都听不到”（II. 44）；其次，如果两位“赫拉克勒斯”是彼此独立的个体，那么希腊与埃及之间理应存在一方向另一方借用神名的现象，是埃及人从希腊人那里习得了“赫拉克勒斯”之名吗？希罗多德借助假设法否定了这种可能：埃及人在当时是航海的，如果他们在与同样从事航海的希腊人接触的过程中，得知了某些希腊神名并将之纳入埃及神话体系，那么他们最熟悉的应该是那些与海洋相关的希腊神祇。但埃及人却不知晓海神波塞冬和

① 此处据《历史》英译本译出，参考 Herodotus, *The Landmark Herodotus: The Histories*, trans. by Andrea L. Purvis, ed. by Robert B. Strassler, New York: Anchor Books Inc., 2007. p. 136; David Asheri et al., A *Commentary on Herodotus Books I – IV*, ed. by Oswyn Murray & Alfonso Moreno, Oxford: Oxford University Press, 2007, p. 268。下文采用王以铸的中译本（希罗多德：《历史》，王以铸译，商务印书馆 1997 年版），仅将部分名称修改为常见译法。

水手保护神狄奥斯库里，从这个角度考虑，他们不太可能率先引入与海洋关联度较低的大力神赫拉克勒斯；最后，是希腊人从埃及人那里习得了“赫拉克勒斯”之名吗？希罗多德表示答案是肯定的。他的依据主要有两点：一是在希腊神话中，赫拉克勒斯的养父安菲特律翁与生母阿尔克墨涅均出生于埃及。二是据埃及人所说，他们信奉的“赫拉克勒斯”在公元前一万七千多年前就已位列十二主神之席，这一时间点远远早于希腊大力神赫拉克勒斯的出生时间。

希罗多德表示，为了证实以上推理，他相继拜访了埃及人在推罗建造的两座“赫拉克勒斯”神殿，以及腓尼基人在爱琴海北部萨索斯岛修筑的“赫拉克勒斯”神殿[①]。通过对三座神殿地理位置和修建年代的比较，希罗多德再次确认埃及人崇拜的“赫拉克勒斯”与希腊神话中的赫拉克勒斯大相径庭：二者的诞生时间相距甚远，相关的神话传说、祭神仪式等均不相同。且埃及人崇拜“赫拉克勒斯”的历史远远久于希腊人。就此希罗多德得出结论：埃及人信奉的“赫拉克勒斯”是一位古老的不死之神，希腊人崇拜的赫拉克勒斯则是一位已经故去的人间英雄（II. 44），这一神名是由埃及传入希腊的（II. 50）。

希罗多德的探究看似很有说服力。然而“赫拉克勒斯”一词基本不符合埃及人的命名习惯。英国劳特利奇出版社出版的《劳特利奇埃及诸神词典》里也不包含一位名为“赫拉克勒斯”的埃及神[②]。且根据《历史》II. 42 可知，这位“赫拉克勒斯”在底比斯和门德斯备受尊崇。但埃及中王国和新王国时期，占据底比斯人信仰中心的是“底比斯三柱神（The Theban Triad）”——阿蒙神、其妻穆特和其子孔苏。在埃及卢克索城保留的底比斯遗址群中，卡纳克神庙和卢克索神庙敬奉的主要就是阿蒙神家族。而门德斯地区的遗址考古报告显示，门德斯人在很久以前就有同时祭祀两位男性神和一位女性神的习俗，门德斯大概率是“底比斯

① 虽然有学者表示希罗多德并未真正去过埃及、黑海等地，他所谓的实地考察不过是一种行文习惯。如 O. Kimball Armayor, “Did Herodotus Ever Go to the Black Sea?”, in *Harvard Studies in Classical Philology*, vol. 82, 1978, pp. 45 – 62；Detlve Fehling, *Herodotus and His “Sources”: Citation, Invention and Narrative Art*, trans. by J. G. Howie, Leeds: Francis Cairns Publications Ltd., 1989, p. 4; p. 247。但笔者采纳传统观点（J. L. Myres, *Herodotus: Father of History*, Oxford: Oxford University Press, 1953, p. 7），认为希罗多德可能到过埃及等地。

② George Hart, *The Routledge Dictionary of Egyptian Gods and Goddesses*, London and New York: Routledge, 2005.

三柱神”信仰的源头[①]，所以希罗多德很可能将某位埃及神的神名误写成了“赫拉克勒斯”。

哪一位埃及神可能被希罗多德误写成“赫拉克勒斯”？由《历史》II. 42中的一句：“因此，在我看来，他们所以自称阿蒙人，是因为宙斯在埃及人那里是叫作阿蒙”，我们知道这段神话里的“宙斯”即是阿蒙神，阿蒙神也确实常被埃及人描绘成人首羊角或人身羊首的形象。在希罗多德笔下，埃及人信奉的“赫拉克勒斯”具有如下特征：其一，他是一位古老的不死神祇，位列埃及十二主神之席（II. 42）；其二，他属第二代神，与阿蒙神关系密切（II. 42；145）；其三，据埃及当地祭司说，埃及人于2300年前就在推罗为他修建神庙（II. 44）；其四，他是埃及人信仰的主要神祇之一，在埃及拥有相当多的神庙，于底比斯和门德斯备受尊崇（II. 44；83；113）；其五，献给他的祭品中有两根柱石——一根金柱石和一根绿柱石（II. 44）。

笔者认为，古埃及诸神中最符合以上五个特征的是月亮神孔苏，具体依据如下：其一，在埃及神话里，孔苏生于远古，是经由原八主神扩充而成的十二神之一，拥有不死之身和纯正神族血统[②]；其二，孔苏是阿蒙之子，有资格提出让阿蒙神无法拒绝的要求；其三，孔苏受埃及人崇拜的历史至少可以追溯到中王国（约公元前2040—前1786年）以前[③]；其四，孔苏在埃及拥有相当多的神庙，卡纳克神庙遗址中也存有拉美西斯三世修建的专门供奉孔苏的神殿[④]。在中王国和新王国时期，孔苏与其父神母神一起受底比斯人和门德斯人崇拜。此外，当时在孟菲斯、埃德夫、赫比斯等地也有相当数量的埃及人信奉孔苏[⑤]；其五，孔苏兼具自然属性与政治

---

① Donald B. Redford, *City of the Ram - Man*: *The Story of Ancient Mendes*, UK: Princeton University Press, 2010, pp. 8 - 17; pp. 100 - 103.

② E. A. Wallis Budge et al., *The Gods of The Egyptians or Studies in Egyptian Mythology*, Vol. II, Chicago: The Open Court Publishing Company and London: Methuen & Co., 1904, pp. 24 - 30; pp. 33 - 38; George Hart, *The Routledge Dictionary of Egyptian Gods and Goddesses*, pp. 13 - 14; p. 17; pp. 35 - 36.

③ David P. Silverman, "Divinity and Deities in Ancient Egypt", in *Religion in Ancient Egypt*: *Gods*, *Myths*, *and Personal Practice*, ed. by Byron Esely Shafer, Ithaca and London: Cornell University Press, 1991, pp. 53 - 57.

④ Geraldine Pinch, *Handbook of Egyptian Mythology*, Santa Barbara, California et al.: ABC - Clio, 2002, p. 156.

⑤ Donald B. Redford, *City of the Ram - Man*: *The Story of Ancient Mendes*, pp. 100 - 103.

属性，既是野生动植物的保护神，又因神王之子身份而肩负着庇佑统治者的职权①。从这个角度考虑，埃及人可能将象征自然的绿柱石和象征权力的金柱石奉献给他。

孔苏之名在与拉神或苏神混合时会发生某些变形，变形后的拼写为Heru - pa - khart、Hor - pa - khered 等②。这些变形后的神名同“赫拉克勒斯”的希腊语发音相似，容易令听众混淆。再者，已有格里菲思（J. G. Griffiths）、戈德利（A. D. Godley）等学者表示，希罗多德笔下的埃及人信奉的“赫拉克勒斯”与埃及神孔苏相似度颇高③。综上，《历史》II. 42中埃及人信奉的“赫拉克勒斯”大抵是阿蒙神之子孔苏。

为什么埃及当地人讲述的阿蒙与一位埃及神（很可能是孔苏）的故事，会被希罗多德书写成阿蒙与赫拉克勒斯的故事？笔者认为比较合理的一种解释是：希罗多德作为受传者，在直接或间接④接收这段口述材料的过程中对其产生了某种误读，以致在写作时出现偏差。基于此种解释，《历史》第二卷中的“赫拉克勒斯”之谜可改称为“赫拉克勒斯”之误。

二 “赫拉克勒斯”之误何以产生？

我们可以借助常见于文学领域的误读理论探究这个问题。“误读”有广义和狭义两种概念。本文取其狭义概念——“所谓误读就是按照自身的

① David Warburton, *Architecture, Power, and Religion: Hatshepsut, Amun and Karnak in Context*, Vienna & Münster: LIT Verlag, 2012, p. 112; Michael Brennan Dick ed., *Born in Heaven, Made on Earth: the Making of the Cult Image in the Ancient Near East*, Winona Lake, Indiana: Eisenbrauns, 1999, p. 184.

② 两种写法均出现在梅特涅石碑上，详见 David P. Silverman, “Divinity and Deities in Ancient Egypt”, p. 56（Introduction of Photo）。

③ Herodotus, *Herodotus: The Persian Wars*, trans. by A. D. Godley, Cambridge: Harvard University Press, 1926, p. 327, note. 2; A. D. Godley, “Book II”, in A *Commentary on Herodotus Books I - IV*, pp. 268 - 269. 戈德利表示自己的观点沿袭自格里菲思。

④ 希罗多德写作《历史》“埃及卷”时可能在当地寻得一些翻译人员的帮助，他在 II. 125 写道：“在金字塔上面，有用埃及字母写成的文字，表明为了给工人买萝卜、葱、蒜会花了多少钱；而我记得十分清楚，通译者（Interpretion）当时念给我上面所写的文字是花费了一千六百塔兰特的银子。”

文化传统，思维方式，自己所熟悉的一切去解读另一种文化”[①]。从主体意识角度考虑，狭义误读可分为无意识误读和有意识误读两类[②]。德国学者威廉·狄尔泰（Wilhelm Dilthey）的中立型误读理论——“解释者通过把他自己的生命性仿佛试验性地置于历史背景之中，从而可能由此暂时强调和加强某一心理过程，让另一心理过程退后，并从中在自身中引起一种对陌生生命的模仿”[③]，则是介于二者之间的存在。

从无意识误读角度考虑，“赫拉克勒斯”之误的成因大致有二：一是埃及当地语言与希罗多德所使用的古希腊语在转译过程中发生偏差。因为希罗多德在《历史》中既是故事的受传者又是讲述者[④]，所以这一错误可能发生在翻译者听取埃及当地孔苏神话的过程中；可能发生在翻译者向希罗多德转述的过程中；也可能发生在希罗多德将传闻转化成文字的过程中。二是希罗多德受限于整体的希腊历史语境以及对埃及状况的不熟悉，强行运用不同的社会、文化阐释体系去解读本不隶属于这一社会和文化体系的文本所导致的偏差。希罗多德通常习惯使用希腊的范式、根据希腊人的喜好去理解和记叙非希腊地区的历史文化[⑤]。阿蒙之子孔苏在希腊语境里可能被等同于宙斯之子赫拉克勒斯。而希罗多德采纳了这种集体习惯，以无意识误读解释“赫拉克勒斯”之误的做法，强调希罗多德写作时的客观性。前文提到的戈德利即持此种意见[⑥]。

---

① 乐黛云：《文化差异与文化误读》，《独角兽与龙——在寻找中西文化普遍性中的误读》，北京大学出版社1995年版，第110页。

② 无意识误读的诱因主要是受众的阅读视野未能完全匹配文本内涵，或翻译者未能完全传达文本语言的本意；有意识误读的诱因主要是文本受众有意调整原文本，使之适应其目标读者的文化思维和接受能力，或有意利用原文本推出某些新观点。详见［英］拉曼·塞尔登编《文学批评理论——从柏拉图到现在》，刘象愚、陈录国等译，北京大学出版社2000年版，第124—253页；［美］韦勒克·沃伦、［美］奥斯丁·沃伦：《文学理论》，刘象愚、邢培明、陈圣生、李哲明译，江苏教育出版社2005年版，第3—31页。

③ ［德］狄尔泰：《诠释学的起源》，《理解与解释——诠释学经典文选》，洪汉鼎编，东方出版社2001年版，第90页。

④ Oswyn Murray, "Herodotus and Oral History Reconsidered", in *The Historian's Craft in the Age of Herodotus*, ed. by Nino Lugraghi, New York: Oxford University Press, 2001, p. 322.

⑤ Andrea L. Purvis, "The Account of Egypt: Herodotus Right and Wrong", in *The Landmark Herodotus: The Histories*, pp. 742 - 743.

⑥ A. D. Godley, "Book II", in A *Commentary on Herodotus Books I - IV*, pp. 268 - 269.

从有意识误读角度考虑，“赫拉克勒斯”之误或许与希罗多德写作“埃及卷”（即以埃及为叙述主体的第二卷）时可能带有的目的相关。希罗多德在其著作中对埃及持有明显的赞许态度：“但是，关于埃及本身，我打算说得详细些，因为没有任何一个国家有这样多的令人惊异的事物，没有任何一个国家有这样多的非笔墨所能形容的巨大业绩。”（II. 35）[①] 相关研究成果显示，他以超长篇插话的形式肯定埃及人的成就，或意图说明希腊人眼中的蛮族所建立的文明，不逊于甚至优越于希腊文明[②]；或意图将曾经在人类文明各个方面都有过突出表现的埃及作为希腊的参照系[③]；或意图把埃及人塑造成希腊人乃至全人类的导师[④]。如果我们认同希罗多德写作“埃及卷”带有一定目的，那么他有可能刻意隐瞒甚至修改原埃及神话的内容以证实自己在 II. 50 中的观点：“可以说，几乎所有神的名字都是从埃及传入希腊的。”以有意识误读解释“赫拉克勒斯”之误的做法，侧重希罗多德写作时的主观性。

相较以上两种解释模式，本文更倾向于采用狄尔泰的误读理论研究“赫拉克勒斯”之误，即分析希罗多德有没有可能在写作时暂时强调和加强某一心理因素，令其一贯持有的探究精神退后。阅读《历史》II. 42—45 可知，在希罗多德围绕埃及神“赫拉克勒斯”展开的叙述中，实际与神相关的因素有四种：神话、神名、敬神习俗和神殿。而希罗多德实际探究的只有后三者：神名的起源和传播、敬神习俗的形式和成因、神殿的位置和修建年代。他并未对这段神话本身作出探究。埃及当地人的说法是否可靠？涉及的神祇是否准确？各个环节是否符合逻辑？这些问题很难从《历史》II. 42—45 中找到答案。

在古希腊经典里，开篇处作者的自我陈述一般被称作“卷首语”。“卷首语”具有宣告和展开主题的功能，即向读者或听者宣示作品的材料来

---

① 《历史》II. 2、II. 77、II. 177 均有类似言论。

② Andrea L. Purvis, “The Account of Egypt: Herodotus Right and Wrong”, p. 36.

③ James Redfield, “Herodotus the Tourist”, in *Classical Philology*, vol. 80, 1985, pp. 97 – 98.

④ Rosaria V. Munson, *Telling Wonders: Ethnographic and Political Discourse in the Work of Herodotus*, Ann Arbor: The University of Michigan Press, 2001, pp. 232 – 265; Martin Bemal, *Black Athena: The Afroasiatic Roots of Classical Civilization*, Vol I: The Fabrication of Ancient Greece 1785 – 1985, Brunswick: Rutgers University Press, 1987, pp. 98 – 100.

源、关键角色、叙述主旨甚至价值倾向等重要信息①。简言之，“卷首语”一般是作者迫切想提醒读者注意的关键点。而《历史》的卷首语：“在这里发表出来的，乃是哈利卡尔那索斯人希罗多德的研究成果，为了保存人类的功业”②，揭示出这部作品属于希罗多德而非代神立言。更进一步说，这句话表明希罗多德所记录的事件经过了人为的筛选，“……而这种有意识地搜集、陈列事实的行为恰好是历史认识的第一步，也是历史研究最基础的一步”③。结合《历史》的“卷首语”来看，如果希罗多德直接探究这段神话本身，那么他可能不会在分析神名问题时出现偏差。故笔者认为希罗多德对这段神话的不加探究，是造成“赫拉克勒斯”之误的最初原因。

这种不探究的态度会否于《历史》一书的其他事物上也有所体现？通过爬梳《历史》全九卷可知：希罗多德笔下直接与神相关的事物主要有八种：神谕、神力显现（包括神迹、神惩罚世人、神下达旨意等）、神话、神名④、敬神习俗（包括节日和仪式）、敬神场地、神像、神直接参与世俗活动（如与凡人交媾）。

现统计希罗多德在其著作中首次正面提及以上八种事物的次数于表一第一行。其中诉求者围绕同一起事件请示的不同神谕，或围绕一起事件始末请求的多个神谕均归为一项。统计希罗多德并非简单描述而是主动对所提事物加以探究，尝试辨别其真伪、展示其现存状态、追踪其源头或后续的次数于表一第二行。后计算希罗多德探究次数占总提及次数的比例于表一第三行。统计希罗多德在探究后并非不作表态而是明确对该事物表达怀疑、否定、反感情绪，或对原事物加以解释、修正、补充的次数于表一第四行。后计算希罗多德在探究后作出评判的次数占总提及次数的比例于表

① 详见 Andrew Ford, *Homer: The Poetry of the Past*, Ithaca and London: Cornell University Press, 1992, pp. 23 – 31; Gregory Nagy, Pindar's Homer: The Lyric Possession of an Epic Past, Baltimore: Johns Hopkins UP, 1990, pp. 215 – 249。

② 希罗多德：《历史》，王以铸译，商务印书馆1997年版，第1页。

③ 吴晓群：《论希罗多德的“探究”是何以成为“历史”的》，《世界历史》2013年第3期。

④ 在希罗多德笔下，神的本质是原初的，神名是各民族以自己的语言文化为基准后天制定的（Jon D. Mikalson, *Herodotus and Religion in the Persian Wars*, Chapel Hill: University of North Carolina Press, 2003, pp. 171 – 175）。此外，鉴于希罗多德是以希腊神话为底本理解外族神话（Jon D. Mikalson, “Religion in Herodotus”, in *Brill's Companion to Herodotus*, ed. by Egbert J. Bakker et al., Leiden: Brill, 2002, pp. 188 – 189），在写作中甚少探究希腊神祇的名称，所以本文不将《历史》中的希腊神名纳入研究范围。

一第五行①。最后依据表一的计算结果绘制成折线图。

表一

事物类型 / 统计项目	神谕	神力显现	神话	敬神场地	神名	神像	敬神习俗	神参与世俗
出现次数	65	27	38	28	11	9	27	5
探究次数	6	3	6	16	7	6	20	4
探究比例	9.23%	11.11%	22.85%	57.14%	63%	66.66%	74.07%	80%
表达看法次数	4	1	3	1	1	6	9	3
表达看法比例	6.1%	3.7%	14.28%	3.57%	9.09%	62.5%	33.33%	60%

备注：因分类标准不同，本文数据与其他学者的统计数据或有差异。

由表一可见，希罗多德探究神谕、神力显现、神话的比例，远低于探究敬神场地、神名、神像等的比例。而神谕、神力显现和神话，可分别视作神的预言、神的行为、神的故事或谱系。这些均与神直接相关，神圣程度较高；而敬神场地、神名、神像、敬神习俗、神参与世俗活动，可分别视作人为神修建的供奉场所、人为神加诸的名称、人为神制作的塑像、人为向神表达敬意而约定俗成的节日或仪式、人与神在地面发生的联系。这

① 各项数据对应的章节数如下：神谕（1.13 1.34 1.19 –21 1.46 –49 1.53 –56 1.62 –64 1.65 1.66 1.67 1.78 1.85 1.90 1.158 –160 1.167 1.174 1.209 2.29 2.83 2.134 2.157 3.57 –64 3.65 3.124 –128 4.149 4.150 –152 4.155 –156 4.157 –158 4.159 4.163 –164 4.172 5.1 5.45 5.56 5.63 5.67 5.72 5.79 –80 5.89 –90 5.92 –94 6.19 6.27 6.35 6.52 –55 6.86 6.98 6.107 6.118 6.131 7.6 7.12 –15 7.117 7.140 –145 7.148 –150 7.178 7.189 7.220 8.20 8.62 8.77 8.96 8.122 8.133 9.42 9.43 9.93 –94）；神力显现（1.34 1.59 1.7 1.87 1.90 1.91 1.175 2.91 3.42 3.85 87 4.15 4.35 4.205 6.27 6.82 6.98 6.105 6.117 6.134 –135 8.37 –39 8.55 8.65 8.129 9.19 9.57 9.61 –62 9.120）；神话（1.31 1.67 –68 1.131 1.72 2.4 2.29 2.45 2.51 2.63 2.81 2.171 2.122 2.181 –182 3.37 3.79 3.8 3.99 4.26 4.5 4.79 4.8 –10 4.59 4.94 4.103 4.108 4.172 4.180 4.186 –189 5.47 5.7 5.83 5.88 6.57 7.113 –114 7.153 7.193 8.41 9.93）；敬神场地（1.05 1.31 1.51 1.62 1.66 1.70 1.92 1.99 –22 1.148 2.112 2.137 1.181 1.183 2.91 2.169 2.155 –156 2.170 2.175 –180 3.60 4.108 5.61 5.102 7.76 7.111 7.176 7.178 9.42 9.97）；神名（1.131 2.42 –44 1.50 1.52 2.53 3.9 4.59 5.7 6.80 7.39 9.166）；神像（1.164 1.183 2.51 2.181 –182 3.37 5.82 –88 6.25 6.55 6.118）；敬神习俗（1.08 1.40 1.32 1.48 –49 1.164 1.183 2.37 –42 2.51 2.60 –63 2.64 2.122 2.181 –182 3.16 3.37 3.79 3.99 4.26 4.79 4.103 4.108 4.172 4.180 4.186 –189 5.83 5.88 6.57 7.113 –114）；神直接参与世俗活动（1.46 1.60 1.82 1.199 6.69）。单下划线表示希罗多德探究了该事物，双下划线表示希罗多德在探究后还对该事物加以评判。

些均与人直接相关，世俗参与度较高①。具体的探究次数和探究比例，往往在很大程度上代表着希罗多德对该类事物的探究兴趣。由此可推测，希罗多德在谈及与神相关的事物时，对神圣程度偏高而世俗参与度偏低的事物持有较低的探究兴趣。反之，则抱有较高的探究热情并施以更大的探究力度。

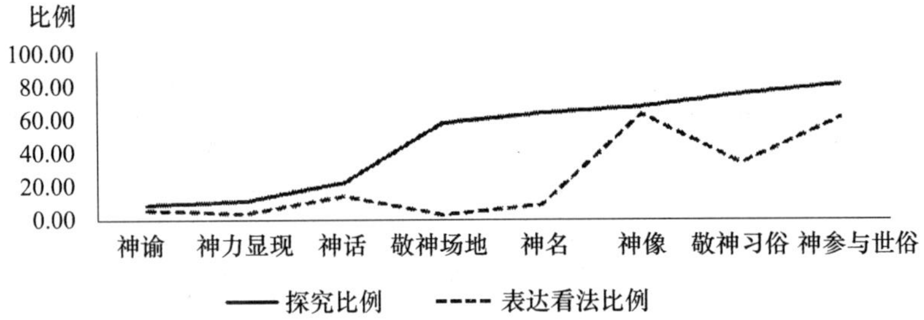

陈新在《古希腊历史认识及其理念》一文中表示："当一位历史学家试图进行历史叙述时，通过亲见（感知）、听闻（由说者的回忆而获得的想象）或阅读（由符号而获得的想象），在头脑中保留或构成大量的历史现象（历史印象或历史图景），他不可能一一详述，因而，不得不围绕着自己设定的叙述中心与认识目的，对历史现象进行有选择的描述，并将它们符号化为历史文本。"② 鉴于历史学家所具有的这种普遍性特征，本文将希罗多德对不同宗教事务施以不同探究力度的做法，称为他叙述宗教话题时的选择性特征。根据米卡尔森（Jon D. Mikalson）的说法：希罗多德书写《历史》时参考的材料，有些是用希腊语写就而有些不是，部分材料距离其生活年代相对久远，本就难以理解且未必真实有效，容易给使用者造成误导③。而此种选择性特征的存在使得希罗多德在搜集材料和书写文本

① 米卡尔森将希罗多德记叙的宗教话题分为三类：神的存在、神对人事物的关注、神与人之间的互惠（Jon D. Mikalson, *Herodotus and Religion in the Persian Wars*, pp. 136 - 137）。笔者以为神谕、神力显现、神话可归属"神的存在"一类；神直接参与世俗活动可归属"神对人事物的关注"一类；敬神场地、神像、敬神习俗、神名可归属"神与人之间的互惠"一类，三类事物的神圣程度依次递减。

② 陈新：《古希腊历史认识及其理念》，《学术研究》2001年第4期。

③ Jon D. Mikalson, *Herodotus and Religion in the Persian Wars*, pp. 194 - 195.

时，对某些神圣程度偏高的事物浅尝辄止，如此便易使《历史》中与宗教相关的内容产生偏差。

三　希罗多德叙述宗教话题的选择性特征的依据及成因

若将狄尔泰的误读理论运用于本文对希罗多德的研究之中，我们可以初步得出如下结论：在叙述宗教话题时，希罗多德受某种心理因素影响，让其原本持有的探究精神退后，这种现象的存在较易导致其论述出现偏差。那么除了数据统计结果，希罗多德叙述宗教话题的选择性特征是否体现在《历史》文本中？影响其探究精神的心理因素是什么？

我们知道，希罗多德在谈及宗教话题时往往透露出一种不愿详谈的情绪。表达这种情绪的语句在《历史》一书里并不鲜见，最典型的是 II. 65 中的一句："如果我要解释一下为什么它们要作为圣兽奉献给神的话，那我就势必要讲到宗教上的事情，而这却是我特别不愿意谈到的。到现在为止，我约略涉及的有关各点都纯乎是出于不得已我才加以介绍的。"唐纳德・拉特内尔（Donald Lateiner）称之为希罗多德谈及宗教话题时的"沉默"①。这种"沉默"在《历史》中神圣程度较高的事物上表现得尤为明显。希罗多德在谈及神谕、神力显现和神话时，大多平铺直叙、言简意赅，较少加以求证。例如希罗多德不认同埃及人将尼罗河泛滥归因于神话的说法，因为"他的理由是以虚无缥缈的神话为依据的，因此完全没有反驳的必要"（II. 23）；在谈及埃及人在湖上表演某位神的受难故事时，希罗多德表示："关于这些事情，我是知道它们的全部内容的，故而本来可以讲得更确切些，但是我不准备谈了"（II. 171）；他极少怀疑神谕的真实性②，因为"至于神托，我（希罗多德）不能说它不是真的"（VIII. 77）。米尔卡森也表示，在希罗多德的著作中，"几乎所有的神谕、征兆、神梦、神迹都被证明是正确的，那些刻意忽略、遗忘、误解或拒绝接受的人都以悲剧收场"③。

---

① Donald Lateiner, *The Historical Method of Herodotus*, Toronto: University of Toronto Press, 1989, pp. 65 – 66.

② Julia Kindt, "Delphic Oracle Stories and the Beginning of Historiography: Herodotus' Croesus Logos", in *Classical Philology*, vol. 101, 2006, p. 45.

③ Jon D. Mikalson, "Religion in Herodotus", p. 196.

反之，希罗多德在谈及敬神场地、神名、神像等世俗参与度较高的事物时，往往流露出相对较高的探究热情并施以较大的探究力度，间或表达明确的个人意见。例如，希罗多德在 II. 3 中写道："除去他们的神的名称之外，我不打算重复他们告诉我的，关于他们的诸神的事情"；在 II. 155 中详细说明埃及勒托神殿的位置、结构、建筑材料、墙和屋顶的尺寸；在 I. 182 中还对神与凡人交媾的说法表达明确的反对意见："他们还说，神常常亲自下临到这座圣堂并在这个床上安歇，但我是不相信这件事的"[①]；甚至在 II. 51 中直接以"猥琐"（Ithyphallic）一词批评希腊人制作的赫耳墨斯神像。

相应地，从《历史》中找出几处因希罗多德的不探究而导致的偏差并非难事。例如，与"赫拉克勒斯"之误十分相似的狄奥尼索斯问题。在 II. 47—49 中，因为希腊人祭奠狄奥尼索斯的方法和埃及人祭奠狄奥尼索斯的仪式十分相似，所以希罗多德认为，狄奥尼索斯的名称和相关的祭典礼仪也是希腊人从埃及人那里习得的。但约翰·查德威辟（John Chadwick）在《迈锡尼文明社会》一书中结合考古发现论证：公元前 14 世纪狄奥尼索斯之名就已经在克里特地区出现，希腊从埃及学习的不过是某些祭祀习俗而非神名[②]。希罗多德在这个问题上的失误，与其仅仅止步于探究宗教仪式不无关系。再如，《历史》II. 142 记叙了埃及人关于他们的统治者的说法：从第一位王到最后一位统治者——赫怀斯托斯神庙的祭司，共计 341 代。希罗多德特加以计算："三百代是一万年，三代等于一百年。不把三百代计算在内，剩下的四十一代则是一千三百四十年。"根据希罗多德的算法，则一代约等于 33. 33 年。但在 I. 7 中，希罗多德又记叙了吕底亚人关于他们的统治者的说法："从阿格隆到密尔索斯的儿子坎道列斯共统治了 22 代，计五百零五年。"这里的一代则约等于 22. 95 年。二者之间存有明显的矛盾[③]。值得注意的是，希罗多德所采用的埃及人的说法穿插着大量的神谕和神话（II. 99 - 142）。例如阿拉伯人和亚述人进攻埃及时，神在梦中鼓励埃及国王塞索斯，称自己将派军队援助他（II. 141）；

---

① 《历史》I. 199、II. 64 均有类似言论。

② John Chadwick, *The Mycenaean World*, Cambridge: Cambridge University Press, 1976, p. 99.

③ 参见 David Asheri et al., A *Commentary on Herodotus Books I - IV*, pp. 79 - 80; p. 344。阿舍里为该问题提供了两种解释：一是希罗多德可能有自己的一套算法；二是他可能只给出了一个近似的数值。

而吕底亚人声称，他们的22代统治者均是赫拉克勒斯的后裔，该家族的统治权是根据神谕获得的（I. 7）。也就是说，这两个说法皆具有高度的神圣性。希罗多德可能未对这两种说法详加探究，以至于其记载出现明显的前后矛盾。

又如，《历史》VI. 52记叙了拉栖代梦人宣称的他们的祖先从一对孪生子中选择国王的故事。据说"这两个孩子在一切方面都是相同的，他们因而不知选谁好"。于是，拉栖代梦人便派人到德尔菲神庙请求神谕，神谕指示他们"使两人都成为国王，但是对年长的那个人更要尊敬些"。按照神谕指示，拉栖代梦人观察孪生子的母亲，发现她在喂养和清洗孩子时总是先照顾其中一个，于是他们把先受到母亲照顾的孩子当作长子。这段故事存在一个逻辑上的漏洞："希罗多德这里似乎有些自相矛盾，因为既然旁人无法辨认兄弟俩，他们又怎么会知道谁在前，谁在后呢?"① 但这个故事涉及德尔菲的神谕，拉栖代梦人是依照阿波罗的旨意行事的，所以希罗多德可能也未对这个故事详加探究。

需提醒读者的是，希罗多德的这种选择性特征在《历史》中并非固定不变的存在。依笔者之见，它更像是一种模糊的行文习惯。希罗多德有时也会向与神密切程度颇高的事物发起挑战，揭示该事物的不合理之处，或提供另外一种更可靠的说法。通读《历史》全文可知，这种挑战往往出现在两种情况下：一是希罗多德所要描述的对象本身，明显与既定事实或常规逻辑相悖；二是希罗多德相信自己已然掌握足够充分的证据，或已然进行过逻辑严密的推理。此处仅举一例说明，在希腊人中间长期流传着这样一个神话：大力神赫拉克勒斯行至埃及，被当地居民当作牺牲献给神，于是他施展威力杀死当地人②。但希罗多德对该神话展开批判。他以两个反问句质疑这段神话的可靠性："埃及人除去清净的豚、牡牛和牡牛犊之外，甚至连家畜都不用做牺牲的，怎么还能相信他们用人来做牺牲呢? 而且，单是赫拉克勒斯一个人又怎么能够像他们所说的，能够以一个凡人的力量杀死成千上万的人呢?"（II. 45）然后他称这段神话荒唐无稽。

希罗多德为何会在书写宗教话题时，表现出这样一种模糊的选择性特

---

① 希罗多德：《历史》，徐松岩译，上海人民出版社2018年版，第578页。

② 该神话是赫拉克勒斯与埃及国王布西里斯故事的一部分，完整故事可参见Niall Livingstone ed., *A Commentary on Isocrates' Busiris*, Leiden: Brill, 2001, pp. 77-90。

征？笔者认为原因大致有二：一方面，希罗多德对神明抱有敬畏之心①。他在著作中承认神祇存在，也不否认神祇拥有某种超自然力量，而且在“天意”面前表现得很谦恭。例如，希罗多德将波斯人不曾进入得墨忒耳圣林的原因解释为神力使然（IX. 65），承认神明具有维护人间秩序的功能（IV. 205），还在评述希波战争时肯定神意对交战双方的影响（IX. 100）。他无意作出嘲弄宗教和习俗的事情，以致将自己陷入如冈比西斯一般的悲惨境地（I. 38），所以一再以文字形式表达对神明和宗教的尊重。例如在质疑赫拉克勒斯教训埃及人的神话后，希罗多德写道，“我说了这样多关于这件事情的话，我想神或英雄不会因此而感到不愉快吧”（II. 45）；他还在谈及一位埃及神时戛然而止，仅用一句话结尾：“至于他们所哀悼的是谁，由于在宗教上害怕犯不敬之罪，我就不提了。”（II. 61）因此，希罗多德可能出于对神明的敬畏，抑或出于对各民族宗教习俗的尊重②，不愿深究神圣程度过高的事物。反之，在叙及神圣程度偏低的事物时，宗教情绪对个人的约束作用减弱，希罗多德的探究精神也相应回升。

另一方面，希罗多德叙史时注重有据可依③，他在 IV. 16 中表示：“但只要是我们能够听得到关于这些边远地区的确实报道，我是会把它们全部传达出来的。”且由上文图一可见，希罗多德评判与神相关事物的次数占总提及次数的比例并未呈两极分化，也未与探究比例趋同。这说明导致希罗多德进行选择性探究的心理因素，似乎不大影响其发表个人意见。所以我们可以说，他评价与神相关事物时仍秉持求真态度，主要依赖证据和推理。而事物越神圣，世俗参与度越低，可供希罗多德研究的材料也就越少。以神谕为例，《历史》I. 47—49 中，希罗多德想要知晓吕底亚国王克罗伊斯派往各地的使者获得的神谕内容，但是“除去戴尔波伊的神托之外，任何神托所的回答都没有给人记录下来”。他无法说明吕底亚人从安菲阿拉奥斯神托所获得了什么神谕，“因为关于这一点，实际上，人们是

---

① 斯科特·斯卡利恩表示，学界不能否认希罗多德在记叙历史的过程中，始终对宗教事务保持高度尊敬的口吻。详见 Scott Scullion, “Herodotus and Greek religion”, in *The Cambridge Companion to Herodotus*, ed. by Carolyn Dewald & John Marincola, Cambridge: Cambridge University Press, 2006, pp. 201 – 205；约翰·古尔德也认为，希罗多德相信过去的历史事件在运作过程中都有可能展示出非人类力量的存在。详见 John Gould, “Herodotus and Religion”, in *Greek Historiography*, ed. by Simon Hornblower, Oxford: Clarendon Press, 1994, p. 93。

② John Gould, “Herodotus and Religion”, p. 93.

③ ［英］柯林武德：《历史的观念》，何兆武、张文杰译，商务印书馆1997年版，第48—50页。

没有传说过的”。最后，希罗多德在既没有文字证据又缺乏口述材料的情况下选择放弃，只给出一句：“我就没有办法说明了。”

对此米尔卡森曾表示：“诗人可以通过安排和描述建构一个行为和原因平行的世界，但历史学家不享受这份奢侈，希罗多德不得不推断事件背后的缘由，解释究竟是人的意志还是神的意志在发挥作用。”① 虽然希罗多德承担历史学家的责任，但他对探究宗教事务的艰难性有着比较清醒的认知，他在书中写道：“因为我知道，关于神的事情，任何地方的人都是知道得很少的。除非在我后面的叙述中不得不这样做，关于这些事情我是不想再说任何其他的东西了。”（II. 3）即便有人能够为希罗多德提供口述材料，“他们也并不能证实这个说法是真实的”（III. 61）。因此，为了确保写作成果的真实性，在缺乏可用材料的情况下，希罗多德可能放弃探究某些神圣程度过高的事物，而简单记录自己的所见所闻。至于记录的真实与否，则交由读者自行判断。例如希罗多德在 II. 123 中表示，“这些埃及的故事是为了给那些相信这样故事的人来采用的”，在 LV. 45 中表示：“人们可以选择他们认为可信的一方。”大抵如拉特内尔所言：“那些‘人间的’证据，无法支撑他进行‘历史’研究……所以希罗多德回避没有证据的故事。”②

综上所述，希罗多德可能受敬畏心理和求真态度的影响，认为神圣程度过高的事物不适宜探究也难以探究。基于《历史》内容的丰富性，或许还有其他可能的心理因素掺杂其中。而本文的论述重点是，希罗多德的这种选择性探究较容易造成其记载出现偏差。

四　结语

本文不否认希罗多德写作《历史》时带有客观态度，也不否定作者的主观意识对其文本的影响，而是旨在给希罗多德叙述宗教话题时出现的某些不恰当处提供一种可能的解释：希罗多德在探究与神相关的事物时，表现出一种模糊的选择性特征：对神圣程度偏高的事物持有较低的探究兴趣，反之则持有相对较高的考察热情。这种行文习惯使得《历史》中与宗

---

① Jon D. Mikalson, *Herodotus and Religion in the Persian Wars*, p. 146.

② Donald Lateiner, *The Historical Method of Herodotus*, pp. 65 - 66.

教相关的内容较易发生偏差。究其根本，希罗多德对宗教事务的探究态度植根于其复杂的宗教情感。他究竟抱有怎样的宗教理念？对各民族神祇持何种态度？从《历史》一书中直接寻找答案似乎很难，或许研究者可尝试约翰·古尔德在《希罗多德与宗教》一文中提倡的研究视角——做一名希罗多德的宗教观察的观察者①。

① John Gould, "Herodotus and Religion", p. 106.

犹太教科学运动中近代犹太史学研究的兴起与演变

刘山明*

受本民族独特的流散经历影响，犹太人长期聚居于西方国家，其文化中心也在西方。由于史学系文化的重要组成部分，犹太史学理应被视作西方史学的一部分。《西方史学通史·第二卷》亦把犹太史学看成西方史学的组成部分，并将其提升至与罗马史学、希腊史学同等的地位，彰显了犹太史学的重要性。[①] 但步入中世纪后，大批犹太知识分子转向释经工作，犹太历史写作受到轻视，犹太史学也逐渐沉寂。至19世纪，伴随着近代西方史学研究的迅速发展，投身犹太教科学运动洪流中的犹太学者们，开始以学术批判的眼光审视本民族历史，犹太史学也再度出现在公众的视野里，[②] 且经由文化史、宗教史、民族史和社团民族史的发展，成为了近代西方史学不可或缺的一部分。那么，犹太史学为何能够重获新生且发展迅猛？它经过怎样的发展？其崛起对近代犹太社会与德国学术又具有怎样的影响？

国外研究犹太教科学运动和近代犹太史学的学者多为犹太人，他们受非此即彼思想的影响，习惯将犹太教科学运动中犹太史学发展的原因单一化、片面化和静止化，甚少将它们置于具体的历史语境中详加考察，也很

* 刘山明，复旦大学历史系。

① 吴晓群：《西方史学通史·第二卷》，复旦大学出版社2011年版。

② 参见宋立宏《什么构成犹太史的连续性》，《上海书评》2019年6月。

少结合历史自身的发展性去探究近代犹太史学发展的根源①；再者，这批身处犹太教科学运动中的犹太史家，在探讨犹太史学的产生、发展、演变过程时，往往从犹太人社团内部的问题出发，而甚少考虑到西方史学思潮对犹太人尤其犹太史家的影响。② 相应地，国内史家在分析和研究近现代西方史学史时，大多把目光集中于以兰克、布克哈特为代表的西方主流史学的发展，很少有人能够切实关注到犹太史学的发展。③

近代西方史学的格局是多元而非一元的，它包括许多边缘学科，近现代犹太史学即是其中代表。犹太史学是在西方史学的影响下产生的，且它每一次的发展都和西方史学思潮的发展密切关联。作为西方史学发展的

① 例如，米歇尔·A. 迈耶（Michael A. Meyer）在《海因里希·格莱茨与海因里希·冯·特莱奇克》（Heinrich Graetz and Heinrich von Treitschke）一文中，仅以格莱茨为例，考察了近代犹太史家与特莱奇克的矛盾，以及他们之间史学主张的不同；伊斯马尔·索尔斯（Ismar Schorsch）在《利奥波德·聪茨：逆境中的创造力》（*Leopold Zunz: Creativity in Adversity*）一书中主要考察了利奥波德·聪茨的犹太文献研究；肯·科尔通·弗洛姆（Ken Koltun - Fromm）主要考察了亚伯拉罕·盖革的犹太宗教史学，而平森（S. Pinson）夫妇则把重点放在了西蒙·杜布诺的社团民族史的研究上。参见 Michael A. Meyer, "Heinrich Graetz and Heinrich Von Treitschke: A Comparison of Their Historical Images ofthe Modern Jew", in: *Modern Judaism*, Vol. 6, No. 1, 1986, pp. 1 - 11; Ismar Schorsch, *Leopold Zunz: Creativity in Adversity*, Philadelphia: University of Pennsylvania Press, 2016; Ken Koltun - Fromm, *Abraham Geiger's Liberal Judaism: Personal Meaning And Religious Authority*, Bloomington and Indianapolis: Indiana University Press, 2006; Koppel S. Pinson, "The National Theories of Simon Dubnow", in: *Jewish Social Studies*, Vol. 10, No. 4, 1948, pp. 335 - 358。

② 不管是米歇尔·布伦讷（Michael Brenner）的《过去的先知》（*Prophets of the Past*），还是米歇尔·A. 迈耶的《犹太史学的兴起》（The Emergence of Jewish Historiography）和《犹太历史的思想》（*Ideas of Jewish History*），抑或是尼尔斯·罗墨（Nils Roemer）的《德国19世纪犹太教的历史化》（*The Historicizing of Judaism in 19th - Century Germany*）都主要是从德国犹太社会的危机出发考察近代犹太史学的兴起与发展，没有在近代西方史学对犹太史学的影响上做详细论述。参见 Michael Brenner, *Prophets of the Past: Interpreters of Jewish History*, Princeton: Princeton University Press, 2010; Michael Meyer, "The Emergence of Jewish Historiography: Motives and Motifs," *History and Theory*, Vol. 27, No. 4 (1988): 160 - 175; Nils Roemer, *The Historicizing of Judaism in 19th - Century Germany: Scholarly Discipline and Popular Culture*, Columbia: Columbia University Press, 2000; Yosef Hayim Yerushalmi, *Zakhor: Jewish History and Jewish Memory*, Washington: University of Washington Press, 2011; Micheal Meyer, *Ideas of Jewish History*, New York: Bohrman House, 1974。

③ 其中最具代表性的便是张倩红和艾仁贵合著的《犹太史研究入门》，以及宋立宏的《什么构成犹太史的连续性》，这些著作虽然以犹太历史的视角很好地审视了近代犹太史学的形成与发展，但受研究视角的限制，并没有考察西方史学史对它发展演变的影响。参见张倩红、艾仁贵、胡浩《犹太史研究新维度》，人民出版社2015年版；艾仁贵：《现代性何时进入犹太社会？——有关犹太社会现代转型起点问题研究的演进》，《史学理论研究》2017年第4期；张倩红、艾仁贵：《犹太史研究入门》，北京大学出版社2017年版；宋立宏：《什么构成犹太史的连续性》，《上海书评》2019年6月。

"显示器"，犹太史学不应被排斥在西方史学史行列之外。本文力图结合西方史学对近代犹太史学研究的影响，考察犹太教科学运动中近代犹太史学研究兴起的原因与历程，思考其崛起对近代犹太社会与德国学术所产生的影响。

一 犹太教科学运动与近代犹太史学的兴起

犹太教科学运动的兴起与犹太社会所面临的问题密不可分。18 世纪 70 年代，以门德尔松（Moses Mendelssohn）为代表的德意志地区的犹太启蒙知识分子面对剧烈的社会变化，迫切希望利用欧洲启蒙运动的成果，解决犹太人和犹太教面临的社会危机。"一方面，他们在犹太人中间宣传理性、博爱等思想，倡导犹太人学习世俗文化，走出隔都，与主流社会进行交流；另一方面，积极地为犹太人和犹太教辩护，指出犹太人不能融入欧洲社会的原因是主流社会长期奉行反犹主义的结果，犹太传统不是阻碍犹太人进入主流社会的障碍，主流社会应赋予犹太人平等的权利。"① 在这些知识分子的领导下，犹太社会兴起了学习主流文化的热潮。

拿破仑战争期间，德意志各邦为加强现代化改革，抵抗拿破仑的侵略，也在一定程度上顺应了犹太启蒙知识分子的诉求。犹太人在德意志的政治地位相应得到一定程度的提高，这让犹太人看到了他们融入主流社会的机会以及获得美好生活的希望。19 世纪初大批犹太人从村庄迁往较大的城镇，把子女送入非犹太学校，并弱化本民族古老的宗教仪式以适应现代社会的需要。然而拿破仑战争结束后，普鲁士的政治风气陡转直下，越来越不利于犹太人的政治解放。其中最具代表性的事件有：1815 年威廉三世废除了 1812 年颁布的《解放法令》（全名：《关于犹太人公民地位的敕令》），使犹太人刚刚获得的权利化为乌有；1836 年威廉三世又出台了《忠诚法案》，企图剥夺犹太人使用基督徒姓名的权利。恰巧这时的德国社会刚刚经历过农奴解放运动，普通民众对犹太民族的融入高度警惕，对犹太人充满了歧视与偏见。这使得犹太人形成了一种"犹太人自憎"② 心理。

---

① 张礼刚：《哈斯卡拉启蒙运动》，《博览群书》2011 年第 8 期。

② 所谓的"犹太人自憎"，实质就是一个人认为自己是犹太人，为自己的身份感到耻辱的心理现象。

为了掩饰自己的犹太身份，一些犹太人选择接受洗礼而放弃犹太教，使得犹太文化内部面临严重危机。

19世纪初，犹太学者从黑格尔历史哲学中获得启发。黑格尔在其历史哲学中把犹太人放在了世界历史发展的第二阶段，还把犹太教精神和文化看作其辩证法的对立面，视犹太教为“最堕落和最拒斥理性”① 的宗教，坚信“犹太教作为次级宗教，是基督教的准备阶段”②。这一做法令犹太学者感觉受到了侮辱，认为黑格尔的思想中存在反犹主义因素；但也使一些对激进犹太启蒙运动失望的犹太学者看到了希望，认为黑格尔的“历史哲学”有机会让世人认识到“犹太教的精神原则仍然具有某些价值”③。

1817年11月7日，以利奥波德·聪茨（Leopold Zunz，1794年8月—1886年3月）为首的一批犹太知识分子，在柏林成立了“犹太文化与科学协会”（Verein für Cultur und Wissenschaft der Juden）④，计划创办研究机构、建立档案馆、出版报纸杂志、设立学校、建立犹太学科⑤，企图运用客观批判的方法研究犹太教和犹太文化，完成犹太文化学科化的构建，以此解决犹太文化所面临的危机。例如，1822年聪茨在《犹太教科学研究杂志》（*Zeitschrift für die Wissenschaft der Judentums*）⑥ 第一卷序言中曾表示，希望犹太知识分子借助科学、批判等近代西方主流学界的研究方法，帮助犹太教和犹太文化完成学科化的构建，建立一门与古典学并列的现代学科，并提出了“犹太教科学”的概念。⑦

伊曼纽尔·沃尔夫（Immanuel Wolf）也在《论犹太教科学的概念》

---

① Georg W. Fr. Hegel, *Vorlesungen über die Ästhetik*, Ditzingen: Reclam, 1971, S. 348.

② Luitpold Walloach, *Liberty and Letters: The Thoughts of Leopold Zunz*, London: The East and West Library Press, 1942, p. 10.

③ 张倩红、艾仁贵、胡浩：《犹太史研究新维度》，第160—161页。

④ “犹太文化与科学协会”的创始成员主要有聪茨、摩西·莫塞尔（Moses Moser）、以撒克·约斯特、爱德华·甘斯（Eduard Gans）等人。随后海涅（Heinrich Heine）、伊曼纽尔·沃尔夫、亚伯拉罕·盖革、海因里希·格莱茨和西蒙·杜布诺也加入进来，其会员人数一度达81人。犹太文化与科学协会的创立标志着犹太学作为一门现代学科的诞生（参见张倩红、艾仁贵《犹太史研究入门》，第92页）。

⑤ Paul R. Mendes - Flohr& Jehuda Reinharz, *The Jew in the Modern World: A Documentary*, New York: Oxford University Press, 1980, pp. 188 - 189.

⑥ 该期刊是“犹太文化与科学协会”的官方刊物。

⑦ 参见张倩红、艾仁贵《犹太史研究入门》，第103页。

（On the Conception of a Science of Judaism）一文中，对“犹太教科学”的研究范围、特点和具体方向加以阐释。首先，他在文章中规定了犹太教科学的研究范围，认为“它不能仅仅研究犹太人的宗教，而要以与犹太人活动相关的所有领域（包括宗教、哲学、历史、法律、文学、政治等）作为研究对象”。其次，他对犹太教科学的基本特点进行了归纳，即“犹太教科学需从广义的角度来理解犹太教；需根据其本质对犹太教进行揭示，系统地加以阐述，并将其个别的特点归纳到整体的基本原则中去，以及需要不是出于任何其他特殊的原因或某些明确的目的，而是出于其自身的需要对研究对象进行分析。它不受任何已有的假设或观点引导……科学除了自身以外，不需要为其他任何目的服务”。最后，他还提出犹太学术的三个具体方向，即“从历史的角度，研究犹太教的发展过程”；“以哲学的视角，探究它的思想与内在本质”，而“拉比文献学的研究是前两种研究的前提”①。

19 世纪中后期，伴随着海因里希·格莱茨（Heinrich Graetz，1817 年 10 月—1891 年 9 月）、西蒙·杜布诺（Simon Dubnow，1986 年 9 月—1941 年 12 月）等人的加入，德国犹太社会逐渐兴起了一场影响持久的“犹太教科学运动”（Wissenschaft des Judentums）。

受 19 世纪近代德国史学和圣经批判学形成与发展的影响，“犹太教科学运动”从诞生之日起，就注重用历史批判的方法探究犹太文化和犹太历史，这和当时西方史学的发展有关。1810 年，尼布尔在柏林大学开设了《罗马史》课程。在其努力下历史学逐渐成长为一门独立的学科。② 大约同一时间，奥古斯特·伯克（August Boeckh）用“历史叙事的方法处理希腊文献，尝试还原一个消逝的世界”，出版了被誉为第一部科学性希腊历史的《雅典国家经济》，把古典文献学变成了一门历史的科学。③

与此同时，“圣经批判学”也在德国悄然兴起，其代表人物之一便是柏林大学教授德·韦特（De Wette）。德·韦特作为《旧约》研究领域历史批判研究划时代的先锋④，主张以历史批判的方法解经，将《圣经》的

---

① Immanuel Wolf, “On the Conception of a Science of Judaism”, *Leo Baeck Institute Year Book*, Vol. 2, 1957, pp. 201 - 202.

② 古奇：《十九世纪历史学与历史学家》，耿淡如译，商务印书馆 2001 年版，第 90 页。

③ 古奇：《十九世纪历史学与历史学家》，第 113—114 页。

④ 古奇：《十九世纪历史学与历史学家》，第 794 页。

记载置于历史的时空下理解。[①] 由此，“历史上的以色列民族史”与“历史上的耶稣”成为《圣经》研究关注的重要问题。“圣经批判学”让犹太知识分子看到了通过客观批判方式重新解释犹太文化和历史的可能。

此外，德国“科学”（Wissenschaft）的观念在这一时期发生了变化。“Wissenschaft”作为德语词汇，由词干“Wissen”和词缀“-schaft”两部分组成。“Wissen”在德语中是“知识”或“认知”的含义，而“-schaft”有“集合体”的意味，两者结合起来具有“知识体系”或“认知体系”的意思。该词最早出现在16世纪的低地德语中，在当时是“知识”的意思，17世纪该词开始进入到德语词典中，并具有了“客观”的含义。18世纪的启蒙运动时，该词又被赋予了“信息”（nachricht）、“认知”（kenntnis）和“学科”（kunde）的意义。[②] 到了18世纪末19世纪初，黑格尔把它当成认识上帝的一种手段，并和哲学画上了等号。更有甚者，黑格尔在描述自己的哲学时曾把它自诩为凌驾一切科学之上的“科学的科学”。[③]

黑格尔的观点遭到了德国历史学派的挑战。历史学派的学者认为上帝的力量本身并不表现在一个抽象形式的世界构造中，而表现在特殊的历史事件、个人、个性和国家中，他们希望通过历史研究来认知“上帝”。例如，兰克指出，上帝总是存在“每一个细节里”，当“我们”对每一个细节做客观批判的研究时，“当我们揭示真相，剥去它的外壳，展示它的本质之时，这一过程恰巧也展示了那蕴藏在我们自己的存在、内在生活、来源、呼吸之中的上帝，至少是证明了上帝他的存在”[④]。他们认为，在历史研究中只有做到“客观公正”，才能从中认知到上帝的踪影。“客观批判”研究由此取代了抽象理论的构建，成为19世纪人文科学尤其是历史学关注的重点。

近代历史学的形成、“圣经批判学”的建立，以及“科学”观念的转变，深深影响了在柏林求学的聪茨、以撒克·马库斯·约斯特（Isaak Markus

---

① 参见Thomas Howard, *Religion and the Rise of Historicism: W. M. L. de Wette, Jacob Burckhardt, and the Theological Origins of Nineteenth-Century Historical Consciousness*, Cambridge: Cambridge University Press, 2006, p. 61; John Rogerson, *W. M. L. de Wette, Founder of Modern Biblical Criticism: An Intellectual Biography*, Sheffield: Jost Press, 1992, p. 66。

② Wissenschaft", in: *Deutsches Wörterbuch von Jacob Grimm und Wilhelm Grimm*, http://woerterbuchnetz.de/cgi-bin/WBNetz/wbgui_py? sigle = DWB&lemma = Wissenschaft.

③ 贺麟：《黑格尔哲学讲演集》，上海人民出版社2019年版，第52页。

④ Leopold von Ranke, *Das Briefwerk von Leopold von Ranke*, Hrsg. W. P. Fuchs, Hamburg: Hoffmann und Campe, 1949, S. 62.

Jost，1793 年 2 月—1860 年 11 月）、亚伯拉罕·盖革（Abraham Geiger，1810 年 5 月—1874 年 10 月）等人，让他们看到了在注重历史延续性的前提下，通过客观方式重新解释犹太文化和历史的可能。

伴随着西方史学学科化或者说体系化的建设，《历史政治评论》和《历史杂志》（*Historische Zeitschrift*）、《历史季刊》（*Historischen Jahrbuchs*）等一批与历史相关的学术期刊也在德国建立起来，历史学逐渐取代哲学而成为 19 世纪人文科学的主导学科。正如马克思和恩格斯在《德意志意识形态》中所指出的，“我们仅仅知道一门唯一的科学，即历史科学”[①]。19 世纪上半叶历史学甚至替代了哲学而成为“科学”的新代名词。

“犹太教科学运动”也从对犹太教和犹太文化做科学、客观的考察，变成了从历史主义角度出发研究犹太教和犹太文化在历史中的发展。格莱茨甚至把“犹太教科学”完全等同于犹太历史研究，并进而提出了“犹太民族史”的研究范式。

二 从文化到社团：近代犹太史学研究的演变

由于文化教育水平和关注领域的差异，参与犹太教科学运动的初代学者在面对犹太教和犹太文化的专业化和学科化时，分化成两大阵营。“犹太教科学之父”聪茨于柏林大学攻读博士学位期间深受德国历史学派代表人物弗里德里希·冯·萨维尼（Friedrich von Savigny）、尼布尔、伯克等的影响。他在倡导犹太教科学时，主攻拉比文献和犹太世俗文化的批判性研究，企图通过客观批判的方法，把犹太拉比文献放到历史语境下详加考察，研究犹太文化在各个时期的不同表现，以期重新解释犹太文化，确立其在世界文化之林中的地位，进而实现犹太人的思想启蒙和政治解放。

1818 年聪茨撰写了《拉比文献评注》（*Etwas Über die Rabbinische Litteratur*）。这份作品奠定了近代犹太史学发展的基础。[②] 在这部著作中，他对

---

① 《马克思恩格斯全集》（第 3 卷），人民出版社 1960 年版，第 20 页。

② Leon Wieseltier, “Etwas über die Jüdische Historik: Leopold Zunz and the Inception of Modern Jewish Historiography”, *History and Theory*, Vol. 20, 1981, pp. 296–320; “Leopold Zunz – Begründer der Wissenschaft des JudentumsEin Umtriebiger wäre jetzt 225 Jahre alt geworden”, https://www.domradio.de/themen/judentum/2019-08-10/ein-umtriebiger-waere-jetzt-225-jahre-alt-geworden-leopold-zunz-begruender-der-wissenschaft-des.

犹太人的身份进行了界定，认为犹太人既不是一个“教派”（Kirche），也不是一个“国家”（Staat），而是一个“文化民族”（Kulturvolk）。[①] 虽然聪茨在册子中没有给出有关犹太文化的明确定义，但他把犹太人的宗教、律法、自然科学、艺术等与犹太世俗文化相关的内容都纳入犹太文化研究的范畴，并确立了犹太历史研究的三大主题，即犹太教历史的本质、犹太人民的历史地位和犹太人在流散中的文化联系。[②]

在探究犹太文化的发展上，聪茨在《中世纪会堂诗歌》（*Die Synagogale Poesie des Mittelaters*）一书中，把犹太史分成了史前时代（从大卫到约西亚改革[③]）、古代史（从公元前330年到公元541年）、中世纪史（从公元541年到1492年）和新世纪史（从1492年到聪茨生活的时代）四个阶段。通过对犹太历史进行阶段性划分，他向世人勾勒出一幅犹太文化自古代起就是世界文化重要组成部分的画面。聪茨认为，古犹太文化在与其他文化接触时，对其他文化产生了积极影响。只不过伴随着犹太拉比的掌权，以及基督教会对犹太教和犹太文化的过度打压，犹太文化的影响力快速削弱。

在聪茨看来，新世纪犹太人最主要的目标，理应是通过科学、客观的方法，重新解释犹太文化，让世人再次看到犹太文化的价值，从而消除主流社会对犹太文化的偏见。作为近代犹太史学的奠基者，聪茨利用客观批判的方法，把拉比文献放到历史中加以考察，研究犹太文化的做法，开启了近代犹太史学的新纪元。正因如此，犹太学术界一般认为近代犹太史学的形成不是在历史学，而是在文献学的影响下产生的。[④]

而约斯特、盖革等犹太宗教史家，受犹太传统思想和黑格尔哲学的影响，试图在德国犹太社会发起一场路德式的宗教改革运动，帮助犹太教和犹太文化实现现代化。在他们看来，犹太人的历史是一部宗教的历史，而非一部国家和民族的历史，虽然在某个阶段犹太人可能构成一个国家或民族，但更多的是属于犹太宗教的成员，因此其历史更多的是一部宗教的历史。

至于何谓宗教。犹太宗教史家在《以色列史》（*Geschichte der Israel-*

---

① Leopold Zunz, *Etwas Über die Rabbinische Litteratur*, Berlin: Maurerschen Buchhanblung.

② Leon Wieseltier, "Etwas über die Jüdische Historik: Leopold Zunz and the Inception of Modern Jewish Historiography", *History and Theory*, Vol. 20, 1981, p. 138.

③ 约西亚（Josiah，公元前640—公元前609年），犹大国王，他在位期间进行了一场宗教改革，史称约西亚改革（the Reformation of Josiah）。

④ Leon Wieseltier, "Etwas Über die Jüdische Historik: Leopold Zunz and the Inception of Modern Jewish Historiography", pp. 137 - 138.

iten)、《犹太教及其历史》(*Judaism and Its History*)等著作中指出，宗教不是一个真理体系，而是对“最高精神”的追求，是对精神探求的渴望，以及对物质和尘世征服的愿望。[①] 在他们看来，追求上帝、认知世界最理想的宗教，不是基督教，而是犹太教。这主要源于“基督教淡化了犹太教中无限的、完美的、完全精神的上帝概念，使这一概念渗有神能够以可见的肉体显现出来的异教观，从而损害了宗教概念原初的纯洁性。基督教的原罪观损害了《圣经》中人被赋予一种道德自我完善和自我判断能力的概念”[②]。犹太教则“从神启时期到律法时期一直是认识上帝‘最理想’和具有‘创造性’的一神教，只不过伴随着拉比的掌权，犹太教逐渐成为一套僵化的体制，此前内部创新机制也走向终结，犹太教不能在活生生的进化之链上建立新的链接”[③]。“犹太教科学运动”中的学者要做的就是“通过开展批判性研究和分析，将犹太教从律法主义的束缚中解放出来，同时采取必要的改革措施，使之随时代的变化而不断进行调适。”[④]

19 世纪中期，西方史学的发展和犹太文化危机的加深，使得犹太史学范式开始转向。以海因里希·格莱茨为代表的犹太民族史研究逐渐占据犹太史学的主导位置。19 世纪上中叶，如何实现德国的统一是德国社会普遍思考的一个问题，其中大部分中产阶级希望通过革命的方式完成德国的统一，然而由于“在民主选举出来的法兰克福议会未能于 1848 年统一德国之后，德国中产阶级的主体部分就转而指望普鲁士王朝以武力手段”[⑤] 谋求国家的统一。作为中产阶层的组成部分，历史学家也“不再对革命原则的纠正，开始与革命原则背道而驰，具有了明显的民族主义特征。这种特征在普鲁士历史学派身上表现得特别明显”[⑥]。斯腾策尔(Guatav Adolf Harald Stenzel)就是这个学派的代表人物之一，他希

① 参见 Isaak Markus Jost, *Geschichte Des Judenthums Und Seiner Secten*, Leipzig: Dörffling und Franke, 1858; Isaak Markus Jost, *Geschichte Der Israeliten. Seit Der Zeit Der Maccabäer Bis Auf Unsere Tage*, Berlin: Schlesinger, 1820 - 1828; Abraham Geiger, *Judaism and Its History*: *In Two Parts*, New York: The Bloch Publishing Co., 1911。

② 参见罗伯特·M. 塞尔茨《犹太的思想》，赵立行、冯伟译，生活·读书·新知三联书店 1995 年版，第 592—593 页。

③ 张倩红、艾仁贵、胡浩:《犹太史研究新维度》，第 201 页。

④ 张倩红、艾仁贵:《犹太史研究入门》，第 100 页。

⑤ 格奥尔格·G. 伊格尔斯:《德国的历史观：从赫尔德到当代历史思想的民族传统》，彭刚译，译林出版社 2017 年版，第 2 页。

⑥ 吕和应:《社会转型中的德国历史主义》，《中国社会科学报》2016 年 11 月 28 日。

望用民族史的方式书写德国历史。

格莱茨是斯腾策尔的学生。[①] 在斯腾策尔学术思想的熏陶下，他的犹太民族史思想开始萌芽，之后又在与德国民族史学旗手海因里希·冯·特赖奇克（Heinrich von Treitschke）的论战中日渐成熟。[②] 面对“同化之风在德国犹太社群中越刮越烈，反犹主义也已在德国社会冉冉上升”[③]，格莱茨希望通过书写犹太民族历史的方式，“为被现代性重创和削弱的犹太身份聚气和寻根，重新恢复犹太人的自信”[④]。他耗时23年书写成了十一卷本的《犹太人史》（*Geschichte der Juden*），大胆提出“犹太国家垮台之后的犹太人的历史是一部苦难与精神的历史”[⑤]，是一部民族的历史，把其归为一部宗教史是对犹太历史的滥用。

格莱茨认为，民族原本“是由身体和灵魂”[⑥]，即领土和精神文化组成，并“会像人一样具有生命的，会经过成长、成熟、衰变、最终走向死亡”，而“犹太民族的外在是一部受苦受难的历史，而其内在则是吸收所有思想源流，并与之混合或者融合，发现上帝的思想史。流散与研究、苦难与思考、痛苦与学习填补了犹太人这段长时期的历史”。正是早期的苦难“巴比伦之囚让犹太人超越了希腊、罗马等民族，从一个道德民族走向了一个永恒的精神民族”[⑦]。他在《犹太人史》中指出，“犹太民族历史真实的图景，是一副双重的影像”。在影像的一侧“是一个受奴役的犹太人，握着手杖、背扛朝圣者的背袋，阴沉的脸仰望着天空，在地牢里，周围被殉道仪器和发光的烙铁包围着”；在另一侧，同样的人物，“在他明亮的额头上显示出思想家的严肃性，在变形脸孔上显示出研究者的面貌，在他周边堆满了涵盖各个民族神圣语言和人类知识的书籍”[⑧]。简言之，格莱茨认为犹太历史是由苦难造就的一部民族思想史，是一部犹太思想发展的历史。

---

① 格莱茨在布雷斯劳大学学习历史和哲学期间，斯滕策尔正在布雷斯劳大学大力推广其民族史思想。

② See Michael A. Meyer, “Heinrich Graetz and Heinrich Von Treitschke: A Comparison of Their Historical Images ofthe Modern Jew”, *Modern Judaism*, Vol. 6, No. 1, 1986, pp. 1-11.

③ 宋立宏：《什么构成犹太史的连续性》，《上海书评》2019年6月。

④ 宋立宏：《什么构成犹太史的连续性》，《上海书评》2019年6月。

⑤ Heinrich Graetz, *The Structure of Jewish History and Other Essays*, ed. and tr. Ismar Schorsch, New York: Jewish Theological Seminary of America, 1975, p. 136.

⑥ Heinrich Graetz, *Geschichte der Juden*, Bd. 11, Leipzig: O. Leiner, 1853, S. 426.

⑦ Heinrich Graetz, *The Structure of Jewish History and Other Essays*, p. 143.

⑧ Heinrich Graetz, *Geschichte der Juden*, Bd. 4, S. 1.

为了更好地理解犹太民族历史的发展，格莱茨还把犹太历史分成了从以色列各部落进入迦南到第一圣殿被毁、从流亡巴比伦到第二圣殿被毁和散亡阶段三个历史时期。[①] 通过对犹太历史的划分，格莱茨向世人展示了犹太民族是如何摆脱民族的政治性，一步一步走向精神民族的，从而构建了一套犹太民族史研究体系。他的这种旨趣与渐渐兴盛的德意志民族主义南辕北辙，很快遭到部分犹太史家的排斥和特赖奇克的厉声讨伐，[②] 在日后甚至成为纳粹历史学家攻击犹太人“意图配合犹太国际金融资本家消灭德意志民族”的“例证”之一。[③]

20 世纪初，由于德国政治环境和史学环境的变化，犹太史学研究范式再次转变，从民族史的书写逐渐转变为“社团民族史”。第一次世界大战后，以议会民主制度为核心的魏玛共和国在德国建立。德国历史学家在选择怎样面对新成立的魏玛共和国问题上，分裂为自由派、理性共和党人和民族保守派三个不同的历史学家群体。自由派与理性共和党人历史学家群体表示愿意与魏玛共和国合作，有限制地接受西方的自由民主制度，这使得德国历史学界短暂放松了对犹太历史学家的限制。[④] 德国政治和学术环境的转变，让没有经历过 19 世纪德国反犹主义浪潮的西蒙·杜布诺认为，犹太人可以在异族统治的政治框架中，通过民族社团自治的形式，屹立于世界民族之林。在他看来，犹太人漂泊了上千年，业已成为精神上的民族，无须拥有常规民族发展所依赖的国家和土地。

杜布诺在《波兰和俄国犹太史》（*History of the Jews in Russia and Poland*）一书中，将自己的研究界定为一种超越时空界限的“民族有机体”史学。[⑤] 他认为，从古代犹太民族主义时期到启蒙运动时期是犹太社团自治高度发达的时期，然而在进入现代时期之后，犹太社会开始出现分化，西欧的犹太人呈现出政治解放与同化的特征，而东欧和美国犹太社会坚持了犹太的“社团原则”。在他的观念中，前一类别使“犹太生活濒临灭

① 罗伯特·M. 赛尔茨：《犹太的思想》，第 606—608 页。

② 宋立宏：《什么构成犹太史的连续性》，《上海书评》2019 年 6 月。

③ Wilhelm Grau , Rudolf Craemer, Hans Bogner, W. G. and Wilfried Euler, “Geschichte der Judenfrage”, in: *Historische Zeitschrift*, Bd. 157, H. 3 (1938), S. 551.

④ 参见 Karen Schönwälder, *Historiker und Politik. Geschichtswissenschaft im Nationalsozialismus*, Frankfurt & Main: Campus - Verl. , 1992, S. 72 - 76。

⑤ Simon Dubnow, *History of the Jews in Russia and Poland*, Vol. 3, London: Literary Licensing, 2014, pp. 164 - 171.

绝”，后一类别使“犹太人的生活得到了有效的保护”。[①] 他坚信，“犹太历史上的英雄并不是一个人，而是一个民族共同体，即犹太社团。正是作为社区自治载体的犹太社团，使犹太人免于外界的迫害，在历史的长河中延续了下来”[②]。通过这种方式，杜布诺向人们阐释了犹太社团对犹太民族的保护作用，呼吁犹太人以“社团”的方式融入主流社会。

杜布诺的这种“社团民族史”思想，损害了犹太复国主义者的利益，遭到了持复国主义立场的犹太历史学家的反对。犹太复国主义历史学家认为，犹太人生活在外邦统治中根本没有希望，唯有时刻不忘回归《圣经》中的“应许之地”，才能确保犹太人的历史延续不断。但不可否认的是，杜布诺的“社团民族史”在他生活的时代，满足了生活在欧美各国犹太人的需要。美国犹太史学者萨罗·巴龙（Salo Witmayer Baron）甚至在其史学思想的基础之上发展出“反血泪史观”，并一跃成为英语世界声望最高的犹太学者。

从聪茨的文化史、约斯特与盖革的宗教史到格莱茨的民族史，再到杜布诺的社团民族史，近代犹太史学完成了从不完善到完善、从单一到多样的转变。它的发展反映了近代西方史学发展，同时也使自身具有了与西方主流史学不同的特点，主要体现在它对犹太民族政治解放的追求上。此外，近代犹太史学兴起与发展还对德国犹太社会、德国学术和后来的犹太史学产生了重要影响。

三 犹太教科学运动中近代犹太史学研究的影响

在犹太教科学运动中兴起的近代犹太史学，不仅加强了近现代犹太人的身份认同，而且还为德国学术界开创了“犹太圣经批判学”，同时也为20世纪犹太复国主义史学和反血泪史学形成和发展奠定了基础。

在19世纪之前，宗教因素维系着犹太人的身份认同，在他们中间一直存在着这样一种观念：犹太人作为上帝的特选子民，处于神学中心位置，由于犯了罪才被上帝放逐出圣地，在非犹太人中间受尽折磨，他们的

---

① Simon Dubnow, *History of the Jews*, Vol. 1, South Brunswick: T. Yoseloff, 1967, p. 26.

② Letter from Simon Dubnow to F. Haymann, September 3, 1937, in Michael Brenner, *Prophets of the Past: Interpreters of Jewish History*, p. 102.

苦难直到弥赛亚降临才得以解脱。因此，在启蒙运动之前，即便遭受了各种苦难，犹太人依然相信这些苦难是上帝惩罚特选子民的一种手段，犹太人是特选子民的观念依旧坚挺。后犹太启蒙运动虽然打破了犹太人的这种宗教认同，却仍没有建立起新的犹太认同，犹太社会的认同危机日益深重。

犹太教科学运动中的近代犹太史学家利用批判的方法审视犹太文化，重新树立了犹太人的文化自信，在一定程度上帮助犹太人从宗教认同转向世俗认同，进而确立了犹太人的现代认同。例如，索尔斯指出，“犹太科学成为了犹太人获得自尊的工具，保存了犹太民族的力量”，“历史学家有一个神圣的任务，那就是激发他们的人民对自己过去的热爱，以此增强他们的团结意识和生存决心”。[①] 马克思·博登海默（Max Bodenheimer）在1897 年巴塞尔召开的第一次犹太复国主义大会上强调，“研究犹太历史对于犹太人，尤其对于西欧犹太人的重要……因为这让犹太人尤其是西欧犹太人相信，即使犹太人在面对同化和解放的情况下，他们还一直保持着民族团结”[②]。

犹太教科学运动中的近代犹太史学兴起与发展，还促进了犹太学术机构的发展。19 世纪下半叶，在近代犹太史学的影响下，一批犹太研究期刊和学术团体相继成长起来，1885 年德国犹太历史委员会（Historische Kommission für die Geschichte der Juden in Deutschland）在柏林成立，1893 年犹太历史与文学协会（Verein für Jüdische Geschichte und Literatur）成立，犹太民俗学协会（Geseffschaft für Jüdische Volkskunde）于 1898 年在汉堡成立。与此同时，奥地利成立了维也纳以色列宗教社团委员会（Historical Committee of the Viennese Israelite Religious Community），法国在 1880 年成立了犹太研究协会（Société des Études Juives），并出版《犹太研究杂志》（*Revue des Études Juives*），俄国在 1891 年成立了犹太历史协会（Russian Jewish Historical Society），美国于 1892 年创立美国犹太历史协会（Ameri-

---

① Ismar Schorsch, *From Text to Context*: *The Turn to History in Modern Judaism*. London: Brandeis University Press, 1994, p. 288.

② M. J. Bodenheimer, "Rede des Dr. Bodenheimer", *Die Welt*, Bd. 1, 1897, S. 7.

can Jewish Historical Socoety）等。①

这些团体建立之后便积极投入到历史宣传和普及工作。其中最具代表性的是犹太历史与文学协会，该协会几乎每周聚会一次，宣传犹太历史和文化，其会员截至1900年已达到12000多人，成为德国最大的犹太团体之一。其出版的《犹太历史与文学年鉴》（*Jahrbuch für Jüdische Geschichte und Literatur*）到1903年印刷量高达5300多套。该团体还在1895年到1900年间组织了2615场有关历史和文化的讲座。②

犹太人的自我历史意识也开始增强，这种自我历史意识的增强主要表现在以下三个方面：其一，有关犹太档案、文物和遗迹的保护工作开始受到重视。1893年，大卫·考夫曼为了保存犹太碑文遗迹，继承了路德维希·利维－索恩（Ludwig Levy - sohn）的沃尔姆公墓（Worm Cemetery）犹太人碑文录入工作，并于1897年成立了"文物协会"（Altertumsverein），用以保护即将消亡的犹太历史遗迹。1905年尤根·陶布勒（Eugen Taubler）为了保护犹太文献和档案，还在柏林建立了"德国犹太中央档案馆"（Gesamtarchiv der deutschen Juden）。

其二，犹太历史著作进入德国犹太人的日常阅读生活。例如《犹太青年文学指南》（*Wegweiser für die Jugendliteratur*）把聪茨、约斯特、盖革、格莱茨等人的著作当作犹太青少年教育必读书目，推荐给孩子们的父母，供其用作教育孩子的工具。在历史学家、教师和出版商为犹太图书馆推荐的书目排序中，有关犹太历史的书籍也往往排在首位。③ 在法兰克福举行的德国犹太复国主义者第三次大会上，德国犹太复国主义协会（Zionistische Vereinigung für Deutschland）宣称，他们要通过与"犹太历史与文学协会的合作，宣传犹太历史和文化，以促进犹太遗产保护工作"④。在复国主义大会的影响下，德国犹太复国主义者积极地阅读犹太历史书籍，参加

---

① 此外，1850—1879年，德国还建立了一批犹太文化和历史研究所，例如布雷斯劳的犹太神学院（Jüdisch - Theologisches Seminar）、柏林的犹太教科学高等研究所（Hochschule für die Wissenschaft des Judentums）和正统派犹太教拉比学院（Rabbinerseminar für das Orthodoxe Judentum）。

② Ismar Elbogen, "Aus der Frühzeit der Vereine für jüdische Geschichte und Literatur", *Festschrift*: *Zum* 70. *Geburtstage von Moritz Schäfer*, Berlin: Philo Verlag, 1927, S. 52 - 53.

③ Nils Roemer, *The Historicizing of Judaism in* 19*th - Century Germany*: *Scholarly Discipline and Popular Culture*, S. 133.

④ "Eine Judische Vereinsbibliothek", *Allgemeine Zeitung des Judenthums*, Bd. 59, 1895, pp. 88 - 89.

由犹太历史和文学协会举办的讲座的热情也得到了提高。

其三，从事历史研究的犹太人数逐渐增多。20 世纪 20—30 年代，历史主义大师弗里德里希·迈内克（Friedrich Meinecke）因犹太学生众多，迈内克学派（Meinecke School）被学界戏称为“犹太学派”（Jews' School）。[①] 在迈内克的这批犹太学生中，有一些人对战后欧美史学的发展产生了重要影响。例如“德国历史学家协会”（Verband der Historiker Deutschlands）主席汉斯·罗斯菲尔（Hans Rothfels）是德国俾斯麦和抵抗运动研究专家，“他的《反对希特勒的德国》（*The German Opposition to Hitler*）一书曾数次打动迈内克”；华盛顿大学教授和“马克斯·普兰克历史中心”（Max Planck Institute of History）主任迪特里希·格哈德（Dietrich Gerhard）成了欧美比较史研究的权威：海德维希·欣策（Hedwig Hintze）成了“有史以来第二位一流的女性历史学家”[②]。

近代犹太历史学家还开创了“犹太圣经批判学”研究。正如艾哈德·哈·阿穆（Ahad Ha'am）对犹太教科学运动的谴责那样：“《圣经》作为犹太教的心脏，犹太教科学研究在研究犹太文化时，总是绕过《圣经》研究，使其过于片面性。”[③] 19 世纪中叶的犹太教科学运动需要采用客观批判的方法研究《圣经》。在此背景下，利奥波德·聪茨在《德国东方社会杂志》（*Zeitschrift der Deutschen Morgenländischen Gesellschaft*）上发表了他的首篇关于《圣经》批判的文章——《圣经批判》（Bibelkritisches），奠定了“犹太圣经批判学”的基础。在《圣经批判》一文中，他根据语言词汇学、礼仪制度和人类精神的发展，细致地梳理了《摩西五经》的形成过程。他利用《摩西五经》中犹太社会的阶级分化和宗教地位，证明《申命记》在《摩西五经》中相较《出埃及记》《利未记》和《民数记》形成时间更早的同时，按照人类精神发展的普遍过程，论证了《利未记》的第 19 章形成时间接近于《申命记》。

亚伯拉罕·盖革在聪茨“圣经批判学”的基础上对之进行了完善。在他看来，“犹太精神随时代而变，所以《圣经》也随着这种精神的变化而

---

① Gerhard A. Ritter, *German Refugee Historians and Friedrich Meinecke*, Translated by Alex Skinner, Leiden: Brill, 2010, p. 18.

② Gerhard A. Ritter, *German Refugee Historians and Friedrich Meinecke*, p. 80. 80.

③ Ahad Ha - Am, *Al Parashat Drakhim: Kovets Ma'amarim*, Yerushalayim: Hotsa'ah ' Ivrit, 1979, preface.

变化”[1]，并把《圣经》视为一种历史性的文本，认为“人们可以凭借对文本的研究发现信仰的历史。他将经文与历史相对应，构建了一套互动的《圣经》研究体系，在一定程度上打破了传统学者在《圣经》诠释方面的超历史观点”[2]。1971年，格莱茨把“圣经批判学”的成果运用到《犹太人史》的写作中，进一步扩大了“犹太圣经批判学”的影响。伊斯马尔·索尔斯（Ismar Schorsch）认为，“（犹太学者）在《圣经批判》上的贡献不亚于1817年对犹太教科学的开创”，并宣称“犹太科学中的《圣经》批判是犹太学界面对新教圣经批判挑战的一个历史性的分水岭”[3]。生物学家马塔斯·雅克布·斯莱登（Matthias Jakob Schleiden）认为：“犹太科学复活了中世纪的科学，很好地阐明了犹太人的宗教情感，《圣经》批判则证明了犹太学界有能力提高犹太人的公众形象，有效地缓解了犹太文化与主流社会的紧张关系。”[4] 犹太教科学运动中“犹太圣经批判学”的开创，提高了近代犹太史学在西方主流社会的影响力，奠定了其在近代西方史学中的重要地位。

犹太教科学运动中的近代犹太史学兴起与发展，也对20世纪犹太史学的发展产生了重要影响，这种影响主要表现为近代犹太史学的兴起，为20世纪上半叶犹太史学的形成与发展奠定了基础。一方面，在格莱茨的影响下，以色列犹太历史学界利用近代犹太史学中的民族主义因素，在巴勒斯坦发展出了犹太复国主义史学。在犹太复国主义史学知识分子看来，“犹太人虽然可以通过放弃信仰融入主流社会，但对欧美主流社会的融入并不是寻求政治解放的有效方式”。他们认为，“犹太人想要获得完全的政治解放，只有在以色列地建国一种方法”。在他们看来，“尽管流散的道路上有很多迷人的事物，但流散就像是一个被危险所包围的等待犹太人回归的大厅，这个大厅只有一个出口，那就是回归”。[5] 鉴于此，他们努力促使历史科学和复国主义进行结合，从而发展出了犹太复国主义史学。

---

① 张倩红、艾仁贵、胡浩：《犹太史研究新维度》，第226页。

② 张倩红、艾仁贵、胡浩：《犹太史研究新维度》，第226页。

③ Ismar Schorsch, “Leopold Zunz on the Hebrew Bible”, *The Jewish Quarterly Review*, Vol. 102, No. 3, 2012, p. 433.

④ Ismar Schorsch, *Leopold Zunz: Creativity in Adversity*, Philadelphia: University of Pennsylvania Press, 2016, p. 234.

⑤ Michael Brenner, *Prophets of the Past: Interpreters of Jewish History*, p. 176.

美国犹太史学界在西蒙·杜布诺的影响下，形成了一种反血泪史观、反锡安主义的犹太史学。美国犹太知识分子认为，“历史学者在犹太历史研究中应该注重历史语境与文本的结合，既不能把中世纪犹太社区的存在视为一种独特的、内在的、真实的，以及准宗教的必要条件，不能把它看作是国家、帝国、城市的一种托管”，也“不能对中世纪犹太社区的发展做整体划一，因为它是一种多样、复杂的产物，每一个社区都有其特殊性”。他们利用杜布诺社会史的方法，重新研究了犹太中世纪的历史，他们发现中世纪犹太人的生活并没有那么悲惨。在他们看来，“虽然他们没有平等的权利，但除了贵族和神职人员，没有人拥有这样的权利，而且他们的生活要好于占人口大多数的农民”。为此，他们把犹太人称为“皇帝的仆人”，而把他们的基督徒邻居称为“仆人的仆人”①。

结　语

近代犹太史学作为德国哲学、史学和犹太社会发展下的产物，它在经过文化史、宗教史、民族史和社团民族史的发展后，逐渐走向成熟并成为西方史学史中不可或缺的组成部分。这种史学的兴起与发展，在影响犹太社会和德国学术发展的同时，也存在着一定的时代局限性，主要表现在对政治解放的过度关注上。对于19世纪和20世纪初的犹太历史学家来说，政治解放已经变成一种目的。从聪茨到格莱茨，再到杜布诺，犹太学界的主要目标是寻求犹太人的政治解放，他们普遍认为法国大革命之前的欧洲犹太人的生活极度悲惨，不断遭受暴力和迫害。大革命之后，随着启蒙运动的发展，犹太人受到的束缚也开始解除。他们为了博取主流社会的同情，在书写历史时过分强调犹太人的苦难，使得犹太历史变成了一部“血泪史”。正如萨洛·巴隆（Salo Wittmayer Baron）指出的那样，血泪史观既不是犹太古典时期的遗产，又构不成犹太教必要的教义。② 伴随着以色列国的建立，这种为了追求犹太政治解放的思想，很快在犹太史学界得到了纠正，幸而民族史思想在后来的以色列史学界得到了一定程度的保留。

---

① Salo Wittmayer Baron, “Ghetto and Emancipation”, *The Menorah Journal*, Vol. 14, 1928, p. 518. n, p. 518.

② Salo W. Baron, *Ghetto and Emancipation*, New York: Menorah Journal, 1928, p. 1.

西方学者关于1932—1933年“乌克兰大饥荒”问题的争论

——《血的谎言》评介之一

刘　凡*编译

2010年，耶鲁大学教授蒂莫西·斯奈德（Timothy Snyder）出版了《血的土地：希特勒与斯大林之间的欧洲》① 一书，对1932—1945年间的苏联、波兰和乌克兰历史进行了重新书写，把苏联等同于纳粹德国，把斯大林等同于希特勒。该书的核心概念是1932—1933年的乌克兰大饥荒是“蓄意为之的饥荒”，是苏联政府、斯大林授意下的蓄意“谋杀”，是用饥饿来摧毁乌克兰民族主义的行为。

针对斯奈德的《血的土地》，美国特克莱尔州立大学教授格雷弗·弗于2014年出版了《血的谎言》，② 运用文献批判的方法，对斯奈德书中所引证据和所用资料来源进行了正本清源，认为《血的土地》一书满纸谎言，斯奈德对苏联和斯大林所有的指控和相关陈述都是捏造的，完全是个骗局，从头至尾都是捏造。

“乌克兰大饥荒”神话

格雷弗·弗认为，凡是严谨地学习苏联历史的学生们都知道，事实上

---

* 刘凡，中国社会科学院世界历史研究所。

① Timothy Snyder, *Bloodlands*, *Europe between Hitler and Stalin*, New York: Basic Books, 2010.

② Grover Furr, *Blood Lies*: *The Evidence that Every Accusation against Joseph Stalin and the Soviet Union in Timothy Snyder's Bloodlands Is False*, New York: Red Star Publication, 2014.

并不存在什么“大饥荒”、蓄意造成饥荒的证据。它是西方主流的反共学者虚构出来的。斯奈德等人的学术动机不是出于客观性和发现真相的渴望，而是出于意识形态党派之争：反对共产主义、为乌克兰民族主义张目。政治偏见左右着对共产主义特别是对苏联历史的研究，不纠偏，则对斯大林、对共产主义运动的妖魔化就不会停止。

斯奈德的观点也不是他本人的独家发明。事实上，“乌克兰大饥荒”的神话由来已久，它是由前纳粹、反共的乌克兰民族主义者在二战之后捏造出来的，自20世纪50年代后又经乌克兰民族主义组织鼓吹坐实，认定斯大林和布尔什维克领导人故意让乌克兰人民挨饿，意在惩罚乌克兰的民族主义精神。1953年多伦多出版的《克里姆林宫的卑劣行径》一书对“故意制造饥荒”有所涉及，而1987年罗伯特·康奎斯特（Robert Conquest）出版的《悲情收获：苏联集体化与恐怖饥荒》（*Harvest of Sorrow: Soviet Collectivization and the Terror - Famine*）一书，更是让这个观点为西方世界所熟知。康奎斯特的著作引起当时许多重量级苏联问题专家的反对，亚历山大·达林（Alexander Dallin）、摩西·莱文（Moshe Lewin）、林妮·薇奥拉（Lynne Viola）、罗伯特·曼宁（Roberta Manning）等人纷纷对其进行了批评。这些专家大都持反共立场，但也无法忍受康奎斯特毫无底线的蓄意歪曲、捏造。尽管康奎斯特后来撤回了自己的主张，但却无法消除该观点所带来的无穷恶果。各色人等仍步其后尘，围绕“人为制造的饥荒”的说法纠缠不已，要么像斯奈德那样将其作为一个尘埃落定的事实提出来，要么像其他人那样将其作为一个似是而非的理论提出来。1991年乌克兰独立后，这种说法更是被官方和学界无限抬高，禁止对其妄加非议。格雷弗·弗认为，“乌克兰大饥荒”的神话没有任何证据基础，政治动机乃其立论之基。俄罗斯政府的官方立场认为，乌克兰饥荒是由农业集体化所致，过分地征集粮食，造成了混乱、失控和农民叛乱，终致饥荒、饿死人。该说虽更加“主流”，但政治意味仍很浓厚，也缺乏实证来源。

在批驳了康奎斯特的观点后，西方学者对乌克兰饥荒提出了自己的看法。R. W. 戴维斯（R. W. Davies）和斯蒂芬·G. 惠特克罗夫特（Stephen G. Wheatcroft）于2004年出版了《饥馑岁月：1931—1933年的苏联农业》（*The Years of Hunger: Soviet Agriculture*, 1931 - 1933）一书，认为斯大林和苏联政府的错误政策在一定程度上导致饥荒，但这场饥荒也是他们始料未及的；在苏联农业政策的塑造中，意识形态诚然起了作用，但俄国革命的过去、国内战争的经历、国际局势、严酷的地理环境和天气状况以及斯大林所建立的苏联体制的种种做法也起了作用。也就是说，共产党的意识形态、政策、无能以及残酷无情乃是造成大饥荒的主因。针对《饥馑岁月》一书的观点，马克·陶格尔（Mark Tauger）提出了自己的看法，他肯定了该书的贡献，认为该书审慎使用文献资料，“依据新档案材料并审慎对待其他文献资料，揭示了以‘种族灭绝’论或是‘蓄意为之’论来解读乌克兰饥荒时所存在的缺陷并形成了另一种解读，乃此类修正性解读中最新之集大成者。与以前的关于苏联领导人的意图以及农业和农业危机的研究相比，该书提供了更加详实的证据”。但陶格尔对饥荒成因则提出了自己的看法，认为气候条件更为重要，“天气和植物病害乃是造成1932年粮食低产的最重要原因，也是造成1933年粮食低产的重要原因”。

集体化与1932—1933年饥荒

斯奈德把饥荒与集体化联系起来，认为集体化造成了饥荒。他把苏联政权和纳粹政权等量齐观，认为两个政权都把大规模屠杀和经济计划相结合，枪杀、驱逐最勤劳的农民。格雷弗·弗依托现有一手材料证据，以西弗吉尼亚大学马克·陶格尔教授的研究为基础，对1932—1933年苏联饥荒进行了概述。

过去1000年中，俄国蒙受了数百次饥荒的打击，其中有些饥荒也使乌克兰蒙受了打击。20世纪20年代，苏联发生了一系列饥荒，即1920—1923年的伏尔加、乌克兰饥荒加上1923年的西西伯利亚饥荒，1924—1925年的伏尔加和乌克兰再度发生的饥荒，1928—1929年乌克兰发生的一次较为严重的饥荒。格雷弗·弗认为，俄国千年饥荒频发史以及十几年中因三次严重的作物歉收而引发的饥荒历史，是我们理解1932—1933年大饥荒、理解苏联政府如何回应此次饥荒的一个基本背景。根据陶格尔教授的描述，三次饥荒中，乌克兰苏维埃政府和苏联中央政府并没有坐视不管，而是积极救荒。陶格尔于2001年发表《是粮食危机还是饥荒?》（Grain Crisis or Famine?）的文章，讨论了1924年和1928年的饥荒问题，认为该饥荒是由自然灾害，主要是旱灾造成的，并非是由苏联的税收政策或是粮食收购政策引起的。而且苏联政府和各级机构积极组织救荒，并非见死不救。格雷弗·弗指出，反共学者之所以对1924年和1927—1928年饥荒采取漠视态度，无非是想掩人耳目，掩盖俄国饥荒频发的事实，给集体化栽赃，希望人们相信，在集体化运动之前，此类饥荒罕有发生。

农业集体化的初衷是为了结束周而复始、摧残俄罗斯和乌克兰数个世纪之久的饥荒。它是一场改革——一场使农民的安全和生活得到显著改善，进而使全体人民的安全和生活得到显著改善的改革。它的目的不是向农民“征税”，也不是“剥削”农民，更不是从农村攫取价值。恰恰相反：在1929—1939年这10年间，苏联政府在农业方面的花费达数百亿卢布之多。按照陶格尔的说法：“他们的首要目标是利用在当时看似最现代、最可靠的手段，不断增加粮食产量。”格雷弗·弗认为，虽说集体化是为工业化筹措资金的必要措施，但其目的远不止此，它也是结束周期性饥荒、避免民众大量死亡的必要措施。除了1946—1947年的战后饥荒之外，1932—1933年的饥荒也的确是最后一次饥荒。斯大林和布尔什维克党人都把集体化视为迅速实现农业现代化、杜绝个人土地耕作方面的浪费现象和劳动消耗、把散碎的小块土地集中起来进行大规模经营的唯一道路。他们没有把集体化当作一种剥削方式，当作一种“再造农奴制”的方式，当然也不会将其作为蓄意杀戮或者种族灭绝的手段。绝没有！

许多历史学家认为，农民反对甚至反抗集体化的现象是很普遍的，因此是集体化导致了“饥荒和歉收”。但陶格尔认为，事实并非如此，这些人一味抹黑集体化，而对苏联时期实际的收成数据、导致歉收的各种环境因素、从饥荒和作物歉收中的不断复苏、20世纪30年代的大丰收、苏联农场在这些年里的机械化、苏联人口的增长以及食品生产和消费长期增加的情况，不是轻描淡写，就是视而不见；集体化大大提高了苏联传统农业的现代化程度，也为20世纪70年代和80年代相对较高的粮食生产和消费打下了基础。格雷弗·弗认为，对苏联农民和乌克兰农民以及整个苏联社会而言，集体化乃是一项成功之举。在斯大林和苏联领导层看来，只有实行集体化，才能避免未来发生的灾难性饥荒。任何时候都不存在“完美无缺的”方案，1932年的方案也不例外。不犯错误是不可能的，但要是根本不进行集体化的话，那可就大错特错了。

环境因素导致饥荒

导致1932—1933年饥荒的主要原因应该是环境因素造成的粮食歉收，

这些因素包括：旱灾、涝灾、作物病虫害等。人类活动与这些环境因素之间的相互作用，也是饥荒发生的因素之一。人口外出导致农村人口大量减员、劳动力短缺，土地不是无人耕种，就是无人收获；饥饿的农民吃掉了役畜饲料，导致农业动力短缺；不合理的土地种植理念，导致地力下降。而苏联领导层没有充分理解这些环境因素的重要性，而是相信有关报告，把问题归咎于人为因素。

面对饥荒，苏联政府并没有坐视不管，在大幅缩减粮食出口的同时，向乌克兰和其他受灾地区运送粮食和种子。陶格尔尤其肯定了政治部在救荒工作中所起的积极作用。1933 年初，苏联政府在各国营农场和机器拖拉机站设立政治部，加强农场管理，严格劳动纪律，促进粮食生产。陶格尔认为，这些政治部在组织生产和战胜饥荒方面作出了巨大贡献。中央黑土区各州 1933 年的粮食产量要比 1932 年多出大约 24%。之所以能取得这些佳绩，除天气状况起了一定作用外，在 1933 年饥荒高峰期，农民在劳作方面明显更加努力，政治部在管理方面也贡献良多。陶格尔引用证据证明，许多原先憎恨或是根本不喜欢集体农庄的农民也在农庄中努力工作，还有许多农民“自始至终都全心全意为农庄工作……支持这个体系”。这并不是说在 20 世纪 30 年代，尤其是在饥荒年代，一些农民曾反对集体农庄制度和苏联政府，问题在于就农民的整体而言，这些证据有多大的代表性？对这些抵抗的分析不能忽略自然灾害因素，不能忽略农民反应的多样性，不能忽略对于农民工作的总体结果，20 世纪 30 年代中期的一些研究发现，集体农庄庄员在工作上实际要比 20 年代非集体化农民更加努力。因此，格雷弗·弗认为，总的来说，农民是接受了集体化。

粮食出口与政府救灾

乌克兰民族主义者一直认为，斯大林和布尔什维克领导人为了出口粮食而不给乌克兰农民粮食，为镇压乌克兰人争取民族独立而蓄意饿死乌克兰农民。针对这种观点，格雷弗·弗援引陶格尔的数据进行了批驳。

饥荒的确使苏联政府在出口粮食方面处于两难境地。陶格尔认为，1931 年的粮食歉收、向饥荒地区调拨赈灾粮，迫使苏联政府缩减了粮食出口量，从 1931 年的 520 万吨减至 1932 的 173 万吨，1933 年再减至 168 万吨。或许有人会问，1932 年和 1933 年出口的粮食会养活很多人，能最大程度减轻饥荒，为何不中止出口？对此，陶格尔指出，进一步缩减或者中止粮食出口会引起严重的后果。20世纪30年代初，国际市场粮价下跌，使得苏联处于不利的贸易形势之下，造成苏联债台高筑，还债潜能下降，致使西方银行家和官员纷纷考虑要没收苏联的海外财产，拒绝为其提供未来的贷款，以防苏联拖欠不还。无法出口粮食会危及苏联工业化计划的贯彻落实，按一些观察家的说法，也会危及政权的稳定。

饥荒期间，苏联政府调拨出大量的粮食留作种子和救荒之用。陶格尔列出如下数据：1933年2月，中央委员会向乌克兰和北高加索地区调拨了50多万吨粮食，到1933年4月，单单向乌克兰一地调拨的粮食就超过了50万吨。苏联政府在此期间还储备了大约300万吨粮食，随后从中拨出200万吨用于赈济灾荒。苏联的档案资料表明，在1933年上半年，苏联政府把收购来的粮食中的500万吨返还给了全国的各个村庄。所有这些，总量合计大大超过了这个时期内的粮食出口量。

苏联政府当时面临的形势是，即便大幅缩减甚至中止粮食出口，粮食还是不够吃。陶格尔认为，饥荒程度之深、范围之广，1932—1933年粮食出口的骤减，种子奇缺以及这些年来苏联的混乱局面，所有这一切都推出这一结论，即便是完全中止粮食出口，也不足以防止饥荒的发生。此种情形使人很难接受这样的解释，即饥荒是1932年粮食征购的结果，是有意识的种族灭绝行为的结果。从本质上讲，1932年的收成情况使得饥荒不可避免。

为使集体农民和个体农民能够分享稀缺的粮食，苏联政府曾多次大幅削减粮食交付目标。一部分收购上来的粮食也返还给了各个村庄。正是这些常常以非常严苛的方式实行的粮食征集工作，被那些“蓄意论”鼓吹者所强调，作为苏联政府漠视农民生命，甚至是故意惩罚农民、置农民于死地的证据。

陶格尔指出，1931—1932年的低收成造成食品短缺，直接影响了举国上下，苏联当局也没有国内资源来缓解危机……不管形势多么糟糕，苏联当局毕竟在饥荒期间通过定量配给制养活了包括大量农民在内的5000多万人，尽管农民对当局怀有敌意，但面对饥荒时，至少有一部分农民以更高的强度进行劳作，这表明所有相关人等都认识到了这一悲惨事件的独特性。

斯奈德采纳了乌克兰民族主义者的“蓄意说”，即“乌克兰大饥荒”

神话，不过他选择不使用这个词。他努力给人造成这个印象，即苏联政府彻底切断了乌克兰与外界的联系，没有全力救荒。斯奈德无视造成饥荒的环境原因——事实上这是主要原因——也没有提及正是苏联政府的大规模救济运动，加上农民在极端困难的条件下所进行的辛勤劳作，才使得农民获得了1933年大丰收。在陶格尔看来，饥荒是由自然因素引起的，苏联政府帮助农民获得了来年的大丰收并结束了饥荒。

这与斯奈德和乌克兰民族主义者的主张截然相反。所谓的“乌克兰大饥荒”或是“蓄意为之”“人为制造”的饥荒的解释不仅仅是错在一些要点上，它的支持者还对有损其解释的证据故意抹杀，以此对历史进行歪曲。格雷弗·弗认为，这不是历史，只是伪装成历史的政治宣传。

陶格尔的观点也与R. W. 戴维斯和斯蒂芬·G. 惠特克罗夫特的观点存在显著差别，此二人将饥荒归咎于多种原因，集体化也是其中之一，环境因素只起次要作用。戴维斯和惠特克罗夫特认为，如果没有进行集体化，苏联政府能够拯救很多人、可能是上百万人的生命，如果苏联政府没有以“残忍的”方式来处理饥荒的话，那么饥荒的情况是会有所缓解的。俄国政府的官方立场与学术界是一致的：过火的粮食征集和集体化导致饥荒。

格雷弗·弗指出，该假设是错误的。实际上正是集体化结束了苏联的饥荒，1946—1947年的严重饥荒除外。惠特克罗夫特最近对这场饥荒进行了大量研究，认为它也是各种环境因素所致。

鼓吹“乌克兰大饥荒”神话的学术大家们，他们的学术动机不是出于客观性和发现真相的渴望，而是出于意识形态党派之争：反对共产主义、为乌克兰民族主义张目。

1932—1933年“蓄意人为”饥荒的“七点”证据

在宣扬“乌克兰大饥荒”神话的基础上，斯奈德还提出了“七个至关重要的政策”来加以证实。斯奈德本人也很清楚，空口无凭，难以服众。但在格雷弗·弗的细致比对分析之下，我们发现这七个证据统统是无稽之谈。

在“乌克兰农民需要上缴预留的粮食”问题上，斯奈德说到，1932年11月8日，“乌克兰的农民需要上交预留的粮食”，乌共（布）（CP（b）U）领导人对此政策进行了抗议，但未能奏效。在本段的注解中，斯奈德引用了以下学者的资料：格拉齐奥西《苏联1931—1933年饥荒可能有新的解释吗?》、库什涅什《集体化时期的乌克兰与大饥荒》、马克苏多夫《对农民的胜利》、戴维斯《饥馑岁月》。格拉齐奥西、库什涅什的确提出这些指控，但根本就没引用任何证据；马克苏多夫的文章本身也不包含任何证据；戴维斯的书中第175页既没有关于上交预留粮食的内容，也没有关于种子粮的一丁点儿内容。在第151—152页中，戴维斯的确是记录了莫斯科与乌克兰之间，主要是斯大林、拉扎尔·莫伊谢耶维奇·卡冈诺维奇与斯塔尼斯拉夫·维肯季耶维奇·科西奥尔（Stanislav Wikentjew-itsch Kosior）之间的斗争情况。11月18日和11月29日的两个法令都部分涉及种子粮问题，而批准征集种子粮的是乌共中央政治局，不是苏共中央政治局。征集种子粮只限于极端情况之下。恰恰是斯大林和莫斯科的政治局取消了这一决定！结果，乌共中央第一书记科西奥尔为签署了这份有争议的文件而作出道歉。因此，格雷弗·弗得出结论，斯奈德在该问题上不仅大错特错，而且颠倒黑白。

在“‘肉类税’是否造成了饥饿”问题上，斯奈德声称，在1932年11月20日，对“那些没能完成粮食定额”的农民强制实行“肉类惩罚”（Meat Penalty），造成“农民忍饥挨饿”。他所参考的文献有：关于肉类惩罚，尤里·沙波瓦尔的《饥荒悲剧的序幕》（Yuri Shapoval, *Proloh trahedii holodu*），第162页，以及马克苏多夫的《对农民的胜利》，第188页。关于“粮食定额”，兹翁科夫斯基的《饥荒》（Dzwonkowski, *Glód*），第71页。“文中所述实例”来自该书的第160页、第219页。格雷弗·弗对斯奈德的引用进行分析后认为，沙波瓦尔与马克苏多夫引用的法令内容乃是同一份文件，即《乌克兰苏维埃社会主义共和国人民委员会法令》，该文件在多卷本集体化文献汇编《苏联农村的悲剧》中可以找到，但两位学者在材料使用方面断章取义，向读者隐瞒重要细节，单凭主观臆断得出肉类惩罚造成饥饿的结论，实有误导之嫌。而斯奈德本人要么没有找到原文，要么找到了原文却没有认真对待，肆意篡改原文内容，这是极端不负责任的态度。

在“黑名单”有没有造成“死亡之区”问题上，斯奈德认为，1932年11月底实行的“黑名单”措施，要求那些没有完成粮食征集目标的集体农庄交出15倍的月税粮，使这些集体农庄“变成了死亡之区”。他引用沙波瓦尔《饥荒悲剧的序幕》、马克苏多夫《对农民的胜利》、马洛奇科

《大饥荒》、尼古拉·沃斯《恐怖政治》中的相关内容作为自己的证据。而对于斯奈德臆想的重要指控，即“要求立即交出15倍的粮食”，这些资料都只字未提。沙波瓦尔提到了1932年12月6日，乌共中央委员会和乌克兰苏维埃社会主义共和国人民委员会批准了“关于将故意破坏粮食采购的村庄列入‘黑名单’”的法令，并且说该决定使得大饥荒的受害者数量大增。但究竟有没有人因为村子上了“黑名单”而死亡，沙波瓦尔没有引用证据来证明。马克苏多夫没提“黑名单”的事、马洛奇科和沃斯都提了，但没有“15倍粮食”罚款的事，而沃斯虽然断言是集体化造成了饥荒，但坚决反对饥荒是故意制造的观点。格雷弗·弗认为，斯奈德所宣称的“要求”“立即”交出15倍正常月份应缴粮食量，在这份决议中是不存在的。该决议是把六个村子列入了“故意破坏粮食采购的黑名单”，但也仅限于这六个村子，没有任何关于“死亡之区”的证据，更不要说是由这一规定所造成的了。斯奈德本人肯定从未看到过这份决议。

在“弗谢沃洛德·巴里茨基有没有恐吓乌克兰共产党干部”问题上，按照斯奈德的说法，由斯大林精心挑选出来的乌克兰苏维埃社会主义共和国内务人民委员弗谢沃洛德·巴里茨基（Vsevolod Balitskii），在该处任职时使用“恐吓”手段对待乌克兰共产党的干部，叫嚣谁“完不成”粮食收集计划，谁就是“国家叛徒”。他注明资料来自沙波瓦尔的《大饥荒》一文。格雷弗·弗在核对原文后发现，该文并没有斯奈德所说的“恐吓”“国家叛徒”的内容。按照斯奈德的说法，巴里茨基宣称他在1933年1月发现了1000多个非法组织，在2月发现了波兰和乌克兰民族主义者推翻乌克兰苏维埃统治的计划，发现了7000个藏粮洞和“黑谷仓”，起获了700万普特粮食。斯奈德注明资料来自戴维斯《饥馑岁月》、马洛奇科《大饥荒》，但这些内容都与“谁完不成粮食征集任务谁就是国家叛徒”的说法无关。尽管斯奈德说沙波瓦尔已经在文章中对这种说法进行了资料证明，但格雷弗·弗指出，这样的文献资料根本就不存在，即便巴里茨基说过这样的话，但还是没有“故意制造饥饿”的证据，有的只是国家在努力获取粮食，并将现有的一点点粮食分配给尽可能多的人的证据。

在“卡冈诺维奇是否谴责过数百万人饿死”问题上，斯奈德说到，1932年12月21日，斯大林和卡冈诺维奇敲定了乌克兰苏维埃社会主义共和国的粮食征集定额，卡冈诺维奇抵达乌克兰，强迫乌共中央政治局完成定额，这无异于宣判了大约300万人的死刑。斯奈德总结到：暂缓执行粮食征集三个月不会对苏联经济造成伤害，却会拯救这300万人中大多数人的生命。然而，斯大林和卡冈诺维奇却一意孤行，并表示会进行“激烈的”战斗来履行计划。斯奈德所用资料来源有四，即戴维斯的《饥馑岁月》、瓦西里耶夫的《荒粮价》、格拉齐奥西的《苏联1931—1933年饥荒可能有新的解释吗?》、库什涅什的《集体化时期的乌克兰与大饥荒》。格拉齐奥西所引的资料其实说得很清楚：优先在那些没有履行国家义务的集体农庄进行粮食征集，意味着这些集体农庄所有的库存粮食，包括所谓的种子储备，必须纳入粮食征集计划之内，优先征收。而格拉齐奥西望文生义，曲解为乌共中央政治局宣布履行计划的前提条件是夺取种子储备。但事实是没有任何“前提条件”，种子粮只从那些没完成粮食征集定额的集体农庄中征收。库什涅什在《集体化时期的乌克兰与大饥荒》中只是对1934年11月底到12月底的几个事件和决议进行了简单概述。戴维斯的确讨论了卡冈诺维奇的乌克兰之旅，但只是巡视粮食征集情况，反对要求把集体农庄庄员预支的工作日报酬粮交还，卡冈诺维奇也从未打算保留种子粮，只是将它作为保证粮食上缴的抵押，然后再行归还。因此，格雷弗·弗指出，没有证据证明斯奈德的说法，即“征集目标必须实现”的要求意味着“宣判了大约300万人的死刑”。斯奈德根本也没引用任何证据来证明他的说法，即“暂缓执行粮食征集三个月不会对苏联经济造成伤害，却会拯救这300万人中大多数人的生命”。这些说法都是斯奈德的主观臆断，乃“想当然”这一逻辑错误的绝佳例子——“先入为主”。按照戴维斯和惠特克罗夫特的说法，在种子粮被征集的地方，春播时会还给原主。由于种子的首要功能不是用来食用，因此没人因为种子粮的征集、归还而挨饿。

关于“斯大林禁止粮食转运是想饿死农民”的问题，斯奈德认为，正是关闭了乌克兰的边界导致了饥饿，大批饥民被视为间谍，农民被抓获并遣返回村，听任他们在村里忍饥挨饿。他的证据来自沙波瓦尔的《大饥荒》、格拉齐奥西的《苏联1931—1933年饥荒可能有新的解释吗?》以及马洛奇科的《大饥荒》。但沙波瓦尔的文章中并没有“把饥民视为间谍的解释”。格拉齐奥西在《苏联1931—1933年饥荒可能有新的解释吗?》中提到著名的1933年1月22日决议，该决议禁止所有农民而不只是乌克兰农民向外地流动。格拉齐奥西在没有引用任何原始资料的情况下写道，根据该法令，有关当局逮捕了22万人，绝大多数都是寻找食物的饥饿农民，其中19万人被遣返回乡，任其忍饥挨饿。斯奈德不加查考，逐字逐句重复了该结论和数字。格雷弗·弗指出，被禁止流动的人中有多少人是“饥饿的农民”值得商榷，斯奈德的说法不能被他的文献资料所支持。没有证据表明那些乘火车旅行的人是“外出乞讨”还是“饥肠辘辘”，当然，这些人中间如果有乞讨者或是饥民，那也是极少数。况且根据现有资料可以看出，农民是从北高加索和库班地区以及周边的其他通道进入乌克兰的，这与那些倒卖粮食的人的行动轨迹是契合的，与那些挨饿的人的行动轨迹是不契合的。而斯奈德只提乌克兰，有可能是为了讨好乌克兰民族主义者。

关于“斯大林1932年12月时有没有抢夺种子粮”问题，斯奈德认为，1932年12月，斯大林决定，为了完成粮食定额，也应该征集种子粮，而此时苏联仍有300万吨的粮食储备且仍继续出口粮食。斯奈德进一步指出，据说在该月被逮捕的37392人中有“许多人”“有可能是想拯救自己的家人免受饥饿之苦”。他的证据来自马洛奇科的《大饥荒》、戴维斯的《饥馑岁月》。马洛奇科在《大饥荒》中罗列了一份1933年1月间逮捕和处置案件的数据，这些案件中没有一件与斯奈德所说的“想拯救自己的家人免受饥饿之苦”有关联迹象，无怪乎斯奈德本人也要加上“可能”一词，这等于承认是他自己发明了这个说法。戴维斯在自己的书中相关部分所涉及的完全是粮食的非法贸易以及苏联对它进行打压的努力。至于苏联当时有300万吨储备粮的问题，戴维斯和惠特克罗夫特没有直言1932年11月时到底有多少储备，斯奈德是如何找到300万吨这个数据的，不得而知。斯奈德言之凿凿，称1932年12月底，斯大林批准了卡冈诺维奇的提议，为完成年度指标，也应把留备春播的种子粮一并征集，这就使得集体农庄在来年秋天无粮可种。格雷弗·弗认为，这种说法暴露了斯奈德的不诚实，此类事件并没有发生过。

在批驳了斯奈德的“七点证据”之后，格雷弗·弗指出，斯奈德之所以要炮制“故意制造饥荒”这一主题，目的是在“大屠杀”问题上把苏联与纳粹、斯大林与希特勒相提并论。这“七点证据”本该描绘出斯奈德的观点，即苏联领导人故意使乌克兰遭受饥饿。但读者们应该明白，在经过我们的仔细推敲之后，在这“七点证据”中，斯奈德所引用的参考资料，没有一条能为其故意制造饥饿的说法提供证据。

格雷弗·弗认为，斯奈德在资料引用方面极不诚实，表现有三：一是“虚张声势”，让读者以为耶鲁大学的全职教授在资料引用方面不会有问题。二是他所选择的引用对象的可信度也值得商榷。格雷弗·弗指出，库什涅什的书是斯奈德唯一频繁引用的关于饥荒的二手资料，但该书是一本乌克兰民族主义者的研究总结，并非一本独立的学术著作，而且，库什涅什关于饥荒的学术总结也有不端之嫌。库什涅什与斯奈德都是看起来在做客观研究，但实际上却是在支持一个先入为主的想法，而这些想法又找不到坚实可信的证据支撑。三是“省略型偏见”。斯奈德不告诉读者他所参考的著述文献的关键信息。举例而言，戴维斯和惠特克罗夫特所做的长篇详尽的研究乃是斯奈德的重要参考资料之一，该研究的结论是苏联政府没有犯下故意制造饥饿的错误，但斯奈德却没有把这一结论告诉他的读者。

许多宣称“斯大林”蓄意饿死乌克兰人的乌克兰民族主义者和反共学者，都拿不出任何证据来证明这种说法。斯奈德当然也不例外，他不是该领域的专家，只是单纯依赖于其他反共学者所做的工作，因此他也拿不出任何此类的证据。

至少从20世纪80年代开始，反共学者和乌克兰民族主义者就已经孜孜以求，寻找证据来支持他们的“故意制造饥饿”的先入之见。他们从未找到任何此类证据，也许就是证明此故意制造饥饿不存在的最好证据。

实际上，根本就不存在“乌克兰大饥荒”——不存在故意或是“人为制造”的饥饿。只是一场饥荒，一场多少世纪以来每隔几年就发生一次的饥荒。幸亏有了集体化和农业机械化，1932—1933年的饥荒才得以成为俄国历史中最后的饥荒（1946　1947年的战后饥荒除外，这次饥荒也不是“人为制造的”）。

斯奈德频频引用尤里·沙波瓦尔的著述。沙波瓦尔是一位很有影响力的乌克兰民族主义者、极端反共人士、学者，但在精确引用资料方面，沙波瓦尔叫人信不过。格雷弗·弗举了一个很典型的例子，菲利克斯·丘耶夫（Felix Chuev）曾与莫洛托夫谈过1933年饥荒问题，并详细记录在《与维亚切斯拉夫·莫洛托夫的140次谈话》（*One Hundred Forty Talkes with Viacheslav Molotov*）这本书中。莫洛托夫既没有否认发生过饥荒，也没有否认饿死过人，只是认为“1933年饿死了1200万人”夸大其词。但这段对话经沙波瓦尔精心删减后，就变成了莫洛托夫在饥荒问题上保持沉默，不承认“1933年饿死了1200万人”。格雷弗·弗指出，在1932年8月的苏共中央委员会会议上，正是莫洛托夫说过："我们目前的确是面临饥荒的幽灵，尤其是在富庶的产粮区。"沙波瓦尔偷换概念，让读者以为莫洛托夫不承认饿死1200万人就是不承认饿死过人，而莫洛托夫要是承认饿死过人就必须承认饿死了1200万人，否则就是撒谎。沙波瓦尔的这种造假手法实在是粗劣之极、荒谬之至，无异于毁掉自己作为历史学家的价值。

斯奈德在书中提到，拉斐尔·拉姆金（Raphael Lemkin）企图重新定义种族灭绝的概念，以便把乌克兰事件称为"苏联种族灭绝的经典范例"。而事实上，拉姆金的观点四处碰壁，最终只得到了右翼东欧移民的支持。"种族灭绝"只是拉姆金强烈反共的一种表达方式，拉姆金本人也明确指出，"苏联种族灭绝"只是一种权宜之计，是一个承载着最高道德谴责的概念。但斯奈德只顾宣扬"苏联种族灭绝"，却向读者隐瞒了拉姆金本人的"自我批评"。

斯奈德本人也哀叹道，大饥荒"从未以一个无可争议的清晰面目出现过，几乎没人说过斯大林打算饿死乌克兰人"。的确，当时并没有"故意制造饥荒"的报道，这是因为"故意制造饥荒"的神话还没被捏造出来。斯奈德引用了加雷斯·琼斯（Gareth Jones）1933年关于乌克兰饥荒的报道，盛赞琼斯乃是"能够记录"饥荒的"极少数局外人"之一。但纽约时报驻莫斯科记者沃尔特·杜兰蒂（Walter Duranty）撰文指出："琼斯曾告诉过我，他所造访过的村子根本就没有面包了，成年人皆是形容憔悴、骨瘦如柴、灰心丧气，但他没见到过死掉或是垂死待毙的动物和人。"也就是说，琼斯本人承认没见到"真正的饥饿"。而斯奈德却认为杜兰蒂是在"竭尽所能地败坏琼斯的准确报道"，"杜兰蒂明知已经有成千上万的人饿死了，却还在自己的新闻报道中坚称饥饿是为更高的目的服务的"。格雷弗·弗认为，杜兰蒂的确同意琼斯的说法，即布尔什维克领导人对待受害者的态度比较"冷漠"。但态度"冷漠"与把饥饿作为"为更高的目的服务"的手段之间为何会被斯奈德画了等号呢？格雷弗·弗认为，不画等号，斯奈德就无法找到支持"故意制造饥荒"神话的"现场证据"，而没有"现场证据"，神话终究只是虚无缥缈的神话，既定不了案，也无法向他的赞助者——乌克兰民族主义者交差。

略论徽州族谱的历史地理学价值*

王开队 孙小昌**

近年来，随着各地民间文献的不断发现与刊布，对民间文献相关信息的挖掘与利用成为一种重要的学术趋向。其中，尤以徽州、清水江、太行山、浙南、闽东等地的民间文献研究最具影响力。徽州族谱作为徽州民间文献的重要组成部分，因其具有丰富性、系统性、完整性等特点，多年来备受学界关注。笔者曾在《徽州族谱数据化相关问题——以人物和地理信息为中心》一文中指出，20 世纪 80 年代以来，国内外学者对徽州族谱的研究，多集中于社会史、经济史、宗族制度史等方面的探讨。然而，徽州族谱作为反映徽州社会血缘性与地缘性特征的最直接文献证明，学界对其中具有时空特征的地理信息要素的重视还远远不够。①

从历史地理学的视角来看，如果集中梳理某一具有同一血缘关系的族谱，既有统宗谱，又有若干支谱，以人物和地理信息为要素，则能够相对准确地截取某一时空断面下，该血缘家族既统宗又分支的不同发展脉络，以及社会网络，进而形成该家族的人物、地理、文献信息数据库。将此种案例拓展开来，则能够在某一时空断面下，清晰地观察到徽州地域成长史

* 基金项目：本文系国家社科基金一般项目“明清徽州乡村聚落的时空演变及其形成机制研究”(20BZS122)、2020 年度安徽省高校协同创新项目“徽州宗族历史地理研究”（GXXT-2020-028）阶段性成果。

** 王开队，安徽大学徽学研究中心；孙小昌，亳州学院马克思主义学院。

① 王开队：《徽州族谱数据化相关问题——以人物和地理信息为中心》，《图书馆论坛》2017 年第 2 期。

构建过程中不同家族之间既共性又个性的时空特征与演化规律。在此基础上，串联徽州民间文献与传世文献、田野文献之间的内在关联，由点到线，由线到面，进而能够从某一时空下观察点线面之间的内在逻辑。而事实上，若要对由血缘和地缘产生的个体、集团、文化、社会、生产乃至与自然关系的系统把握，以人地关系的时空演进为主要研究对象的历史地理学亦不可或缺，这就为我们从历史地理学角度解读徽州族谱的相关价值奠定了基本的学理依据。在此，我们试图将徽州族谱中具有时空要素的信息提取出来，一窥其在历史地理学相关研究领域的潜在价值①，以期从不同侧面来丰富我们对徽州族谱的认知。不当之处，尚祈正之。

一 徽州族谱中的人口地理信息

历史时期人口的迁徙、分布与增长空间变化规律，是历史人口地理学的主要研究内容。其基本资料多来自于历代户籍资料、地方志、族（家）谱资料、档案文书、诗文碑刻以及近代的人口调查资料等。② 其中，族谱资料中的记事、房派图、支派分布图、迁徙图、世居考、先世考以及部分序文等内容，记载有人口迁徙的情况，如人口迁徙的原因、时间、规模、流向以及官府的人口政策等，还记录了以男性为主的族属成员的姓名、生卒年月、婚配子嗣、葬地等情况，成为历史人口地理学的重要资料来源，业已成为学界共识。③

现有的徽州人口地理研究，大体呈现三种研究思路：一是从移民史的视角，大范围讨论徽州人口的流动情况；二是从社会生活史的视角，针对某一小区域的人口生计、职业、婚姻形态的讨论；三是对某一特殊群体地

---

① 值得注意的是，复旦大学历史地理研究中心王振忠教授及其团队多年来集中于徽州历史社会地理研究，其中多有以徽州民间文献（含族谱）结合传世文献及田野考察综合研治徽州历史社会地理之成果。不过，就徽州族谱存世的体量及其中蕴含的丰富历史地理学价值来说，我们依然还有很多空间值得探讨。

② 葛剑雄：《中国人口史》第一卷，复旦大学出版社 2002 年版，第 109—142 页。

③ 譬如，李中清、郭松义二人主编的《清代皇族人口行为和社会环境》（北京大学出版社 1994 年版），使用了皇族爱新觉罗氏的《玉牒》；刘翠溶长期利用族谱资料研究明清时期的家族人口，形成《明清时期家族人口与社会经济变迁》（台湾“中研院”经济研究所 1992 年版）一书；潘光旦的《明清时期嘉兴的望族》和袁贻瑾的《1365—1849 年一个华南家族的生命表》等研究成果都充分体现了族谱资料在人口问题研究中的重要作用。相关探讨可参阅葛剑雄《中国人口史》第一卷（复旦大学出版社 2002 年版），第 131—139 页。

理分布的研究。[①] 然而，这些研究或是部分使用族谱中的传记资料、人口数据，或是本就对族谱资料弃之不顾，忽略了族谱资料中丰富的人物、地理信息。[②] 我们认为，针对徽州族谱中的大量人口、地理信息，可以选择具有同一血缘关系的家族，分析其在徽州区域内的内迁与外迁情况，以此丰富历史人口地理学的研究内容和路径。

我们以新安黄氏族谱为例，[③]《新安黄氏大宗谱》“迁派”记有内迁支派96支，其中祁门左田20支、黟县8支、休宁23支、歙县23支、婺源21支、绩溪1支；外迁支派56支，其中开化1支、浮梁10支、旌德1支、太平3支、建德10支、乐平3支、鄱阳11支、严州1支、兰溪1支、杭州1支、彰德州1支、兴化1支、大冶1支、黄州1支、德兴3支、凤阳1支、池州5支、六安州1支。[④] 黄积第十九世孙祁门左田人黄叔宏为族谱所载最早的修谱人，就祁门县地域范围而言，叔宏公支下内迁祁门各处有6支：鲁真公迁饭箩峰、圣七公迁和宗坑、四九公迁黑桥田里、四九公支下华民公迁钟楼下、诏公迁十八都西塘、诏公支下迁正冲坑口；在徽州府境内的外迁有13支：其中休宁6支，禹公迁高竭、禹公支下六十公迁伦堂、容公迁葩坞、忠公迁西坑、天衢公迁琅川、彦俞公迁上黄；歙县7支，彦十公迁檀墅黄村，渊公迁新馆，社关公迁光田坞，文烨公迁黄连充，百二、百三公迁竦塘，幹公支下一迁岩溪、一迁殷坑。以上19支若以徽州府为单位，均属内迁。而迁出徽州的有5支，分别是：珏公迁旌德县北门、天衢公支下文璋公迁建德县饶城、千春公迁池州周家山、百二公支下光公迁德兴县清溪、诏公支下康民公迁池州

---

① 譬如李琳琦《明清徽州进士数量、分布特点及其原因分析》(《安徽师范大学学报》(人文社会科学版) 2001年第1期)、覃华瑞《明清徽州的家族人口与生计变迁——以歙县许村与绩溪磡头村为中心》(博士学位论文，厦门大学，2009年)、胡中生《明清徽州人口与社会研究》(安徽大学出版社2016年版)、梁诸英《明清至民国徽州与安庆之间人口迁移及其影响》(《徽学》(第十辑)，2018年) 等。

② 值得一提的是，唐力行与美国学者凯瑟·海泽顿合作撰写的《明清徽州地理、人口探微》(《中国社会经济史研究》1989年第1期) 一文使用族谱资料，以歙县、休宁、绩溪为研究对象，对徽州人口密度作了有益的探索，是学界多年来在利用族谱资料解决历史时期徽州人口问题方面的重要成果之一。

③ 以“新安黄氏”为名，是因为徽州存在三支不同始迁祖的黄氏，其中以“黄积”为始迁祖的黄氏在合族纂修统宗谱时，便以“新安黄氏”为名。

④ 以上数据来源于(清) 黄世恕等纂修《新安黄氏大宗谱》，清乾隆十七年(1752) 刻本，上海图书馆藏，三册，存卷首、卷二至五、卷十五，其中“迁派”完整无缺。

石埭县赤岭。上述迁徙流程甚为明晰，为我们系统了解新安黄氏的宗族迁徙情况提供了极为详实的资料。

在人口繁衍记录方面徽州族谱也有不少有关历史人口地理的信息，譬如明代弘治年间由黄云苏等人纂修的《新安黄氏会通谱》，据上海图书馆所藏清抄本显示，其“谱图”部分记录了休宁县五城镇庆善堂支派（即黄积第三十九世至四十四世）78人的世系情况：第三十九世黄庆安，又名庆善，字以善，生于元至正壬辰年（1352），卒于明永乐辛丑年（1421）；第四十世共4人，永寿（1386—1442）、永信（1406—1477）、永岩、永隆（1424—1482），其中永岩、永隆二人传至第四十一世便中止了，且永隆出生时，庆安公早已过世三年，我们认为二人可能是清抄本讹误所致，故而第四十世可能为2人；第四十一世扣除永岩二子、永隆二子，为5人；第四十二世9人；第四十三世21人，其中出生最早的为士然（1455），出生最晚的为诗（1503）；第四十四世共40人。由此可以推算，自元末至明中叶，庆善堂支派大约26—38年为一世。庆善堂支派自明弘治以降开始繁衍壮大，第四十五世68人，第四十六世119人，其中时用公支派9人，分九房，第四十七世170人，九房文字辈26人，第四十八世171人，九房善字辈55人，第四十九世130人，九房之字辈84人，第五十世97人，九房世字辈76人，第五十一世36人，九房士（国）字辈32人。①可以看到，尽管时用公支派的人数随着庆善堂支派在总体上由增而减，但时用公一支始终占据多数。上述资料不仅为我们研究休宁五城黄氏某一时段整体的人口增长情况提供了材料，将其与族谱中记载的迁居地结合起来考察，也为我们了解其不同支派的人口空间增长分布提供了可能。

二　徽州族谱中的商业地理信息

唐宋以降，徽州行商之风渐起，迨至明清徽商成帮，形成全国性商业网络，以致有“无徽不成镇”之说。作为历史时期商业活动的主体，商人一直是历史经济地理学者关注的对象。日本学者臼井佐知子较早注意到徽州商人与家谱修撰之间的逻辑关联。她在《徽商及其网络》一文中将家谱纂修与徽商商业网络的扩大与强化进行了关联，认为族谱编纂的盛行与徽

① 以上数据来源于（明）黄云苏等纂修《新安黄氏会通谱》，清抄本，上海图书馆藏。

商网络的建立、扩张与强化是同步的。[①] 此后，葛剑雄就徽商兴衰相关的历史地理问题进行了阐释，认为应打破传统徽学研究的空间范围，根据徽商经营内容的差异和时代变迁，将空间视野扩展到整个长三角地区。[②] 就商业地理学研究而言，考察不同历史时期的商业空间及网络显然是主要内容之一。

就徽商研究资料的来源而言，主要有正史、方志、族谱、文集、契约文书、笔记小说、碑刻资料等。[③] 其中，族谱中世系、传记、行状、墓志铭等内容记载有大量关于徽州行商的年代、活动范围、经销商品等商业活动信息，成为历史商业地理研究的主要内容。譬如，歙县竦塘黄氏商人黄崇德（1469—1537）晓喻父意，"乃挟赀商于齐东"[④]，黄崇敬（1471—1525）"初游齐鲁燕赵之间，既而止淮扬"[⑤]，黄五保（1474—1540）"挟赀治鹾淮阴间"[⑥]，黄豹（1486—1545）"挟赀游荆襄南楚"[⑦]，黄存芳（1488—1561）"年十六，从父商于历阳"[⑧]，黄莹（1499—1550）"世货鹾两淮……居止于广陵、淮阴"[⑨]，黄诏（1508—1541）年及弱冠，"挟赀远游淮泗齐鲁间"[⑩]，黄铨（1519—1553）"商游吴门"[⑪]；潭渡黄氏商人黄谊（1499—1560）"稍长贾于闽、鲁……转毂于温、于杭及汴、扬都会之

① ［日］臼井佐知子：《徽商及其网络》，《安徽史学》1991 年第 4 期。

② 葛剑雄：《从历史地理看徽商的兴衰》，《安徽史学》2004 年第 5 期。

③ 参阅张海鹏、王廷元主编《明清徽商资料选编》，黄山书社 1985 年版。

④ （明）方信纂修：《竦塘黄氏统宗谱》卷 5《明故金竺黄公崇德公行状》，明嘉靖四十一年（1562）刻本，国家图书馆藏。

⑤ （明）方信纂修：《竦塘黄氏统宗谱》卷 5《明处士竹窗黄公崇敬行状》，明嘉靖四十一年（1562）刻本，国家图书馆藏。

⑥ （明）方信纂修：《竦塘黄氏统宗谱》卷 5《处士乐斋公行状》，明嘉靖四十一年（1562）刻本，国家图书馆藏。

⑦ （明）方信纂修：《竦塘黄氏统宗谱》卷 5《明故处士黄公豹行状》，明嘉靖四十一年（1562）刻本，国家图书馆藏。

⑧ （明）方信纂修：《竦塘黄氏统宗谱》卷 5《东庄黄公存芳行状》，明嘉靖四十一年（1562）刻本，国家图书馆藏。

⑨ （明）方信纂修：《竦塘黄氏统宗谱》卷 5《云泉黄君行状》，明嘉靖四十一年（1562）刻本，国家图书馆藏。

⑩ （明）方信纂修：《竦塘黄氏统宗谱》卷 5《凤山黄公行状》，明嘉靖四十一年（1562）刻本，国家图书馆藏。

⑪ （明）方信纂修：《竦塘黄氏统宗谱》卷 6《黄公铨传》，明嘉靖四十一年（1562）刻本，国家图书馆藏。

区"[1]，黄镛"商游闽、越、齐、鲁者三十余年"[2]。此外，歙县人鲍志道"年十一即弃家习会计于鄱阳，顷之转客金华，又客扬州之栟茶场，南游及楚，无所遇，年二十，乃至扬州佐人业盐"[3]，后又经商淮南；祁门人张广世"托迹于贾，游临清，逾淮扬，历金焦，过彭蠡，寓居江西乐平之众步镇"[4]；绩溪人章名馨"商贩宛陵"[5]；婺源人洪宗烈"往浮邑、景德镇治陶业"[6]，《燉煌郡洪氏通宗谱》载婺源洪源洪氏行商多有定居"清江浦、湖南、广西、成都、金陵、繁昌、桐城、蔡田等处"[7]；《汪氏统宗谱》载汪呈邦"商于楚，携其长次二子与俱，因纳少室于彼，遂以楚为家"[8]，《新安张氏续修宗谱》载张显达因家业旁落、不事农桑，遂"行贾于铜陵之张弯潭，因家焉"[9]。上述等等，可谓不胜枚举。

上述资料不仅记载了商人个体的商业行为及其空间活动轨迹，更为重要的是，"徽之俗，一贾不利再贾，再贾不利三贾，三贾不利犹未厌焉"[10]，历史上经商是徽州人解决生存问题的重要途径，而徽商在经商时由于受宗族观念的影响，以个体带动宗族群体是为常态，徽州族谱中有关徽商的记载对于我们考察历史时期徽商的宗族集体式商业空间行为及轨迹无疑也是有极大价值的。

---

① （清）黄臣槐等纂修：《潭渡孝里黄氏族谱》卷9《黄东泉处士行状》，清雍正九年（1731）刻本，中国科学院图书馆藏。

② （清）黄臣槐等纂修：《潭渡孝里黄氏族谱》卷9《松涧黄处士传》，清雍正九年（1731）刻本，中国科学院图书馆藏。

③ （清）鲍琮纂修：《棠樾鲍氏宣忠堂支谱》卷21《中宪大夫肯园鲍公行状》，清嘉庆十年（1805）刻本，国家图书馆藏。

④ （明）张宪纂修：《张氏统宗世谱·乐素堂记》，明嘉靖九年（1530）抄本，河北大学图书馆藏。

⑤ （清）章绪苗等主修：《绩溪西关章氏族谱》卷24《家传》，清道光二十九年（1849）木活字本，国家图书馆藏。

⑥ （清）洪朝样等纂修：《燉煌郡洪氏通宗谱》卷58《塔雁月塘公传》，清嘉庆二十三年（1818）轮溪书屋木活字本，上海图书馆藏。

⑦ （清）洪朝样等纂修：《燉煌郡洪氏通宗谱》卷56《南园记》，清嘉庆二十三年（1818）轮溪书屋木活字本，上海图书馆藏。

⑧ 休宁《汪氏统宗谱》卷3，转引自张海鹏、王廷元主编《明清徽商资料选编》第180条，黄山书社1985年版，第58—59页。

⑨ （清）张习孔等纂修：《新安张氏续修宗谱》卷30《潜德志》，清顺治十六年（1659）刻本，国家图书馆藏。

⑩ （清）倪望重等修：光绪《祁门倪氏族谱》卷下《诰封淑人胡太淑人行状》，清光绪二年（1876）刻本，国家图书馆藏。

三 徽州族谱中的社会网络

历史社会地理学在对不同区域人群行为的研究中，比较注重群体的空间行为，譬如对社会关系网络的分析，并探讨其行为与社会文化环境的相互作用和影响。王振忠认为，历史社会地理在研究区域人群的人际、群际关系时，应当始终加强对地理背景的分析，应当重点发掘族谱、民间文书、民间三集成（歌谣、谚语、民间故事）、竹枝词、文集、笔记等资料。[①]

在徽州族谱中，就存在着大量有关社会关系的记载，最直接的就是序跋、诗文、传记、墓志铭、行状等艺文类作品的作者身份以及在传记中具体提及的社会关系，这些关系涉及官场门生、商业交往、姻亲关系等内容。从现存徽州族谱来看，依据族谱资料，若以某一人物为中心，复原重建一张张复杂的社会关系网络是具有较大的可行性的。譬如，《新安黄氏大宗谱》载有一篇落款为“仙源黄山焦煜”的墓志铭（即《处士黄公克明墓志铭》），传主系祁门左田人黄能远（1467—1530），墓志铭中记载了黄能远的姻亲关系：娶妻程氏，长子黄瑜娶妻李源李氏，次子黄璋娶妻大溪吴氏，孙女嫁给同里吴珀。焦煜声称是仰慕“处士之贤”而作此铭，从中可以推测作为晚辈的焦煜可能与黄能远的族人存在某种联系。[②] 焦煜，字伯升，号城山，明嘉靖二年（1523）进士，历任刑部主事、浙江按察司佥事、福建参议等。据民国版《仙源焦氏宗谱》记载，焦煜的曾祖父是焦尧看、祖父是焦惠荣，同年好友有华亭人徐阶、成都人李凤翔，姻亲关系有里人陈宣、太平人崔涯、周怡，并与钱塘人吴鼎、许应元，广扬人陈儒，太平县令刘元凯，苏州人王一瀛、文徵明，宣城人梅守德等人交游。[③] 其中，文徵明留下七律《南屏》一诗，有一句

---

① 王振忠：《历史社会地理研究刍议》，《中国历史地理论丛》2005 年第 4 期。

② （清）黄世恕等纂修：《新安黄氏大宗谱》卷 4《处士黄公克明墓志铭》，清乾隆十七年（1752）刻本，上海图书馆藏，三册，存卷首、卷二至五、卷十五。

③ 参阅焦承恩等主修：《仙源焦氏宗谱》卷末《黄山焦公行状》《跋时苗留犊图赠宪伯黄山焦公》《题时苗留犊图赠黄山焦公》《赠佥宪黄山焦公入觐叙》《赠宪伯黄山焦老先生擢参闽藩叙》《寿少参黄山焦公六旬叙》《寿方伯焦黄山先生八十叙》《赠城山焦兄》《送黄山焦公住宣城》《与黄山焦年兄书》《与黄山旧寅长书》《与焦黄山乡尊书》《与黄山亲家书》《与方岳黄山焦亲家》，1924 年刻本，清华大学法学院图书馆藏，黄山市黄山区档案局藏有复印本。

“草堂正得幽居乐，莫遣人占处士星”[①]，说的是休宁古林黄氏“南屏山人”黄隣（约1469—1539）。黄隣“性嗜山水，每慕陶渊明为人，筑室山南，自谓南屏山人”[②]。休宁董事徐江山为其妻金氏立传，即《黄母金氏传》《南屏隣公配金孺人传》。[③] 黄隣的三子黄琏请姚来为其父母撰写墓志铭，即《南屏隣公暨配金孺人合葬墓志铭》，交代了黄隣一家的姻亲关系，“（长子）珏娶星洲叶氏，（次子）琢娶五城詹氏，（季子）琏娶雁塘吴氏，女二，坤适山斗程毓，免适会里程海”[④]，二子黄琢请方太古撰写记文《南屏记》，[⑤] 翰林院编修慈溪人袁炜为黄隣撰写一篇赞文，即《南屏隣公》，[⑥] 从中我们或可一窥文徵明、徐江山、姚来、方太古、袁炜等人与黄隣一家的社交关系。其中，徐江山留有一篇寿序，即《竹轩序》，[⑦] 为左田黄氏号“竹轩翁”者做六十寿。据序文可知，此文是受黄竹轩的姻亲朱文峰所托而作。《新安左田黄氏正宗谱》还存有龙潭人李叔和为黄竹轩写的一篇赠诗，即《赠竹轩诗（金台送别）》。[⑧] 此外，歙县竦塘人黄明芳，“好接斯文士，一时人望如沈石田、王太宰、唐子畏、文徵明、祝允明辈皆纳交无间”，过六旬大寿，“子畏辈皆亲洒瀚为贺”[⑨]，并与同郡潘希周关系最佳。这些记载不仅有明确的人物身份及关系信息，

---

① （明）黄积瑜纂修：《新安左田黄氏正宗谱》卷13《南屏诗》，明嘉靖四十三年（1564）刻本，上海图书馆藏，一册，存文献卷九至十八；（清）黄治安纂修：《休宁古林黄氏纂修族谱》卷12《南屏》，清乾隆三十一年（1766）刻本，上海图书馆藏，二册，存卷九至十二、卷末。

② （清）黄治安纂修：《休宁古林黄氏纂修族谱》卷9《南屏隣公配金孺人传》，清乾隆三十一年（1766）刻本，上海图书馆藏，二册，存卷九至十二、卷末。

③ （明）黄积瑜纂修：《新安左田黄氏正宗谱》卷14《黄母金氏传》，明嘉靖四十三年（1564）刻本，上海图书馆藏，一册，存文献卷九至十八；（清）黄治安纂修：《休宁古林黄氏纂修族谱》卷9《南屏隣公配金孺人传》，清乾隆三十一年（1766）刻本，上海图书馆藏，二册，存卷九至十二、卷末。

④ （清）黄治安纂修：《休宁古林黄氏纂修族谱》卷10《南屏隣公暨配金孺人合葬墓志铭》，清乾隆三十一年（1766）刻本，上海图书馆藏，二册，存卷九至十二、卷末。

⑤ （清）黄治安纂修：《休宁古林黄氏纂修族谱》卷12《南屏记》，清乾隆三十一年（1766）刻本，上海图书馆藏，二册，存卷九至十二、卷末。

⑥ （清）黄治安纂修：《休宁古林黄氏纂修族谱》卷12《南屏隣公》，清乾隆三十一年（1766）刻本，上海图书馆藏，二册，存卷九至十二、卷末。

⑦ （明）黄积瑜纂修：《新安左田黄氏正宗谱》卷9《竹轩序》，明嘉靖四十三年（1564）刻本，上海图书馆藏，一册，存文献卷九至十八。

⑧ （明）黄积瑜纂修：《新安左田黄氏正宗谱》卷13《赠竹轩诗（金台送别）》，明嘉靖四十三年（1564）刻本，上海图书馆藏，一册，存文献卷九至十八。

⑨ （明）方信纂修：《竦塘黄氏统宗谱》卷5《双泉黄君行状》，明嘉靖四十一年（1562）刻本，国家图书馆藏。

还有明确的时间和空间信息，正是研究历史社会地理的绝佳素材。

四 徽州族谱中的风俗地理信息

风俗包括民间信仰、风俗习尚、居住方式、衣食特征等内容，既涉及物质层面也有非物质层面。[①] 长期以来，有关社会风俗的研究都是社会史领域的重要课题。然而，自20世纪90年代以来，社会风俗史研究出现了新的局面，以周振鹤、卢云、张伟然、张晓虹等为代表的一批学者运用历史地理学的理论、方法对一些风俗地理相关问题进行了研究，[②] 使得其与语言地理、宗教地理等内容共同构成历史文化地理的研究重点。[③]

值得注意的是，上述学者有关风俗地理的研究成果，所使用的基本史料，大多来自于地方志、专志或载有风俗史料的文集、游记等文献，少有涉及族谱文献的资料。一般来说，体例完备的族谱都会设有“风俗”“礼俗”“礼节”等名目的卷帙，专门记载本地本宗族世代传承的风土人情和礼仪习俗，或在“祠堂”“坟茔”“艺文”“族规”“家传”“序跋”“凡例”等篇目中亦可辑录出风俗资料。譬如由上海图书馆主持编纂的《中国家谱资料选编》第11册，即为陈秉仁整理的《礼仪风俗卷》（下）“风俗类”，收录了33部含有风俗资料的家谱，其中两部为徽州家谱，即歙县《桂溪项氏族谱》和《绩溪庙子山王氏谱》。

由项启钠等人纂修的歙县《桂溪项氏族谱》“风俗”条载：

> 五方风气不齐，以相习而成俗，乡井既殊，风俗亦别。新安为文公之阙里，大率安于礼教。而桂溪属首治之南隅，涵濡教化，素有以砥砺于其间，然气习相效，亦有与时移易者。辑谱而及风俗，要使聚族于斯者。幸生秉礼之邦，沐浴时雍之化，仰承启佑之隆，咸思磨濯，勉为善

① 周振鹤：《中国历史文化区域研究·序论》，复旦大学出版社1997年版。

② 参见卢云《汉晋文化地理》第三章《汉晋时期婚姻形态的地理研究》和第四章《汉晋时期的俗乐区域与雅乐中心》（陕西人民出版社1991年版）、张伟然《湖南岁时习俗的区域差异》（《求索》1994年第2期）、张晓虹《清代陕西婚俗地域分布的初步研究》（《陕西师范大学学报》（哲学社会科学版）1997年第2期，后收入周振鹤《中国历史文化区域研究》第三编《风俗文化区》，该编亦收录周振鹤《秦汉风俗地理区划》、胡阿祥《中古时期郡望郡姓的地理分布》两文）等。

③ 周振鹤：《中国历史文化区域研究·序论》，复旦大学出版社1997年版。

良，则风行俗美，反朴还淳，而太史陈风必有以副輶轩之采矣。[①]

此段之后，便是罗列“龙章公梓里遗闻五则”，其中第一、二则分三个阶段叙述明中叶以后桂溪风俗之变化，第三、四则讲的是婚俗与闺房门风，第五则讲的是祭祀礼法。

由王集成纂修的《绩溪庙子山王氏谱》载有“宅里略”五卷（卷8—12），其中卷9、10、11分别记载了庙子山王氏的“风俗”“方言、歌谣”“谚语”等内容。“风俗”一卷记有岁时、婚嫁、生育与儿童、训蒙、衣服、辫发、器具、起居、饮食、庆贺、吊唁、丧葬、迎神等内容。是卷记载了不少风俗地理的信息，譬如在“岁时”方面，每年二月十九日是观音生日，该族妇女“多有结伴赴本都古塘烧香者”，七月七日乞巧节，则“结伴于六日下午赴古塘住宿，夜半守看天上彩云”，七月三十日为地藏王菩萨生日，则“结伴赴五都金山烧香”，每年清明，族中“有经商千里外星夜赶归而行之者”，每年除夕夜晚饭后，家长会分给子弟压岁钱，“洪杨乱前，压岁钱通常每人数十文至百余文，乱平后尤减少，光绪以来渐如旧，入民国又丰，有多至数百文或一元者”；其余婚嫁、饮食、迎神诸方面亦多有地方风俗变迁之内容。[②]

徽州家谱于地方风俗记载甚多，再如有关徽州经商的风气之盛，前述《祁门倪氏族谱》载“徽之俗，一贾不利再贾，再贾不利三贾，三贾不利犹未厌焉”[③]，《许氏统宗世谱》则强调“徽歙俗多业商，在休宁者居半”[④]，婺源《燉煌郡洪氏通宗谱》进一步交代了远商异地的原因，“以山多田寡，耕种为难，而苦志读书者又不可多得，是以挟谋生之策，成远游之风，南北东西，本难悉数”[⑤]；而有关繁衍子嗣的风俗，休宁董事徐江山听闻黄隣之妻金孺人的事迹，为其立传，即《南屏隣公配金孺人传》，指

---

① 陈建华、王鹤鸣主编：《中国家谱资料选编》第11册《礼仪风俗卷》（下），上海古籍出版社2013年版，第928页。

② 王集成纂修：《绩溪庙子山王氏谱》卷9，1936年铅印本。

③ （清）倪望重等纂修：《祁门倪氏族谱》卷终《诰封淑人胡太淑人行状》，清光绪二年（1876）刻本，国家图书馆藏。

④ 《许氏统宗世谱》第49页《许存斋墓表》，转引自张海鹏、王廷元主编《明清徽商资料选编》第159条，黄山书社1985年版，第52页。

⑤ （清）洪朝样等纂修：《燉煌郡洪氏通宗谱》卷56《南园记》，清嘉庆二十三年（1818）轮溪书屋木活字本，上海图书馆藏。

出休宁“民风大都急宗祠，而妇人则忌悍，相习成俗”①。这些有关历史时期徽州不同地区风俗的记载因为涉及的群体信息与空间范围更细，显然可以为我们深入考察徽州历史风俗地理提供重要的信息来源。

五 徽州族谱中的人地关系

人地关系是历史地理学研究的重要主题。早在距今一万年前农业诞生伊始，人类便已建立了真正的人地关系。② 徽州山多地少，在历史时期是高移民地区，既有与三次大规模人口南迁相关的人口流动，也有区域内的迁徙活动。而无论是大规模的人口迁徙，还是区域小范围的人口迁徙，均涉及人地关系的处理问题。而区域内人群的地理迁移必然涉及一村一地之开发，这一类人地关系的记载在正史及方志等传世文献中相对较少。即便有之，亦较为粗略。相反，这类资料大多普遍存在于族谱等民间文献之中。值得注意的是，历史时期各地人地关系既有和谐的一面，也有矛盾的一面。这二者在徽州族谱中均有记载，只不过记载的方式有所不同。

徽州族谱中多有宗族对其生活地域开发情况的记载，譬如绩溪上川明经胡氏在族谱中声称“吾族僻处山陬，田畴狭小，惟服农力穑，乃可自立，道咸间，子姓既繁，近村一二十里无不辟垦，种黍植茶，殆鲜旷土，自经兵燹，山野荒芜，迩来虽稍稍开拓，然视前时十一二耳”③，歙县汀村人江演鉴于新岭险隘，“下路梗塞，为行旅者苦”，遂“请于督抚，捐金开凿，凡驿汛、寺观、茶庵之设，四五年间约费数万金，由是往来络绎，坦夷自由”④，明中叶休宁商人汪明德“助父兄筑圩、开田、通渠引水，皆有经久良法，修砌周围石路，架桥梁以便往来，不少吝焉……晚年于所居之旁，围一圃、辟一轩，凿一塘，以为燕息之所”⑤，稍晚于汪明德的休宁人查杰还

---

① （清）黄治安纂修：《休宁古林黄氏纂修族谱》卷 9《南屏隣公配金孺人传》，清乾隆三十一年（1766）刻本，上海图书馆藏，二册，存卷九至十二、卷末。

② 韩茂莉：《人地关系研究中的多元视角》，《云南大学学报》（社会科学版）2019 年第 6 期。

③ （清）胡祥木等纂修：《上川明经胡氏宗谱》下卷之下《拾遗》，清宣统三年（1911）木活字本，上海图书馆藏，八册，此处为 2005 年翻印本上下卷，藏于绩溪县上庄村志编纂委员会胡毓骅处。

④ （清）江维椿等纂修：《济阳江氏族谱》卷 9《清诰赠光禄大夫演公原传》，清乾隆四十二年（1777）刻本，安徽大学徽学研究中心藏复印本。

⑤ 《汪氏统宗谱》卷 42《七十六代世昭墓志铭》，转引自张海鹏、王廷元主编《明清徽商资料选编》第 927 条，黄山书社 1985 年版，第 292 页。

曾“彻石埠于姑孰，广石道于南陵……建尊经阁，整明伦堂，竖文笔峰，三裨益于黉序”①，此类甚多。另外，历史时期徽州各地出现的人地关系失调现象，宗教主要采用族规家法的方式对族人破坏生产、生活环境之行为予以制止。此类记载也不在少数，譬如《婺源翀麓齐氏敦彝堂祠规》中“保龙脉”“护村基”两条就明文规定，“来龙为一村命脉，近数十年山木伐尽，坟冢累累，石坠土崩，伤残破碎，村运之衰皆由于此，今议来龙山正脉一概培土种树，树根盘固自无坍泻之虞，从前已葬者勿论，嗣后凡种树处，毋许再有扦葬，违者合族押迁，仍罚银十两，抗拒不遵，呈官究治”，“今议自红庙后起，至尚义桥下止，就现在所有之圳，通者浚之，塞者开之，以深五尺阔三尺为度，挑出之泥培筑弓堤，补种樟柳杂木”②，等等。

上述材料多为历史时期徽州各地族谱有关一时一地人地关系之详细记载，既有开发过程等描述性记录，也有保护规则等经验性总结，不仅对于我们研究历史时期微观尺度的人地关系具有重要意义，而且对于我们系统总结历史时期不同地区人地关系的历史演变也有重要参考价值。

余 论

以上所言仅就徽州族谱中蕴含的人口地理、商业地理、社会地理、风俗地理及人地关系方面的相关历史信息及其潜在价值略做简要分析。事实上，徽州族谱中蕴含的历史地理信息及价值是多方面的，并不限于此。譬如，在历史文献地理学及学术地理学方面，数以千计的徽州族谱本身的空间分布及其变迁就是值得研究的历史文献地理学议题，而由于历史时期作为“程朱故里”的徽州自两宋以后文化昌盛，被誉为“东南邹鲁”，大量徽州族谱中记载了历代徽州文化名人的生平事迹、交游网络及其相关著述，这对于我们研究历史时期徽州学术地理的形成及其变迁也是具有重要意义的；在历史聚落地理学方面，唐宋以后徽州多“聚族而居”，但是有关其乡村聚落地理之记载在正史、方志等史籍中要么漏载、要么语焉不详，而在大量的徽州族谱中不仅大多有单个聚落形成、发展之相关之记

① 《休宁西门查氏祠记·查灵川公暨配汪孺人行状》，转引自张海鹏、王廷元主编《明清徽商资料选编》第270条，黄山书社1985年版，第92页。

② 转引自上海图书馆编，陈建华、王鹤鸣主编，周秋芳、王宏整理《中国家谱资料选编》第9册《家规族约卷》（下），上海古籍出版社2013年版，第523页。

载，也有《新安名族志》《休宁名族志》等有关区域性乡村聚落之记载，无疑可以为我们考察历史时期徽州聚落地理之相关状况提供重要材料。

尽管徽州族谱与其他地区的族谱存在共性，譬如均可从世系图中梳理出一条相对清晰准确的时间脉络，并提供族群迁徙地信息，但相对而言，徽州族谱的存世数量相当庞大①，且种类多样、内容丰富，编修较之他地连续性更为完整。此外，需要我们注意的是，理解徽州族谱的价值可能需要我们从以下两个逻辑层面考量：其一，历史时期的徽州是高移民地区，也是典型的宗族社会，徽州族谱本身是这一历史过程的重要载体和见证，其本身的历史信息具有较强的丰富性、系统性和完整性，是一个相对成熟的历史文献系统；其二，自两宋以后，徽州文教事业发达，加之明清徽商之盛，至明清统县政区而言，徽州传世文献、民间文献（包括文书、族谱等）和田野文献（包括石刻及各类历史遗迹等）这三大文献系统的丰富性、系统性和完整性无疑在其中是名列前茅的，这也是为何自20世纪50年代以后徽学逐渐发展成为重要的地域性显学的主要原因，而作为民间文献的重要组成部分，徽州族谱与传世文献、徽州文书以及石刻文献等具有一定的内在关联性，彼此之间多可印证，共同构筑起了徽学研究的文献基础。尤其是后者，徽州族谱与徽州其他文献一起构成了传统中国中后期一个极为丰富、系统、完整的地域史料体系，其彼此印证性极强，这可能是徽州族谱在史料环境方面与历史时期其他地区族谱最为重要的区别。② 以此言之，徽州族谱既可以为历史时期徽州及其周边历史地理学不同要素的

① 尽管目前对徽州族谱存世数量的具体数据未有定论，但管见所及，中华书局、上海古籍出版社、上海图书馆及台湾成文出版社有限公司等多家单位均出版过族谱目录之类的工具书。此外，武新立、徐学林、王鹤鸣、谈家胜、徐彬、刘伯山等学者就徽州族谱的数量、类型、利用情况、学术价值等问题均做过相关讨论。由于统计时代及口径的差异，上述诸家认为徽州族谱的存世数量大体在2000—5000种之间。虽然差异较大，但徽州族谱存世数量众多这一基本认知则是无疑的。若以明清府州一级行政单位来看，可能罕有出其右者。

② 阿风曾经对“文书与史料系统”这一主题进行过阐述（详见阿风《文书与史料系统》，《中国史研究动态》2017年第5期），其中有部分内容涉及徽州的史料系统问题。不过，其仅就徽州文书而言。笔者也曾对徽州区域历史文献的特征进行过阐述（详见《数字人文与区域史研究：以徽学为例》，《江汉论坛》2017年第11期）。实际上就徽州的史料系统来说，我们可能要将传世文献（正史、方志、文集等）、民间文献（文书、族谱等）、田野文献（石刻、历史遗迹等）三者综合来看，充分考虑彼此之间历史信息的关联性及其对史学研究的潜在价值，才能看出历史时期徽州史料系统的优势，才能明晰自20世纪50年代以来为何徽学可以发展成为当下重要的地域性显学。从这一角度来说，我们在进行具体的历史研究时，徽州族谱这一本身就相对系统的历史文献与徽州其他文献相得益彰，自然就可以发挥出“一加一大于二”的效果。

研究提供坚实的基础和必要条件，也可以为从自然村落、都图里甲到县、府州等不同层次的区域性历史地理研究的开展提供丰富的历史场景，进而为我们考察历史时期徽州地域社会的形成与演变奠定坚实的文献基础，同时也可以为我们理解历史时期中国不同地域单元和文化图景的形成与演变提供帮助，其在历史地理学方面的学术意义无疑应值得我们高度重视。

《（光绪）宿州志·官爵志》唐五代宋史料补遗

牛继清　王孝玉[*]

《（光绪）宿州志》修成于光绪十五年，该志是传统时代最后一部宿州志，颇具优长，黄山书社 2014 年出版了点校本，“校点前言”中将其总结为“内容丰富”“体例严谨”“考证细致”“记载公益”“特重灾乱”“关注民生”六点，并指出该志的价值与作用：保存了重要史料、凸显了历代变化、反映了当地特点、提示了地情价值。但由于时代关系，资料收集条件有限，该志依然存在诸多疏漏。以《官爵志》为例，明代以降，有嘉靖、万历、康熙、乾隆诸志为据，分文、武职，文职立知州、同知、州同、州判、学正、训导、巡检、吏目诸目，武职立守备、都司、游击、千总、把总诸目，并有卫官，记载比较翔实①。但自唐至元，疏漏颇多。李之亮《宋

---

* 牛继清，淮北师范大学历史与社会学院安徽文献整理与研究中心；王孝玉，江苏省灌南县第二中学教师。

① 间有疏误，如清道光六年（1826），阮缙任宿州知州，志失载。又，明人甄謜，永乐十六年（1418）进士，志作“甄惠”，并云“成化中，以翰林检讨出判汝、泰、宿三州，历有政迹，遂升宿州”。成化为明宪宗年号，自公元 1465 年到 1487 年，计二十三年。甄氏 1418 年中进士，到成化间任宿州知州，似不可能。考《明实录》卷一百二十九载：正统十年五月“庚子，直隶凤阳府宿州知州甄謜奏，所辖地名龙山湖坡等处，俱系湖水退滩，土膏地饶，易为耕种。山东、山西诸处逃来之人，动以万计，往往于彼团住。已招抚男妇四千一百余口，计七百八十余户，分拨田地，省令生理，相继来者，络绎于道。民数既多，若不严加防制，恐聚集为非，乞添设官安抚，秋成后相宜处置。”程时悦撰《重修相山庙记》有：“皇明正统十有二年，突破州太守甄侯……”。又《（光绪）寿州志》卷七《职官·知州》，“甄謜，束鹿，进士，（正统）十年任”。则甄氏当正统十年由寿州转任宿州，“成化”显误。

两淮大郡守臣易替考》① 一书对两宋宿州知州、保静军节度使作了编年，但相关史料并不完备，且有疏漏。周道斌《宿州地域历史大事年表》② 亦偶有涉及。我们在《（光绪）宿州志研究》一文中，做了简略补遗，限于体例与篇幅，未能展开，本文在充分钩稽史料的基础上，对《（光绪）宿州志·官爵志》唐五代宋部分做一补遗，以助益地方历史文化研究。

唐

1. 阴弘道，生卒年不详，益州（今四川成都）人，唐贞观（627—649）年间曾任临涣令。

《旧唐书·经籍志》："《周易新论》十卷，阴弘道撰。"《旧唐书·傅仁均传》：傅仁均论历，"贞观初，有益州人阴弘道，又执孝通旧说以驳之，终不能屈。"

《新唐书·艺文志》："阴弘道《周易新传疏》十卷。颢子，临涣令……阴弘道《春秋左氏传序》一卷。"

《崇文总目》卷一："《周易新论传疏》十卷，阙。唐阴洪道撰。洪道世其父显（颢?）之学，杂采子夏、孟喜等十八家之说，参订其长，合七十二篇，于《易》有助云。"③

2. 李明泰，生卒年不详，唐陇西狄道（今甘肃临洮）人。曾任符离县令。

佚名《大周故扬州大都督府法曹参军李君（知玄）墓志铭并序》："公讳知玄……以万岁通天元年五月廿日，合葬于偃师县首阳乡之西原……胤子徐州符离县令明泰，悲缠露序，泣对霜朝。"④

3. 赵山松，生卒年不详，颍川长社（今河南长葛）人。历苏州司法参军、符离县令。

佚名《大唐故青州司仓参军上柱国天水赵府君（克廉）墓志铭并序》："君讳克廉……祖山松，皇（唐）苏州司法参军、符离县令。岳□为宰，

---

① 李之亮：《宋两淮大郡守臣易替考》，巴蜀书社2001年版，第69—82页。

② 周道斌：《宿州地域历史大事年表》，合肥工业大学出版社2017年版。

③ 王尧臣等：《崇文总目》，台湾商务印书馆1986年影印文渊阁《四库全书》本。"显"疑为"颢"之误，"顯""颢"形近。

④ 吴钢：《全唐文补遗·千唐志斋新藏专辑》，三秦出版社2006年版，第76页。

光一县而浮花；由也□仁，听片言而折狱。”①

4. 李寂（660—724），字萧然，渤海蓨（今河北景县）人，世居洛阳。释褐亭山县主簿，历高平县尉、扶沟县丞、汝阳县令、临涣县令，至武州别驾。

陈贞节《唐故朝议大夫守武州别驾上柱国李公（寂）墓志》：“公讳寂，字萧然……未经考闻，又制授亳州临涣县令。一从朱绂，再绾铜章。树善劝农之心，子贱鲁恭之背。”②

5. 韦缜（？—724），京兆杜陵（今陕西西安）人。明经及第，历临涣县令、薛王府文学、申王府司马。

独孤及《唐故朝议大夫申王府司马上柱国赠太常卿韦公神道碑并序》：“公讳缜……授秘书省校书郎，亲累徙官。再迁，至亳州临涣县令，宽任恺悌之政，行乎千室，期年而颂声兴。”③

6. 魏靖（659—726），字绍绪，巨鹿曲阳（今河北曲阳）人。历武城、郑县尉，转大理评事，至殿中侍御史，出为鄠县令，又历符离、万年县令，庆、沁、易、泾四州刺史，灵、庆、秦三州都督，至右金吾将军。

刘升《大唐故右金吾将军魏公（靖）墓志铭并序》：“公讳靖……又贬为温州岳城主簿、符离县令……”④

7. 赵琼琰（673—740），河南（今河南洛阳）人。历乐平县尉、高苑县丞，至临涣县丞。

赵翌《故亳州临涣县丞赵君墓志铭并序》：“初以投笔功，拜饶州乐平尉，再补淄州高苑丞，又转亳州临涣丞。”⑤

8. 中居液，生卒年、籍贯不详。开元十二年（724）为临涣县尉。

《金石萃编》卷七十五《虢国公杨花台铭》：“开元十二年十月八日。”“判官亳州临涣县尉申居液撰。”⑥

9. 郑令从，生卒年不详，郑州荥阳（今河南荥阳）人。曾任符离县令。

《新唐书·宰相世系表》：“令从，符离令。”

---

① 周绍良：《全唐文新编》卷九百九十五，吉林文史出版社1999年版，第14883页。
② 周绍良：《全唐文新编》卷二百八十一，第3182页。
③ 周绍良：《全唐文新编》卷三百九十，第4478页。
④ 周绍良：《全唐文新编》卷二百七十九，第3162页。
⑤ 周绍良：《全唐文新编》卷三百三十四，第3829页。
⑥ 王昶：《金石萃编》卷七十五，中国书店1985年据扫叶山房1921年本影印，第3页。

10. 崔茂宗（673—741），字季昌，博陵安平（今河北安平）人。明经上第，释褐宁州参军，历襄邑县丞、汾州司士参军，授临涣令，转荥泽令。

王缙《大唐故朝议郎郑州荥泽县令崔府君墓志铭并序》："按察使崔琳表以清干，闻于朝廷。时诏委长吏择官属，各举所知，将为之宰。刺史冯履谦独以公名上达，受试于小冢宰，日四判，居甲科，鉴则知音，用非不次，授亳州临涣县令。"①

11. 邹象先，生卒年、籍贯不详，开元二十三年（735）进士，曾任临涣县尉。

计有功《唐诗纪事》卷二十二"邹象先"条："象先尉临涣，萧颖士自京邑无成东归，以象先同年生也，作诗赠之。"②

12. 李澜（？—766?），陇西成纪（今甘肃静宁）人。唐代宗永泰元年（765）任蕲县令，说服"草贼"降附。徐州刺史曹升趁机偷袭，李澜及弟渤、女李氏为贼所害。

《旧唐书·列女传》："原武尉卢甫妻李氏，陇西成纪人也。父澜，永泰元年春任蕲县令。"

13. 李师乔，生卒年不详，赵郡（今河北平棘）人。曾任临涣县令。

《新唐书·宰相世系表》："师乔，临涣令。"

14. 李单，生卒年不详，陇西（今甘肃临洮）人。唐宗室，蒋王恽六世孙。曾任临涣县尉。

《新唐书·宗室世系表》：蒋王房"临涣尉（李）单"。

15. 严挹之，生卒年不详，蜀郡（今四川）人。严绶祖父，曾任符离县尉。

《旧唐书·严绶传》："严绶，蜀人。曾祖方约，利州司功。祖挹之，符离尉。"

16. 崔宁（723—783），贝州安平（今河北安平）人，迁居卫州（今河南卫辉）。本名旰，出于博陵崔氏。早年任符离令，后随剑南节度使鲜于通，以功授官，仕至西川节度使。唐代宗大历三年（768）入朝，代宗赐名"宁"。大历十四年（779），入为检校司空、同平章事，兼山陵使、御史大夫。德宗建中（780—783）初，出为朔方节度使，旋入为右仆射、

① 齐运通：《洛阳新获七朝墓志》，中华书局2012年版，第234页。

② 计有功：《唐诗纪事》卷二十二，上海古籍出版社1987年版。

知尚书省事。建中四年（783）泾原兵变，随德宗出逃奉天（今陕西乾县），为卢杞诬杀。

《旧唐书·崔宁传》："本名旰。虽儒家子，喜纵横之术。卫州刺史茹璋授旰符离令，既罢，久不调，遂客游剑南。"

17. 裴涚（743—788），字德源，河东绛（今山西绛县）人。以后族为符离县尉，转左领军卫胄曹参军，入为大理评事，又主度支埇桥院。

裴通《唐故大理评事摄监察御史裴府君（涚）墓志铭并序》："府君讳涚，字德源……以后族早岁诸亲陪位，始为符离尉。贞正从事，强明役物。……又主度支埇桥院……至于徐南埇上之职，事不时阙……以贞元四年九月十五日，遘疾殁于埇城之官舍，享年四十六。"①

18. 崔如璋，生卒年不详，许州鄢陵（今河南鄢陵）人。曾任符离县令。

卢从偃《故左羽林军胄曹参军崔君（纮）墓志铭并序》："公讳纮……祖如璋，皇（唐）徐州符离县令，赠兵部尚书。"②

19. 权有方（？—800），天水略阳（今甘肃秦安陇城镇）人。权德舆再从叔。历太子通事舍人、亳州司士参军，至蕲县令。

《新刊权载之文集》卷二十六《再从叔故试大理评事兼徐州蕲县令府君墓志铭并序》："至大理评事，兼徐州蕲县令，满岁南游，遘疾于途，以贞元十六年夏五月殁于楚州之旅馆。"③

20. 张质（754—?），蒲州猗氏（今山西临猗）人。贞元十七年（801）为临涣尉④。

《续玄怪录·张质》："猗氏张质，贞元十七年四月二十一日上临涣尉。"⑤

21. 张质（750—?），荆州江陵（今湖北江陵）人。贞元十　年（795）至贞元十七年（801）任临涣县尉。

《续玄怪录·张质》："见任尉江陵张质，年五十一，贞元十一年四月

① 吴钢：《全唐文补遗·千唐志斋新藏专辑》，第274页。

② 周绍良：《全唐文新编》卷七百一十六，第8162页。

③ 权德舆：《新刊权载之文集》卷二十六，北京图书馆出版社2004年影印本。

④ 《续玄怪录》作者李复言，元和四年任徐州彭城县令，言闻前临涣尉张质所述，不宜纯视为小说家之言。下条同。

⑤ 李复言：《续玄怪录》，上海古籍出版社1985年版，第162页。

十一日上任，十七年四月二十一日受替。”[①]

22. 左中孚，生卒年、籍贯不详，曾任临涣县尉。

《左中孚龙门造像记》：“石龛阿弥陀像者，亳州临涣县尉左中孚为亡妻之所造也。”[②] 该记年月残损。陆增祥《八琼室金石补正》卷三十二考定在开元十年（722）之前[③]。缪荃孙《艺风堂金石文字目》卷四系于显庆四年六月十日，未知何据[④]。

23. 李嵒，生卒年、籍贯不详，曾任临涣县尉。

鹿邑县《唐御注道德经碑》题名：“朝散郎行临涣县尉李嵒。”[⑤]

24. 孙奉章，生卒年、籍贯不详，开元二十八年（740）任临涣县主簿。

鹿邑县《唐御注道德经碑》题名：“临涣主簿孙奉璋。”

25. 崔隽，生卒年不详，一作儁，博陵安平（今河北安平）人。独孤及岳父。曾任临涣县丞。

独孤及《唐前楚州司马河南独孤公故夫人博陵崔氏墓志铭》：“考隽，亳州临涣县丞。”[⑥]

《新唐书·宰相世系表》：“儁，临涣丞。”

26. 令狐通（？—822？），京兆富平（经陕西省富平县）人。令狐彰之子。唐宪宗元和六年（811）以门荫授赞善大夫、宿州刺史。唐穆宗长庆（821—824）初，至左卫大将军，旋卒。

《旧唐书·令狐彰传》：“通，元和中……宪宗念彰之忠，即授通赞善大夫，出为宿州刺史。”

27. 赵纂（？—831），河东（今山西）人。以明经为太常寺丞，历解县尉、太子通事舍人、泗州团练副使、大理评事，至守盐铁埇桥院。

韦博《唐故侍御史内供奉知盐铁埇桥院赵府君墓志铭》：“君姓赵氏，名纂……长庆二年，相国王公播领盐铁使，镇淮南，以埇、徐属弥最难

① 李复言：《续玄怪录》，第163页。
② 吴钢：《全唐文补遗》第七集，三秦出版社2000年版，第226页。
③ 陆增祥：《八琼室金石补正》，文物出版社1985年版。
④ 缪荃孙：《艺风堂金石文字目》，清光绪三十二年刻本。
⑤ 于沧澜主纂，蒋师辙纂修：《（光绪）鹿邑县志》卷十下《艺文下》，光绪二十二年刻本。
⑥ 周绍良：《全唐文新编》卷三百九十一，第4486页。

处，奏御史专埇桥院，服绯佩银，更殿中侍御史。”[①]

28. 裴鲁顾，生卒年不详，绛州闻喜（今山西闻喜）人。绛州刺史裴锐之弟，宝历、大和（825—835）年间曾任宿州刺史。

《新唐书·宰相世系表》：“鲁顾，宿州刺史。”

29. 吴季真，生卒年、籍贯不详，唐文宗大和（827—835）年间仕至邕管经略使。

《旧唐书·文宗纪》大和七年三月“辛丑……复于埇桥置宿州，割徐州符离县、蕲县，泗州虹县隶之，以东都盐铁院官吴季真为宿州刺史”。八年四月“甲午，以宿州刺史吴季真为邕管经略使”。

30. 权审，生卒年不详，字子询，天水略阳（今甘肃秦安陇城镇）人。权德舆侄。唐宣宗大中（847—860）年间历户部员外郎，充史馆修撰，出为宿州刺史。

裴庭裕《东观奏记》卷上：“司封员外郎、充史馆侯撰权审，于衢路突尚书左仆射、平章事崔铉……寻左迁宿州刺史，自尔不复立朝矣。”[②]

31. 李播，生卒年、籍贯不详，唐僖宗乾符（874—879）年间仕至邕管经略使。

唐懿宗咸通十年春正月“癸亥……将军李播为宿州刺史，赴庐州行营招讨使”。

《旧唐书·僖宗传》唐僖宗乾符三年“六月，敕福建观察使李播、荆州刺史杨权古、蔚州刺史王龟范、璧州刺史张贽、濮州刺史韦浦、施州刺史娄傅会、刑州刺史王回、抚州刺史崔理、黄州刺史计信卿等：‘刺史亲人之官，苟不谙详，岂宜除授。比为朕养百姓，非独荣尔一身，每念疲羸，实所伤叹。李播等九人授官之时，众词不可；王回等三人到郡无政，惟务贪求。实污方州，并宜停任。’”

32. 刘汉宏（？—886），又作汉洪，兖州（今山东兖州）人。唐僖宗广明（880—881）年间至浙东观察使，浙东改义胜军，汉宏为节度使。光启二年（886），为杜雄擒杀。事迹附《新唐书·钟传传》后。

《新唐书·钟传传》：“刘汉宏，本兖州小史，从大将击王仙芝，劫辎

---

① 王昊斐、田乙：《新见唐〈赵纂墓志〉及其相关问题》，载西安碑林博物馆编《碑林集刊》总第21辑，三秦出版社2015年版，第27页。

② 裴庭裕：《东观奏记》卷上，上海古籍出版社1985年版，第8页。

重叛去。乾符末，略江陵，焚民室庐，廛无完家。于是都统王铎遣将崔锴降之，表为宿州刺史，汉宏恨赏薄，有望言。会浙东观察使柳瑫得罪，乃授汉宏观察使，代之。”

33. 陈璠（？—885？），沛县人。武宁军节度使支详牙将，与时溥叛详，拥时溥为留后，并伏甲杀支详。时溥以之为宿州刺史，以贪虐诛之。

《旧唐书·时溥传》：“溥以（陈）璠为宿州刺史，竟以违命杀详。”

《三水小牍》卷下“陈璠临刑赋诗”条：“陈璠者，沛中之卒徒也……（时溥）乃表璠为宿州太守。璠性憯酷喜杀，复厚敛淫行，百姓嗟怨。五年中赀贿山积，溥……命斩之于郡。”

34. 郭言（？—892），太原人，家于南阳新野。唐僖宗光启（885—888）年间，朱温表其为宿州刺史、检校右仆射。唐昭宗景福（892—893）时溥攻宿州，言与野战，中箭亡。

《旧五代史·郭言传》：“太祖遣幕吏李璠领兵赴维扬以制置为名……大挫东人之锐。太祖录其绩，以‘排阵斩斫’之号委之，寻表为宿州刺史、检校右仆射。”

35. 张友，生卒年、籍贯不详。武宁军节度使时溥部将，与尚让率众追杀黄巢于虎狼谷。代陈璠为宿州刺史，朱温攻宿州，举州降。

《旧五代史·梁太祖纪》：“帝命分兵以攻宿州，刺史张友携符印以降。”

36. 张绍光，生卒年、籍贯不详。唐昭宗大顺元年（890）任宿州刺史，为部将张筠所逐。《（光绪）凤阳府志》《（光绪）宿州志》均作“张绍先”，误。

《新唐书·昭帝纪》：大顺元年“四月丙辰，宿州将张筠逐其刺史张绍光。”《资治通鉴》卷二百五十八同。

《旧五代史·梁太祖纪》：“大顺元年四月丙辰，宿州小将张筠逐刺史张绍光，拥众以附时溥。”

37. 牛存节（853—915），字赞贞，青州博昌（今山东寿光）人。本名礼。初从乡人河阳节度使诸葛爽，后归朱温，朱温为其改名为存节。至郓州节度使、淮南西北面行营招讨使，病卒。

《旧五代史·牛存节传》：唐昭宗乾宁五年（898）“除亳州刺史，俄迁宣武军都指挥使，改宿州刺史。”

38. 袁象先（864—924），宋州下邑（今河南夏邑）人。袁恕己之后，朱温外甥。唐末从朱温，累迁陈州刺史、检校司空。入后梁，至宋州节度使。后梁亡，降唐，赐名李绍安，为归德军节度使，卒于官。

《旧五代史·袁象先传》：唐昭宗“光化二年，权知宿州军州事。天复元年，表授刺史，充本州团练、埇桥镇遏都知兵马使。会淮寇大至，围迫州城，象先殚力御备，时援兵未至，颇怀忧沮。一日，登北城，憩其楼堞之上，恍然若寝，梦人告曰：‘我陈璠也，尝板筑是城，旧第犹在，今为军舍，可为我立庙，即助公阴兵。’象先纳之。翌日，淮寇急攻其垒，梯□角进，是日州城几陷。顷之，有大风雨，居民望见城上兵甲无算，寇不能进，即时退去。象先方信鬼神之助，乃为之立祠，至今里人祷祝不辍。”

《新五代史·袁象先传》：“象先以梁甥为宣武军内外马步军都指挥使，历宿、洺、陈三州刺史。”

39. 裴格（？—905），绛州闻喜（今山西闻喜）人。唐昭宗光化三年（900）举进士科第一人。

《旧唐书·哀帝纪》，天祐二年（905）三月“甲申，秘书监崔仁鲁可密州司户，国子祭酒崔澄陈州司户，太府少卿裴鍼徐州司户，卫尉少卿裴纾曹州南华尉，左补阙崔咸休宁陵尉，司封员外薛滈辉州司户，前盐铁推官独孤宪临沂尉，秘书少监裴鉥郓州司户，长安尉、直史馆裴格符离尉，兵部郎中李象郑州司户，刑部员外卢荐范县尉”。

作者按：裴格极可能未能到任，而是与其弟前宰相裴枢等人一同被朱温杀害于白马驿。

40. 葛从周（？—915），字通美，濮州鄄城（今山东鄄城）人。唐末随黄巢起义，僖宗中和四年（884）降朱温，累官泰宁军节度使。入后梁，为左金吾卫上将军，末帝时，拜昭义军节度使，封陈留郡王。

《旧五代史·葛从周传》：“从周累立战功，自怀州刺史历曹、宿二州刺史，累迁检校左仆射。”

41. 阎宝（963—922），字琼美，郓城（今山东郓城）人。仕后梁为保义军节度使。降李存勖，领天平军节度使、东南面招讨使。梁末帝龙德二年（922），病卒。

《旧五代史·阎宝传》：“自梁祖陈师河朔，争霸关西，宝与葛从周、丁会、贺德伦、李思安各为大将，统兵四出，所至立功，历洺、随、宿、郑四州刺史。”

42. 高季兴（858—928），原名季昌，字贻孙，陕州峡石（今河南三门峡）人。早年为朱温义子朱友让家奴，友让收为义子，随朱温征战有功，累迁至颍州防御使。朱温建后梁，为荆南节度使。入后唐，庄宗封南平王。病卒，追封楚王，谥武信。

《旧五代史·高季兴传》："唐天复中，昭宗在岐下，梁祖围凤翔日久，众议欲班师，独季兴谏止之……既而迎昭宗归京，以季兴为迎銮毅勇功臣、检校司空、行宋州刺史。从梁祖平青州，改知宿州事。"

43. 张筠（？—937），海州（今江苏连云港）人，唐末迁居徐州。早年从时溥为偏将，任宿州刺史。后降朱温，到昭德军留后。入后唐，历永平军节度使、剑南安抚使、河南尹，至西京留守。

《旧五代史·张筠传》："彭门连帅时溥为东南面招讨使，据有数郡之地，擢（张）筠为偏将，累有军功，奏授宿州刺史。"

《新唐书·昭帝纪》：大顺元年"四月丙辰，宿州将张筠逐其刺史张绍光。"《资治通鉴》卷二百五十八同。《（光绪）宿州志》误为元天顺间："张筠，天顺时为宿州刺史。"

《旧五代史·梁太祖纪》："大顺元年四月丙辰，宿州小将张筠逐刺史张绍光，拥众以附时溥。"

后梁

1. 赵霖（？—923），天水（今甘肃天水）人，或说青州（今山东青州）人。赵犨次子。改名岩，尚朱温长女长乐公主。出为宿州团练使，移州刺史。末帝时官户部尚书、租庸使，贿赂公行，权势熏灼。梁亡，出逃许州，为温韬所杀。

《旧五代史·赵犨传》：开平"三年七月，出为宿州团练使，旋移州刺史。"

2. 王儒，生卒年、籍贯不详，唐末、后梁初，曾任宿州刺史。

《旧五代史·梁太祖纪》：梁太祖开平元年五月，"宿州刺史王儒进白兔一。"

3. 赵麓，生卒年不详，天水（今甘肃天水）人，或说青州（今山东青州）人。赵犨长子。后梁末帝贞明（915—921）初任宿州团练使，仕至列卿。

《旧五代史·梁末帝纪》：贞明四年八月"乙丑，以宿州团练使赵麓权知河阳节度观察留后"。

4. 李存，生卒年、籍贯不详，后梁末帝贞明四年（918）权知宿州事。

《旧五代史·梁末帝纪》：贞明四年八月“戊申，以武宁军节度副使李存权知宿州事”。

后唐

1. 窦梦徵，生卒年不详，同州（今陕西大荔）人。天祐二年（905年）登进士第。唐末自召入翰林，充学士，后梁延之。后唐出为沂州刺史，移宿州，至工部侍郎。

《旧五代史·窦梦徵传》：“及庄宗入汴，梦徵以例贬沂州……寻量移宿州。”

2. 谢洪，生卒年、籍贯不详，曾任宿州团练使。

《旧五代史·唐明宗纪》：天成二年七月“甲子，以检校工部尚书谢洪为宿州团练使”。

3. 康思立（875—937），晋阳（今山西太原）人，《新五代史》作“山阴诸部人”。初从李存勖，至右突骑指挥使。明宗天成三年（928），迁宿州团练使。累官至北面行营马军都指挥使，卒于军。

《旧五代史·唐明宗纪》：天成四年六月“戊申，以宿州团练使康思立为利州节度使”。

《旧五代史·康思立传》：“天成元年，授应州刺史，寻移岚州，充北面诸蕃部族都监。三年，迁宿州团练使。”

4. 周知裕（？—934），字好问，幽州（今北京）人。少为刘仁恭骑将，唐末任景州刺史。入后梁，为归化军指挥使。降李存勖，历房、绛、淄诸州刺史，宿州团练使，至左神武统军。

《旧五代史·周知裕传》：“明宗即位，移刺绛州，改淄州刺史、宿州团练使。”

5. 薛敬忠，生卒年、籍贯不详，后唐明宗时曾任宿州刺史。

《新五代史·达靼传》：“明宗讨王都于定州，都诱契丹入寇，明宗诏达靼入契丹界，以张军势，遣宿州刺史薛敬忠以所获契丹团牌二百五十及弓箭数百赐云州生界达靼，盖唐常役属之。”

6. 潘环（？—947），字楚奇，洛阳（今河南洛阳）人。少经商，后从军，后唐历棣、易、庆诸州刺史，宿州、耀州团练使，所至以聚敛为务。后晋历金州、澶州节度使，至洛京巡检。辽兵入洛，为刘晞、高牟（模翰）所杀。

《旧五代史·潘环传》："明宗召对，顾侍臣曰：'此人勇敢，少能偕者。'寻除宿州团练使。

……

环历六部两镇，所至以聚敛为务。在宿州时，有牙将因微过见怒，环给言笞之，牙校因托一尼尝熟于环者，献白金两铤。尼诣环，白牙校饷鏊脚两枚，求免其责。环曰：'鏊本几脚？'尼曰：'三脚。'环复曰：'今两脚能成鏊乎？'尼则以三数致之，当时号环为'潘鏊脚'。"

后晋

1. 安元信（884—946），朔州马邑（今山西朔州）人。少入李存勖军，有功。唐明宗即位，为捧圣军使。后晋高祖天福元年（936），授耀州团练使，入为右神武统军。少帝嗣位，迁宿州刺史。

《旧五代史·晋书·安元信传》："高祖即位之元年，授耀州团练使，加检校太保。四年，入为右神武统军，其年八月，复出牧洺州。少帝嗣位，寻迁宿州。"

2. 孔知濬（？—953），字秀川，徐州滕县（今山东滕州市）人。仕梁为天兴军使，入唐，历泽、唐、复、成诸州刺史。后晋领舒州刺史，迁宿州团练使。后汉至密州防御使。

《旧五代史·孔知濬传》："晋高祖即位，用为奉国右厢都指挥使，领舒州刺史，从征范延光于邺，迁宿州团练使。"

3. 薛怀让（892—960），其先戎人，徙居并州太原（今山西太原）。从后唐庄宗，领奖州刺史，入后晋，历沂、辽、密、怀诸州刺史，改宿州团练使。后周加同平章事，以太子太师致仕。

《宋史·薛怀让传》："晋天福中，范延光叛于邺，以怀让为招牧使。及战，中流矢，诏赐汤药存问。又历沂、辽、密、怀四州刺史，所至无善政，颇事诛敛。杨光远反青州，召怀让至阙，赐袭衣、玉带，为行营先锋都指挥使，以功改宿州团练使。"

4. 郭从义（908—971），字德基，其先沙陀人，后定居并州太原（今山西太原）。其父从后唐庄宗李存勖，赐姓李氏。明宗（926—933 年在位）即位，从义任内园使。后晋复姓郭，以事出为宿州团练副使。入后汉，累迁至永兴军节度使。宋初，为河中尹、护国军节度，改左金吾卫上将军。致仕，卒。

《宋史·郭从义传》："晋天福初，始复姓郭氏。坐事出为宿州团练副使。"

后汉

1. 安真，生卒年、籍贯不详，后汉高祖天福十二年（947）任宿州团练使。

《旧五代史·汉高祖纪》：天福十二年四月"庚申，以石州刺史易全章为洺州团练使，以前辽州刺史安真为宿州团练使……"

2. 史彦容，生卒年不详，雁门（今山西代县）人。后汉时曾任宿州刺史。

《旧五代史·史匡翰传》："（匡翰）子彦容，历宫苑使，濮、单、宿三州刺史。"

后周

1. 赵砺，生卒年、籍贯不详，后汉时为西京留台侍御史，入后周，任知杂侍御史，转太常博士，与修《周刑统》，出为权知宿州军州事，坐事除名。北宋初，任宗正卿，以赃贿除籍。

《旧五代史·周世宗纪》：显德五年四月"丙辰，太常博士、权知宿州军州事赵砺除名，坐推劾弛慢也。先是，翰林医官马道玄进状，诉寿州界被贼杀却男，获正贼，见在宿州，本州不为勘断。帝大怒，遣端明殿学士窦仪乘驿往按之，及狱成，坐族死者二十四人"。

2. 赵凤（？—953），冀州枣强（今河北枣强）人。后晋高祖天福（936—942），中，往从辽将赵延寿，辽兵攻占汴梁，授宿州防御使。后周广顺（951—951）初，任宋、亳、宿三州巡检使。

《旧五代史·赵凤传》："晋末，契丹入洛，凤从至东京，授宿州防御使……广顺初，用为宋、亳、宿三州巡检使。"

宋

1. 崔彦进（922—988），大名（今河北魏县）人。善骑射，初从周威，累迁昭州刺史。宋初，领果州团练使。宋太宗雍熙四年（987），授保静军节度使。端拱元年（988）卒。

《宋史·崔彦进传》：雍熙“四年春，授保静军节度。端拱元年，被病，召归阙，卒，年六十七”。

2. 杨美（931—978），并州文水（今山西文水）人。本名光美，避宋太宗讳改今名。后周以军功至白州刺史。入宋，历恩州团练使、端州防御使、宣州观察使、河西军节度使。太平兴国二年（977），为保静军节度使，旋以疾离任。

《宋史·杨美传》：太宗“太平兴国二年冬，出为保静军节度。三年夏，以疾求解官归京师”。

3. 王昭远（944—999），字铁山，冀州阜城（今河北阜城）人。王继升之子。从宋太宗于藩邸，至道（995—997）年中，累迁至灵州路都部署。真宗即位，拜保静军节度使。卒，其子孙别葬于睢水。

《宋史·王继升传附昭远传》：“真宗即位，徙定州行营都部署。未几，拜保静军节度使，充天雄军都部署，知府事。咸平二年，移知河阳，数月卒。”

4. 王汉忠（？—1002），字希杰，徐州彭城（今江苏徐州）人。善骑射，为宋太宗藩邸亲随，以军功至殿前都虞侯。真宗朝，领保静军节度使。以西征党项无功，出知襄州，暴疾卒。

《宋史·王汉忠传》：“咸平三年，又为泾原、环庆两路都部署兼安抚使，迁侍卫马军都指挥使，改镇定高阳关都部署、三路都排阵使。契丹掠中山，汉忠率诸将阵于野，契丹遁，追斩甚众，获其贵将，加殿前副都指挥使，改领保静军节度。五年，罢西面经略使，命汉忠为邠宁环庆两路都部署。”

5. 刘谦（950—1009），博州堂邑（今山东聊城）人。少经商，以殴杀人，亡命从军，真宗升储，入东宫亲卫。真宗即位，累迁振武军节度。大中祥符元年（1008），从封泰山，领保静军节度使。

《宋史·刘谦传》：“大中祥符初，从东封……礼成，进授都指挥使，移领保静军节度。明年八月，卒。”

6. 钱惟济（978—1033），字希贤，号岩夫，钱塘（今浙江杭州）人。钱弘俶第七子。宋开宝（968—976）进士，历知封、绛、潞、澶、定诸州，迁武昌军节度观察留后，改保静军留后。性苛忍，以酷刑威众，所至牵蔓满狱。

7. 刘仲武（1048—1120），字子文，秦州成纪（今甘肃静宁）人。名将刘锜之父。神宗熙宁（1068—1077）中以善射补官，积功至礼宾使。历知河、西宁、渭、熙、秦诸州，拜徐州观察使、保静军承宣使等，再知熙州，卒于官。

《宋史·刘仲武传》：“历拜徐州观察使、保静军承宣使、泸川军节度使。”

《宋史·吴越钱氏世家》：“迁武昌军节度观察留后，改保静军留后。”

8. 蔚昭敏（？—1024），字仲明，开封祥符（今河南开封）人。宋真宗时，以军功累迁至殿前都指挥使、保静军节度使。

《宋史·蔚昭敏传》：“累迁至殿前副都指挥使，迁都指挥使、保静军节度使。”

9. 刘安世（1048—1125），字器之，号元城、读易老人，大名府（今河北魏县）人。刘航之子。神宗熙宁六年（1073）进士，从司马光学。历右正言、左谏议大夫，知衡、鼎、郓、宿诸州。至知镇定府。

《（光绪）重修安徽通志·职官志》：“知宿州……刘安世，魏人。”①

作者按：未见其他文献记载，疑因其父刘航而误。

10. 邢焕（？—1132），字文仲，开封祥符（今河南开封）人。高宗邢后之父。历汜水县主簿、阳武知县。建炎（1127—1130）年间，改光州观察使，迁保静军承宣使。

《宋史·外戚·邢焕传》：“靖康初，主管亳州明道宫。王即位，升右文殿修撰，进徽猷阁待制。谏议大夫卫肤敏言，后父不当班从臣，遂改光州观察使，除枢密都承旨。焕屡奏马伸言事切当，宗泽忠劳可倚，黄潜善、汪伯彦误国，其言多所裨益。迁保静军承宣使。”

11. 林箎，生卒年、籍贯不详，原名虎，徽宗赐对，改为“箎”，又

---

① 吴坤修等修，何绍基等纂：《（光绪）重修安徽通志》卷一百一十五《职官志·文职表》，清光绪七年刻本。

作篪。大观（1107—1110）年间为京畿提点刑狱公事，政和（1111—1118）年间任江南东路转运副使，宣和元年（1119）改江南西路转运副使，宣和三年（1121）知宿州。

《宋会要辑稿·职官》：宣和四年六月“二十四日，知宿州林篪降一官，以前为发运副使，不申粜本数目，侮慢失职故也”。

又宣和五年六月二十五日，“权知宿州林篪奏发运司利害及管见十事札”。

12. 何正臣（？—1099），字君表，临江军新淦（今江西新干）人。英宗治平四年（1067）进士。历太子中允、权监察御史里行、侍御史、试吏部侍郎，出知宿州。此后历知多州，至刑部侍郎、知宣州。

《宋会要辑稿·职官》（3233）：“正臣为吏部，职事疏略，所注拟从抵牾……黜正臣知宿州。”

13. 孙元方，生卒年、籍贯不详。真宗景德（1004—1007）年间为开封府兵曹参军，历殿中丞、广南东路转运使、工部郎中。仁宗乾兴元年（1022）以丁谓党与，出知宿州。

《续资治通鉴长编》卷九十九：乾兴元年七月壬申，“权盐铁判官、工部郎中孙元方知宿州”。

《宋会要辑稿·职官》（4260）：天圣“三年四月，知宿州、工部郎中孙元方求分司，诏以元方在任公事无旷阙，令终此一任差替”。

14. 黄孝先，生卒年不详，字子思，建宁军浦城（今福建浦城）人。杨亿之甥。仁宗天圣二年（1024）进士，历广州尉、宿州司理参军、大理寺丞。

宋祁《景文集》卷三十一《奏举人试秘书省校书郎前宿州司理参军黄孝先可大理寺丞制》：“敕：具官黄孝先早服秀科，洊署劳牒。鬺治郡狱，参饰吏文。讫无蔀丰，多所澄雪。使台陟状，铨簿类能。宜入替于理官，且申劝于公路。”①

15. 赵孝奕（？—1105），涿郡（今河北涿州）人。宋宗室。益王赵頵之子。历庆州刺史、吉州团练使、忻州防御使、宿州观察使，累官至彰化军节度使观察留后。卒，赠平原郡王。

《宋会要辑稿·帝系》（26）：“平原郡王孝奕，益王頵子……绍圣二年十月，迁宿州观察使。”

---

① 宋祁：《景文集》卷三十一，台湾商务印书馆1986年影印文渊阁《四库全书》本。

16. 刘遇（920—985），沧州清池（今河北沧州）人。初从郭威，至副指挥使。宋初，历汉、眉州刺史，琼州团练使，蔚州防御使，洮州观察使，至彰信军节度，以所部失律，责授宿州观察使，复为保静军节度，至武成军节度使。

《宋太宗实录》："上嗣位，改曹州刺史、彰信军节度使。从征幽州失律，责授宿州观察使。六年，入朝，从幸魏郡，授宿州刺史、保静军节度使，充幽州西路壕寨部署。"①

《宋会要辑稿·蕃夷》（9714）：太平兴国四年八月五日，"彰信军节度使刘遇责授宿州观察使。坐以所部扈从亲征扞边失律故也"。

《宋史·刘遇传》："太平兴国二年，出为彰信军节度。四年，征太原，与史珪攻城北面，平之。进攻范阳，师还，坐所部失律，责授宿州观察使。五年，从幸大名，复保静军节度、幽州行营都部署，护筑保州、威虏、静戎、平塞、长城五城。"

17. 郭承祐（？—1051），字天锡，郭从义曾孙。娶舒王元偁之女。历知曹、郑、澶、郓、贝州，累迁建武军节度使、殿前副都指挥使。性狡狯狂僭，以贵戚，屡废屡起，曾为保静军节度使、知许州。

《宋史·郭从义传附承祐传》："罢宣徽南院使，许州都总管，徙节保静军、知许州。"

《宋会要辑稿·礼》（1666）："辍朝……保静军节度使郭承祐，皇祐三年十一月……并辍一日。"

18. 戚纶（954—1021），字仲言，宋州楚丘（今山东曹县）人。戚同文次子。太平兴国八年（983）进士，历沂水主簿，知杭、扬、徐、青、郓、和诸州，改保静军节度副使，至太常少卿、分司南京。

《宋史·戚纶传》："天禧四年，改保静军副使。是冬，以疾求归故里，改太常少卿，分司南京。五年，卒。"宋真宗时，为保静军节度副使。

《宋会要辑稿·职官》（4260）：天禧四年"十一月，以保静军节度副使戚纶为太常少卿，分司南京，纶以疾陈请故也"。

19. 刘淑，生卒年不详，明州（今浙江宁波）人。曾任权提点开封府界诸县镇公事、江南西路转运使、祠部郎中，以过出知宿州。

《宋会要辑稿·职官》（4843）：元祐元年"三月十八日，刘淑罢祠部

---

① 钱若水撰，燕永成点校：《宋太宗实录》卷三十二，甘肃人民出版社2005年版，第69页。

郎中，差知宿州”。

《续资治通鉴长编》卷三百七十二：元祐元年三月“辛亥，诏刘淑罢祠部郎中，差知宿州”。

20. 汪革（1071—1117）字信民，号青溪，抚州临川（今江西抚州）人。绍圣四年（1097），试礼部第一。历任长沙、宿州、楚州教授。

周彦约《青溪汪先生革传》：“及为宿州教授，荥阳吕公希哲见之，以比黄宪、茅容。”①

《江西诗徵》卷十一：“汪革，字信民，歙人，徙临川。绍圣四年，试礼部第一，分教长沙，又为宿州教授。”②

21. 胡伋，生卒年不详，字彦思，徽州婺源（今江西婺源）人。绍圣四年（1097）进士，历任开封府判官、深州通判、权知吉州，至金部郎中、知南康军。曾任宿州教授。

《宋会要辑稿·选举》：大观“二年七月二十七日，诏：‘诸州武士试补……’从前宿州教授胡伋请也”。

22. 刘泾（1043—1100），字巨济，号前溪，简州阳安（今四川简阳）人。熙宁六年（1073）进士，历成都府户曹参军、太常博士，出知咸阳县，通判成都府，又历知处、虢、真、坊诸州，至职方郎中。善书工画。曾任宿州教授。

苏辙《次韵宿州教授刘泾见赠》③。

苏轼《宿州次韵刘泾》④。

23. 晁说之（1059—1129），字以道，又字伯以，自号景迂生。元丰五年（1082）进士。历任兖州司法参军、宿州教授，知武安、无极等县，累官中书舍人。南宋初，除徽猷阁待制兼侍读。

晁说之《嵩山文集》卷九《予三十年前为宿州教授今途次见诸生一二人》：“沧海枯来失夜光，泰山走去误朝阳。可怜憔悴苍颜客，曾是呻吟黄卷郎。”⑤

---

① 周彦约《青溪汪先生革传》，载程敏政《新安文献志》卷七十七，黄山书社2004年版，第1884页。

② 曾燠：《江西诗徵》卷十一，清嘉庆九年刻本。

③ 苏辙：《栾城集》卷七，台湾商务印书馆1986年影印文渊阁《四库全书》本。

④ 苏轼：《重刊苏文忠公全集》卷八，明成化四年刻本。

⑤ 晁说之：《嵩山文集》，上海涵芬楼《四部丛刊续编》影印旧抄本。

叶梦得《岩下放言》卷中："以道尝为余言，顷为宿州教授，会公（苏轼）出守钱塘……"①

24. 范舜举（1060—1120），字济美，建州建阳（今福建南平市）人。胡安国姐夫，范如圭之父。政和五年（1115）进士，历新安县尉、宿州教授，终从事郎。

杨时《杨龟山先生集》卷三十七《范君墓碣》："君讳某，字济美，姓范氏，建州建阳人。……政和五年登进士第，授将侍郎，调河南府新安县尉，就除宿州教授。"②

游酢《游廌山集》卷四《宣义胡公墓志铭》："女二人，长适宿州教授范舜举，次在室。"③

25. 张朴（？—1120），字见素，饶州德兴（今江西德兴）人。张根之弟。大观三年（1109）进士，历耀、淄、宿州教授，入为礼部员外郎，以党蔡京，擢侍御史，至中书舍人。

《宋史·张根传附朴传》："朴字见素。第进士。历耀、淄、宿三州教授、太学录、升博士，改礼部员外郎。"

26. 鲍极，生卒年不详，永嘉（今浙江永嘉）人。鲍轲之子。曾任宿州教授。精于《易》，有《周日易重注》十卷。

叶适《水心文集》卷十六《朝散大夫主管冲佑观鲍公墓志铭》："清卿……曾祖极，宿州教授，有名熙、丰中，翰林学士梁公焘铭其墓。"④

27. 柳约（1082—1145），字元礼，秀州华亭（今浙江嘉兴）人。大观三年（1109）进士。历霸州教授、宿州通判、工部员外郎、太常少卿，南宋初至户部侍郎。

《宋史·柳约传》："授秘书省校书郎，进著作佐郎、徽州司录，改通判宿州，召拜监察御史。"

28. 赵克务，生卒年不详，宋宗室。魏王赵廷美曾孙，申恭裕王赵德文之孙。曾任宿州观察使。

《宋会要辑稿·帝系》（85）："宿州观察使（赵）克务，崇宁四年二月赠开府仪同三司，追封吉国公。"

---

① 叶梦得：《岩下放言》卷中，台湾商务印书馆 1986 年影印文渊阁《四库全书》本。

② 杨时：《杨龟山先生集》卷三十七，清康熙四十八年正谊堂刻本。

③ 游酢：《游廌山集》卷四，台湾商务印书馆 1986 年影印文渊阁《四库全书》本。

④ 叶适：《水心文集》卷十六，清乾隆二十年桐乡叶氏刻本。

29. 陈淬（？—1129），字君锐，兴化军莆田（今福建莆田）人。哲宗绍圣（1094—1098）初应进士举不第，北宋以军功至忠州团练使、真定路马步副总管。南宋初，为诸军统制，兼大名府路都总管兵马钤辖，擢知恩州，转康州防御使，改宿州安抚使，金人攻采石，败死。

《宋史·忠义·陈淬传》："明年，（王）善复围陈州，淬大败善兵，拜宿州安抚使。"

30. 陈天益，生卒年不详，字帝锡，福州怀安（今福建福州）人。政和二年（1112）进士，官宿州司理。

《（淳熙）三山志》卷二十七："政和二年壬辰莫俦榜，陈天益，公器之再从侄，字帝锡。终迪功郎，宿州司理。"①

31. 高世则（1080—1144），字仲贻，号无功居士，亳州蒙城（今安徽蒙城）人。英宗高皇后侄孙，北宋仕至康州防御使。扈从高宗南渡，绍兴元年（1131），除保静军承宣使。

《宋史·外戚·高遵裕传附世则传》："当高宗艰难中，世则尝在左右，寝处不少离……及即位，除保静军承宣使，提举万寿观。"

32. 郑兴裔（1126—1199），初名兴宗，孝宗赐今名，字光锡，开封府（今河南开封）人。徽宗郑皇后侄。历江东路钤辖、浙西路提刑、潭州观察使，知庐、扬二州，迁保静军承宣使，至武泰军节度使。

《宋史·外戚·郑兴裔传》："绍熙元年，迁保静军承宣使，召领内祠，充明堂大礼都大主管大内公事。"

33. 阎日新（？—1017？），宿州临涣（今安徽濉溪）人。初为宿州牙职，入寿王赵恒府，主记簿。真宗即位，迁永兴军驻泊都监，历昭州团练使，至知单州。

《宋史·阎日新传》："阎日新，宿州临涣人。少为本州牙职，补三司使役吏。"

34. 陆经，生卒年不详，字子履，越州（今浙江绍兴）人。本姓陈，其母再嫁陈见素，因姓陈，见素死，复本姓。历大理评事、袁州别驾，至知河中府。嘉祐二年（1057）任宿州通判。《（光绪）宿州志》作"陆子履"。

欧阳修《长句送陆子履学士通判宿州》②。

---

① 梁克家：《（淳熙）三山志》卷二十七，台湾商务印书馆1986年影印文渊阁《四库全书》本。

② 欧阳修撰，李之亮笺注：《欧阳修集编年笺注》第一册，巴蜀书社2007年版，第274页。

35. 宋选，生卒年不详，京兆府长安（今陕西西安）人。宋湜侄孙。以荫入仕，历主客员外郎、两浙提刑。至和元年（1054）为契丹生辰使，以失礼责授宿州通判。

《续资治通鉴长编》卷一百七十九：至和二年四月“是月……宋选寻坐罪，责通判宿州”。

36. 章甫（1045—1106），字端叔，建州浦城（今福建浦城）人。熙宁三年（1070）进士。历临川县尉、山阴知县、宿州通判、处州知州，终泰州知州。

《（崇祯）闽书·英旧志·章甫传》：“章甫，字端叔，年十四，辞亲求师友，薄游江淮间殆十年……哲宗即位，转承议郎，通判宿州。”①

37. 章仲山，生卒年、籍贯不详。王安石甥婿。曾任宿州通判。

王安礼《王魏公集》卷七《故朝奉郎权发遣秀州军州兼管内劝农事轻车都尉借紫沈公墓志铭》：“公讳季长，字道原……女四人，婿朝奉郎、通判宿州事章仲山。”②

38. 陈升之（1011—1079），初名旭，字升之，避神宗嫌名，以字行，又字旸叔，建州建阳（福建建阳）人。景祐元年（1034）进士。历南康知县、宿州通判，入为监察御史，擢户部员外郎、侍御史，出为河北转运使，历知瀛州、真定府、开封府，至礼部尚书、中书门下平章事、集贤殿大学士。出为镇江军节度使判扬州。致仕，卒。

王安石《王文公文集》卷三十六《送陈升之序》：“予在扬州，朝之人过焉者多，堪大臣之事，可信而望者，陈升之而已矣。今去官于宿州，予不知复几何时乃一见之也。”③

39. 杜起，生卒年不详，字齐贤，先世京兆杜陵（今陕西西安）人，后徙居蜀郡成都（今四川成都）。两举进士不中，景德（1004—1007）初，上策真宗，赐进士，授寿春县主簿，历通判兴元府、宿州、信州，致仕，卒。

韩琦《安阳集》卷四十七《故尚书都官员外郎赠工部郎中杜公墓志铭》：“公讳起，字齐贤……进秩尚书屯田员外郎、通判宿州事。”④

---

① 何乔远：《闽书》，明崇祯四年刻本。
② 王安礼：《王魏公集》卷七，台湾商务印书馆1986年影印文渊阁《四库全书》本。
③ 王安石撰，唐武标校：《王文公文集》卷三十六，上海人民出版社1974年版，第433页。
④ 韩琦：《安阳集》卷四十七，台湾商务印书馆1986年影印文渊阁《四库全书》本。

40. 寇平（1004—1065），字均辅，莱州胶水（今山东平度）人。蔡齐之甥。初以荫入仕，官沂水主簿。中景祐元年（1034）进士，历开封府仓曹判官、宿州通判、权知淮康军、淮南转运使，至知郑州。

王珪《华阳集》卷三十八《朝奉大夫太常寺少卿赐紫金鱼袋寇君墓志铭》："长吏皆荐之，迁著作佐郎、签书淮康军节度判官，徙通判宿州。"①

《宋史翼·寇平传》："寇平，字均辅，胶水人。景祐元年及第，除试秘书省校书郎、知深州静安县，改开封府仓曹参军，迁著作佐郎，徙通判宿州。"②

41. 陈中复（1056—1126），字从道，兴化军莆田（今福建莆田）人。熙宁六年（1073）进士。历怀安县尉、武宁知县、宿州通判，入为国子监丞，至提点广南东路刑狱。

《（弘治）重刊兴化府志》卷三十六《陈中复传》："中复年十八，与兄孝纯同登熙宁六年进士，调怀安尉，监建州茶务，植茶百万本，国课立办。改知武宁县，通判宿州。"③

42. 罗彦辅（1027—1110），字经世，太平州（今安徽当涂）人。嘉祐四年（1059）进士，调南城县尉，历知江都、湖口、溧阳等县，迁太常博士，出为屯田员外郎、通判宿州，改司农寺主簿，至池州知州。

李公仪《姑溪居士集》卷四十八《罗大夫墓志铭》："转秘书丞，迁太常博士，赐六品服，进屯田员外郎，通判宿州。未行，辟司农寺主簿。"④

43. 裴德裕，生卒年不详，一作德谷，初名德昌，河中万泉（今山西万荣）人。裴济长子。初仕四门助教，历知奉化、南郑二县，蓬、绛、解、虢、泽、沂六州，皆有善政，累官至少府监。曾监宿州酒税。

欧阳修《文忠集》卷二十九《少府监分司西京裴公墓志铭》："为吏廉清不扰，历监药蜜库店宅务、泗（明）州粮料院、宿州酒税。"⑤

44. 刘时，生卒年不详，宿州（今安徽宿州）。隆兴元年（1163），李显忠复宿州，举其摄州事。

---

① 王珪：《华阳集》卷三十八，台湾商务印书馆1986年影印文渊阁《四库全书》本。

② 陆心源：《宋史翼》卷二十，清光绪三十二年刻本。

③ 陈效修，周瑛等纂：《（弘治）重刊兴化府志》卷三十六，清同治十年林庆贻刻本。

④ 李公仪：《姑溪居士集》卷四十八，清道光光绪间南海伍氏刊《粤雅堂丛书》本。

⑤ 欧阳修：《文忠集》卷二十九，台湾商务印书馆1986年影印文渊阁《四库全书》本。

《宋史·李显忠传》：隆兴元年“六月，兵傅宿州城，金人来拒，显忠败之，斩其左翼都统及首虏数千人，追奔二十余里。（邵）宏渊至，谓显忠曰：‘招抚真关西将军也。’显忠闭营休士，为攻城计，宏渊等不从。显忠引麾下杨椿上城，开北门，不逾时拔其城。宏渊等殿后，趣之，乃始渡濠登城。城中巷战，又斩首虏数千人，擒八十余人，遂复宿州。举寄居官刘时摄州事”。

45. 曹起，生卒年、籍贯不详。曾任临涣县令，因刑人至死，弃官。后起复特授单州长史。

余靖《前宿州临涣县讼曹起可特授单州长史制》[①]。

石介《上范经略书》：“所谓负罪而有才者二人，前兖州奉符县尉李缊、前宿州临涣县令曹起，皆进士策名。起亦事（刘）子望，缊亦事（孙）明复，能知圣人之道，乐蹈名节，好履仁义，守一官能勤且廉，善养民绳吏，人颇受其福。起刑一人至死，以不得县吏心及州帅善意，自惧不能直，弃官窜去……二人皆有才，负志节，慕忠义，知兵习战。”[②]

46. 楚琎（？—1239？），安丰蒙城（今安徽蒙城）人。金镇国上将军、寿春府防御使，金亡，为宋守宿州。窝阔台汗十一年（1239），以州降蒙古，宋后来攻，战死。

《元史·楚鼎传》：“父琎，仕金为镇国上将军、寿春府防御使。金亡，归宋，命守宿州。岁己亥，以州降，阿术鲁命弁守之。宋兵来攻宿州，城破，琎死之。”

47. 曹棐杰，生卒年不详，一作伯三，徽州歙县（今安徽歙县）人。曾任符离知县。

《新安名族志》后卷：歙县“雄村……三世曰长杰，次棐杰，归汴梁，武惠王彬即其裔。棐登第，授迪功郎，宰宿之符离，管河道。”[③]

48. 郝周，生卒年、籍贯不详，曾任临涣县令，以太子中舍致仕。

蔡襄《蔡忠惠公文集》卷九《前宿州临涣县讼郝周授太子中舍致仕制》：“具官某，受吾俸禄，驱驰州县，至于衰老……”[④]

49. 崔仁冀（926—988），字子迁，钱塘（今浙江杭州）人，一说奉

---

① 余靖：《武溪集》卷十，台湾商务印书馆1986年影印文渊阁《四库全书》本。
② 石介：《宋石徂徕先生全集》卷十七，台湾商务印书馆1986年影印文渊阁《四库全书》本。
③ 戴廷明等撰，朱万曙等校点：《新安名族志》，黄山书社2004年版。
④ 蔡襄：《蔡忠惠公文集》卷九，明万历四十三年刻本。

化（今浙江奉化）人。仕吴越国为通儒院学士，数从钱俶朝宋，劝俶降宋。入宋，历淮南节度副使、卫尉卿、抚州知州。

《宋太宗实录》卷四十五：宋太宗端拱元年“七月丁未，卫尉卿崔仁冀卒……（钱）俶又荐仁冀称才可用，擢授卫尉卿、判大理寺。久之，出知宿州”①。

50. 宋暎（1086—1161），字景晋，开封祥符（今河南开封）人。宋庠曾孙。弱冠补太学生，以荫为孟州刑掾，改河北糴便司干当公事，历司门员外郎、宿州知州、将作少监、殿中少监，至徽猷阁待制。

周必大《文忠集》卷三十一《徽猷阁待制宋公暎墓志铭》：“公讳暎，字景晋，姓宋氏……宣和元年冬，徽宗召对称旨，命知宿州。明年方腊起，连陷郡县数十，羽檄调重兵击之，所过骚然。宿为往来要冲，凡军需，独前期告办，民以不扰。久之，以治郡最一路，除直秘阁。”②

51. 吕温卿，生卒年不详，泉州晋江（今福建晋江）人。吕惠卿之弟。历秦凤路提点刑狱、权知秦州，知宿、湖诸州，鸿胪寺卿，江淮等路发运使。

刘攽《彭城集》卷二十一《知宿州吕温卿可知湖州承议郎王巩可权知宿州制》：“有地千里而长百吏，发政施令，良民足以训养，猾民足以畏服，有志之士知其可以有为，莫不愿之矣！以某等通敏用务，付之专城之寄，符离、吴兴，又东南之奥壤也，思所建置，以副休命。”③

52. 王巩，生卒年不详，字定国，号清虚居士，大名府莘县（今山东莘县）人。王旦之孙。历大理评事、扬州通判，知海、宿等州。

刘攽《彭城集》卷二十一《知宿州吕温卿可知湖州承议郎王巩可权知宿州制》：“有地千里而长百吏，发政施令，良民足以训养，猾民足以畏服，有志之士知其可以有为，莫不愿之矣！以某等通敏用务，付之专城之寄，符离、吴兴，又东南之奥壤也，思所建置，以副休命。”

《续资治通鉴长编》卷四百五十九：元祐六年六月，“右朝奉郎王巩罢知宿州，仍旧管勾太平观”。

53. 陈偁（1015—1086），字君举，南剑州沙县（今福建沙县）人。

---

① 钱若水撰，燕永成点校：《宋太宗实录》卷四十五，第 145 页。
② 周必大：《文忠集》卷三十一，台湾商务印书馆 1986 年影印文渊阁《四库全书》本。
③ 刘攽：《彭城集》卷二十一，台湾商务印书馆 1986 年影印文渊阁《四库全书》本。

以荫补入仕，历罗源知县、蔡州通判，知惠州、宿州、开封府，以陷失青苗钱罢，后复起为泉州知州，致仕，卒。

《续资治通鉴长编》卷二百四十六：熙宁六年八月，“知真州、比部郎中江宽，知宿州、比部郎中陈称，知舒州、屯田郎中石收之，知寿州、太常丞、集贤校理鞠真卿，各展磨勘一年。皆坐违法折纳细绢本色大估价钱，亏损百姓故也”。

54. 张升卿，生卒年不详，字公翊，开封府（今河南开封）人。历利州路转运判官、广东经略司转运判官、提点开封府界诸县镇公事，至宿州知州。

《续资治通鉴长编》卷四百五十九：元祐六年六月，“提点开封府界诸县镇公事张升卿知宿州，从其请也”。

苏轼《苏轼文集·与钱穆父》：“某在杭，虽少劳而意思自得。此来极安逸，然多忧愧，想识此心也。只在兴国浴室独居，大暑中殊清也。蒙仲在公翊所见之。公翊今得符离，不知当同往否？”①

55. 董储，生卒年不详，密州安丘（今山东安丘）人。真宗（997—1022）历滑州观察判官、太常丞、历城知县、宿州知州，以事黜吉州通判。

《续资治通鉴长编》卷一百十六：景祐元年正月，“丁卯，龙图阁学士、给事中、知兖州范讽责授武昌行军司马……屯田员外郎、知宿州董储通判吉州……”

56. 元居中，生卒年不详，字正夫，邵武军（今福建邵武）人。历唐兴知县，职方员外郎，台、宿等州知州，至太常少卿。

《宣和书谱》卷二：“章友直，字伯益，闽人。……太常少卿元居中出领宿州，素喜其书且富有之，至宿则尽所有摹诸石，以广其传。”②

阮阅《诗话总龟》前集卷三十七引《泗上录》：“元居中作宿守，郡有官妓小苏善歌舞，令就座客关彦长求诗，赠诗云：‘昔日闻苏小，今朝见小苏。未知苏小貌，得似小苏无。’”③

57. 元积中，生卒年不详，字子发，钱塘（今浙江杭州）人。历黄岩

---

① 苏轼：《苏轼文集》，岳麓书社2000年版，第529页。

② 佚名：《宣和书谱》卷二，台湾商务印书馆1986年影印文渊阁《四库全书》本。

③ 阮阅：《诗话总龟》前集卷三十七，台湾商务印书馆1986年影印文渊阁《四库全书》本。

知县，浙西提刑，知桂、宿、洪、福等州，至知江宁府。

《续资治通鉴长编》卷二百十二："时参知政事冯京欲缘此复用之，宰相王安石曰：'为人反复，如何可用也?'方是时，畿内初置保甲，且观其端，而知宿州元积中遽乞布之四方。故京师为之语曰：'元积中逆承保甲，陈舜俞翻悔青苗。'闻者以为笑。"

58. 王竞（1032—1095），字彦履，先世曹州乘氏（今山东菏泽）人，徙居邓州穰县（今河南邓州）人。嘉祐（1056—1063）中进士，历峡州司户参军，曲周知县，两知肤施县，入为太常博士，迁屯田员外郎，知宿州，至京西转运使。

《续资治通鉴长编》卷三百二十八：元丰五年七月，"刑狱范镗言宿州有贼四十余人，乞于淮西或开封府界将下募兵，诏差彭铎就淮西将下选募兵三百、马三百，陈留县不系将下选募兵马各三十捕之……诏朝奉郎王竞知宿州，如能修举职事，屏除贼盗，当别加迁擢"。

毕仲游《西台集》卷十三《左朝请大夫致仕王公墓志铭》："宋故左朝请大夫致仕王公讳竞，字彦履……官制行，易所居官为朝奉郎，罢帐司，转朝散郎，知宿州。"①

59. 陆师渊，生卒年不详，余杭（今浙江杭州）人。陆诜之子。历任开封知县、宿州知州。

《续资治通鉴长编》卷三百七十：元丰五年七月，"是月，殿中侍御史吕陶言：'……陆师渊前知开封县，税入中限，犹未造簿，以弛慢冲替，今则差知宿州……陆师渊与刘斐、吴潜均是冲替，而师渊又得元系堂除大郡，私曲纵横，莫甚于此。陛下黜之，则执政升之；陛下退之，则执政进之。怨归于上，而恩出于下，非今日之所宜有"。

60. 刘淑，生卒年、籍贯不详。历权提点开封府界诸县镇公事、知明州、江南西路转运使，罢知宿州，移苏州。

《续资治通鉴长编》卷三百七十二：元祐元年三月，"监察御史孙升言：'……江南西路转运使刘淑再任本路，首尾五年，坐视毒虐其民，曾无一言，今乃除祠部郎中。伏望特正蒋之奇、刘淑之罪，复刘谊之职。'诏刘淑罢祠部郎中，差知宿州"。

《（正德）姑苏志》卷三："刘淑，朝请大夫，元祐二年五月，自知宿

① 毕仲游《西台集》卷十三，台湾商务印书馆1986年影印文渊阁《四库全书》本。

州改苏州。"①

61. 胡宗哲，生卒年不详，常州毗陵（今江苏常州）人。嘉祐六年（1061）进士。历熙州通判，遂、宿等州知州，至两浙路转运副使。

苏辙《栾城集》卷二十八《刘淑苏州胡宗哲宿州》："敕具官某等：姑苏之饶，冠于吴、越；符离之灾，接于徐、亳。因其富庶而待之以法，郡乃可治；乘其饥馑而济之以惠，民亦肯怀……"②

62. 刘赓，生卒年、籍贯不详。神宗熙宁六年（1073）历任大理寺法直官，历刑部员外郎、知宿州、大理少卿，崇宁二年（1103）为刑部侍郎。

《续资治通鉴长编》卷三百二十一：元祐四年正月，"己丑……刑部员外郎刘赓知宿州"。

63. 周秩，生卒年不详，字重实，泰州（今江苏泰州）人。周穜之弟，王安石中表。熙宁九年（1076）进士。历太常博士、监察御史、都官员外郎，出知宿州，累迁京西转运使，至龙图阁直学士。

《续资治通鉴长编》卷四百二十九：元祐四年六月，"诏新除京东路提点刑狱周秩别与差遣。秩初以都官员外郎有此命，而谏官论其不当，于是改命权知宿州"。

64. 丁鹭（？—1094），字公默，常州武进（今江苏常州）人。嘉祐二年（1057）进士，历太常博士、知蕲门县礼部员外郎，出知处州，入为司封员外郎，元祐八年（1093）知宿州，食河豚死。

《续资治通鉴长编》卷四百八十四：元祐八年五月，"司封员外郎丁鹭知宿州"。

65. 盛南仲，生卒年、籍贯不详。历权御史台推直官，梓州路提点刑狱，知坊、衡、宿、濮等州，至广南东路转运副使。

《续资治通鉴长编》卷四百八十五：绍圣四年四月，"刑部言前知宿州、朝请大夫盛南仲并妻三泉县君王氏在任赃污事，诏盛南仲除名，免其决流，送永州编管；王氏追封邑、罚金"。

66. 李孝扬，生卒年不详，濮州鄄城（今山东鄄城）人。李迪之孙。

① 林世远修，王鏊纂：《（正德）姑苏志》卷二，台湾商务印书馆1986年影印文渊阁《四库全书》本。

② 苏辙《栾城集》卷二十八，台湾商务印书馆1986年影印文渊阁《四库全书》本。

北宋末，历秘阁修撰、提点河北东路刑狱兼提举给地牧马、宿州知州，刘豫建伪齐，以其权尚书左丞。

《建炎以来系年要录》卷十：建炎元年十一月，“初，既行巡社法于诸路，而通判亳州邓浚明乞乡村三丁点一，以为民兵。至是，朝议大夫、知宿州李孝扬言其相妨，乃止”。

67. 王冠，生卒年、籍贯不详。历统制、知真州、建康府路兵马副钤辖、江东路兵马副钤辖、知宿州。

《建炎以来系年要录》卷二十四：建炎二年六月，“王善攻淮宁不克，移攻宿州，统领官王冠与战，败之”。

《宋史·高宗本纪》建炎二年六月：“王善攻淮宁府不克，转寇宿州，统领王冠战败之。”

《建炎以来系年要录》卷五十一李焘注：绍兴二年“《日历》：三月六日李光奏，体问得江东安抚大使司，已差王冠知宿州，过江前去。则冠之行，必在二月也”。

68. 刘纲（？—1160），泗州（今江苏盱眙）人。刘位之子。历合门宣赞舍人，滁濠镇抚使，两浙东路兵马副钤辖、权通判泗州，知宿州，改知泗州，于知扬州任上卒。

《建炎以来系年要录》卷一百三十六：绍兴十年六月，“武功大夫、贵州团练使司、知宿州刘纲行至符离，而旧守景祥以城叛，武功大夫、贵州刺史、应天府路兵马都监王存挺身南归，纲不能禁。乃改知泗州，仍知虹县，隶之”。

69. 景祥，生平不详。曾为金知宿州，反复于宋、金间。

《建炎以来系年要录》卷一百二十七：绍兴九年三月，“伪武功大夫、知宿州景祥上表贺，即以祥知宿州”。

《建炎以来系年要录》卷一百三十六：绍兴十年六月，“武功大夫、贵州团练使司、知宿州刘纲行至符离，而旧守景祥以城叛，武功大夫、贵州刺史、应天府路兵马都监王存挺身南归，纲不能禁。乃改知泗州，仍知虹县，隶之”。

70. 王进（？—1141），籍贯不详。南宋绍兴中，先后为勇胜军统制、知宿州，改知濠州，金人陷濠州，为所执，被害。

《建炎以来系年要录》卷一百三十七：绍兴十年八月，“宣赞舍人、殿前司、勇胜军统制、新知宿州王进兼京东路兵马钤辖”。

《建炎以来系年要录》卷一百三十八：绍兴十年十月，“武功大夫、忠州刺史、新知宿州王进改知濠州……进之除宿州也，乞台州兵马钤辖邵青为本州钤辖，至是复与青偕之濠梁也”。

71. 于跃，生平不详，为金知蕲县，反复王宋、金间。

《建炎以来系年要录》卷一百三十七：绍兴十年七月，“忠州防御使张俊之得宿州也，从政郎、权蕲县于跃杀敌之在邑中者，率其民来归，诏跃改右宣教郎，知县事。”

72. 张沔（983—1060），字楚望，建州浦城（今福建浦城）人，后徙居苏州。大中祥符元年（1008）进士，历知临川，通判温州，知福州，淮南转运使，河北转运按察使等，以保州兵变，降工部郎中、知汝州，又知宿州，至知明州。

刘敞《公是集》卷五十三《故朝散大夫尚书刑部郎中致仕上柱国赐紫金鱼袋张公墓志铭》：“公讳沔，字楚望……移知宿州。初，陈恭公有所爱吏，私属公，公不应，及其在位，因事左迁公都官员外郎，监宣州税。”①

73. 王素（1007—1073），字仲仪，大名府莘县（今山东莘县）人。王旦三子。赐进士出身。历屯田员外郎、侍御史，出知濮、宣、鄂、宿诸州，入知谏院，擢淮南都转运按察使，累知滑州、华州、汝州、开封府、定州、成都府、许州、渭州等，以工部尚书致仕。

王珪《华阳集》卷五十八《王懿敏公素墓志铭》：“公讳素，字仲仪……以职文员外郎知宿州。庆历二年，改兵部员外郎，知谏院，同判国子监。”②

74. 李明允，生卒年、籍贯皆不详。庆历三年（1043）任宿州知州。

余靖《都官员外郎知宿州李明允等十一人制》。③

宋祁《景文集》卷十七《送宿州李明允都官》：“省帐香残卷夕红，名郎去守日围东。组垂丈二腰章贵，骑拥千余使幕雄。弭节亭皋乡梓近，贯都河溜客渔通。期年美化留欢颂，尽入中和乐职中。”④

75. 钱逊叔，生卒年不详，字，伯言，钱塘（今浙江杭州）人。钱勰之子。徽宗大观、政和间（1108—1116）赐同上舍出身。北宋末曾官袭庆

① 刘敞：《公是集》卷五十三，台湾商务印书馆1986年影印文渊阁《四库全书》本。
② 王珪：《华阳集》卷五十八，台湾商务印书馆1986年影印文渊阁《四库全书》本。
③ 余靖：《武溪集》卷十，台湾商务印书馆1986年影印文渊阁《四库全书》本。
④ 宋祁：《景文集》卷十七，台湾商务印书馆1986年影印文渊阁《四库全书》本。

府（今山东兖州），南宋初知宿州。

王明清《挥麈录三录》卷二："钱逊叔伯言，穆父之子。临政有风采。知宿州日，有虹县士民陈词举留邑宰，宰贪酷之声，逊叔先已闻之。至是，众趋廷下，逊叔令吏卒举挺击出，左右言：'似不须如此。'逊叔笑云：'彼中打将来，此间打回去。'"①

76. 吴天常（1037—1097），字希全，河南府洛阳（今河南洛阳）人。历知奉新、永昌、盱眙诸县，通判无为军、鼎州，知宿、沅、辰诸州。

张耒《柯山集》卷五十《吴天常墓志铭》："公讳天常，字希全……用荐者除知宿州。时荆门新复军，择守，乃以公为知军。"②

77. 郑弁，生卒年不详，严州建德（今浙江建德）人。曾知宿州。

洪适《盘州文集》卷七十五《郑宜人墓志铭》："宜人郑氏，严之建德人，左朝请大夫、知宿州讳弁之孙。"③

78. 王世昌，生卒年、籍贯皆不详。南宋曾任宿州知州。

洪咨夔《平斋集》卷二十二《归顺人王世昌补武翼大夫差知宿州制》："老上之庭既焚，月氏之头且漆。尔见几兴起，慕义来归，挈符离于版图，削左衽而冠带，朕甚嘉之。峻升武列，仍领军防。往分铜竹之符，用耸乡枌之望，其竭忠以称殊渥。"④

79. 王彦成，生卒年不详，字粹道，滁州全椒（今安徽全椒）人。大观三年（1109）进士。历司勋员外郎、宿州知州、太仆少卿，至湖北提点刑狱。

《（万历）滁阳志》卷十二："其先泗州招义乡人，先世有为滁法掾者，秩满家椒，故为椒人……后为尚书司勋员外郎、知宿州，征拜太仆少卿，为湖北提点刑狱，卒。"⑤

80. 吴安中，生卒年不详，字师礼，又字德固，建州瓯宁（今福建建瓯）人。政和五年进士。为建德丞，招降方腊余党有功，除御史台主簿，历知桂阳军，监琼州，所至有声。

《五总志》："米元章尝谓蔡元长：'后当为相，慎勿忘微时交。'蔡既

---

① 王明清：《挥麈录三录》卷二，上海涵芬楼《四部丛刊续编》影印汲古阁宋抄本。
② 张耒：《柯山集》卷五十，台湾商务印书馆1986年影印文渊阁《四库全书》本。
③ 洪适：《盘洲文集》卷七十九，台湾商务印书馆1986年影印文渊阁《四库全书》本。
④ 洪咨夔：《平斋集》卷二十二，台湾商务印书馆1986年影印文渊阁《四库全书》本。
⑤ 戴瑞卿、于永亨等修纂：《（万历）滁阳志》，明万历四十二刻本。

大拜，乃引舟入都。时吴安中守宿，欲留数日，米谢以诗曰：‘肉眼通神四十年，侯门拖袖气如烟。符离径过无行李，西入皇都索相钱。’”①

《墨庄漫录》卷一：“吴右司师礼安中为宿守，题其后曰：‘紫溪翁大暑醉中读二题，一笑而去。’”②

81. 李健（？—1144？），字子建，泗州（今江苏盱眙）人，移居金坛。大观三年（1109）进士，历霍丘主簿、舒州教授、秘书省校书郎、户部员外郎，南宋初知宿州，改知广德军，历知庐州、宣州，以事差监德安府在城酒税，卒。

《京口耆旧传》卷七：“建炎中，差知宿州，复值御营司差王进摄守，罢，奉祠。”③

82. 章夏（1072—1132），字彦明，宣州宁国（今安徽宁国）人。大观三年（1109）进士，为宿州司户参军、知虹县，至潭州通判。

周紫芝《太仓稊米集》卷七十《左朝散郎章公墓志铭》：“朝散郎章公，讳某，字彦明……授宿州士曹事，当路者知公才，争荐之朝，三岁而章遂溢，改京秩，用辟书知宿州虹县事。宣和三年，召至京师辟雍直学。”④

83. 江钧，生卒年不详，字世范，衢州开化（今浙江开化）人。咸平五年（1002）进士。历御史台推直官，天圣（1023—1032）知宿州，因不满太后听政，有怨言，险为通判告发，移知吉州，历知泉、洪等州，至谏议大夫。

杜大珪《名臣碑传琬琰之集》上卷二十三《孙威敏公沔神道碑》：“在符离时，庄献明肃太后共政，州守江钧有坠言于坐中，为通判者欲上其事，州官皆往谢之。至，再拜而请，不许。公独后至，不拜，通判怒，乃曰：“而与守同耶？”公曰：“守、令谪去，异时之资也。公今陷守，异时无葬所矣。”通判悟，大恐，返谢守，而与之欢。”⑤

84. 曾综，生卒年不详，建昌军南丰（今江西南丰）人。曾巩次子。曾任蕲县知县。

---

① 吴坰：《五总志》，台湾商务印书馆1986年影印文渊阁《四库全书》本。

② 张邦基：《墨庄漫录》卷一，台湾商务印书馆1986年影印文渊阁《四库全书》本。

③ 佚名：《京口耆旧传》卷七，台湾商务印书馆1986年影印文渊阁《四库全书》本。

④ 周紫芝：《太仓稊米集》卷七十，台湾商务印书馆1986年影印文渊阁《四库全书》本。

⑤ 杜大珪：《名臣碑传琬琰之集》上卷，台湾商务印书馆1986年影印文渊阁《四库全书》本。

韩维《南阳集》卷二十九《朝散郎试中书舍人轻车都尉赐紫金鱼袋曾公神道碑》："综……官知宿州（蕲县事）……"①

85. 贾靖，生卒年、籍贯不详。镇县尉贾从政之子。庆历二年（1042），以其父力斗贼而死，录为蕲县尉。

《续资治通鉴长编》卷一百三十八：庆历二年，"録镇县尉贾从政子靖为蕲县尉，荀为郊社斋郎，仍赐钱五万，以从政与盗力斗而死也"。

86. 刘震（？—1077），籍贯不详。任蕲县桐墟镇巡检，为王海所杀。

《续资治通鉴长编》卷二百八十二：熙宁十年，"蕲县桐墟镇巡检殿直刘震为军贼王海所杀，授震子借职"。

《续资治通鉴长编》卷二百八十三：熙宁十年六月，"淮南东路转运副使蹇周辅言：'蕲县桐墟镇军贼王海杀巡检刘震。'"

87. 安宁，生卒年、籍贯不详。官权宿亳州都巡检。

《续资治通鉴长编》卷二百八十三：熙宁十年六月，"辛巳，诏左班殿直权宿亳州都巡检安宁、濠州钟离县巡检武天佑、右侍禁定远县巡检王守忠各转一资，蕲县尉黄约循三资，保正戴权与下班殿侍、本路指使。以淮南东路转运副使蹇周辅言：'蕲县桐墟镇军贼王海杀巡检刘震，宁、约率兵迹逐；天佑与贼斗，斩十一级，溺死者甚众；权赍粮率众，至滁河北岸为援。'故并赏之"。

88. 黄约，生卒年、籍贯不详。官蕲县尉。

《续资治通鉴长编》卷二百八十三：熙宁十年六月，"辛巳，诏左班殿直权宿亳州都巡检安宁、濠州钟离县巡检武天佑、右侍禁定远县巡检王守忠各转一资，蕲县尉黄约循三资，保正戴权与下班殿侍、本路指使。以淮南东路转运副使蹇周辅言：'蕲县桐墟镇军贼王海杀巡检刘震，宁、约率兵迹逐；天佑与贼斗，斩十一级，溺死者甚众；权赍粮率众，至滁河北岸为援。'故并赏之"。

89. 徐端益，生卒年不详，字彦思，颍昌阳翟（今河南禹州）人。以荫入仕，北宋末任宿州虹县尉。建炎元年（1127），伪楚张邦昌赦书至虹县，不受而去。南宋初，高宗诏以文资换其武阶，历建州通判，至知汉阳军。

《建炎以来系年要录》卷四：建炎元年"邦昌手书至虹县，县令已下

---

① 韩维：《南阳集》卷二十九，台湾商务印书馆1986年影印文渊阁《四库全书》本。

迎拜，宣读如常式，武尉徐端益独不屈膝而走”。

魏了翁《鹤山先生大全文集》卷五十九《跋向侍郎拘张邦昌家属檄稿》：“徐师川挂冠以去，至以昌奴其婢，虹县尉徐端益不拜伪赦，堂吏张思聪亦首建反正之议，皆能以一节自著者。”①

90. 李讽，生卒年、籍贯不详。绍兴十年（1140）知虹县事。

《建炎以来系年要录》卷一百三十六：绍兴十年，“诏令迪功郎权虹县李讽、主簿右迪功郎曹伯达，并改京秩，仍更转二官。县尉秉义郎崔彦文、监酒务承信郎陈卞，并除合门祗候，其余见任寄居官各转一官资。以其焚天眷三年文榜，抗拒金人故也”。

91. 曹伯达，生卒年、籍贯不详。绍兴十年（1140）任虹县主簿。

《建炎以来系年要录》卷一百三十六：绍兴十年，“诏令迪功郎权虹县李讽、主簿右迪功郎曹伯达，并改京秩，仍更转二官。县尉秉义郎崔彦文、监酒务承信郎陈卞，并除閤门祗候，其余见任寄居官各转一官资。以其焚天眷三年文榜，抗拒金人故也”。

《建炎以来系年要录》卷一百九十三：绍兴三十一年，“右文林郎曹伯达特改右宣议郎。伯达初权虹县簿，焚金诏不拜，上命改京秩，秦桧抑之不行。至是自陈，而有是命”。

92. 崔彦文，生卒年、籍贯不详。绍兴十年（1140）任虹县尉。

《建炎以来系年要录》卷一百三十六：绍兴十年，“诏令迪功郎权虹县李讽、主簿右迪功郎曹伯达，并改京秩，仍更转二官。县尉秉义郎崔彦文、监酒务承信郎陈卞，并除合门祗候，其余见任寄居官各转一官资。以其焚天眷三年文榜，抗拒金人故也”。

93. 陈卞，生卒年、籍贯不详。绍兴十年（1140）监虹县酒务。

《建炎以来系年要录》卷一百三十六：绍兴十年，“诏令迪功郎权虹县李讽、主簿右迪功郎曹伯达，并改京秩，仍更转二官。县尉秉义郎崔彦文、监酒务承信郎陈卞，并除合门祗候，其余见任寄居官各转一官资。以其焚天眷三年文榜，抗拒金人故也”。

94. 孟易，生卒年、籍贯不详。元祐六年（1091）知符离县事。

《续资治通鉴长编》卷四百五十九：元祐六年，“朝廷从此下别路差官

---

① 魏了翁：《鹤山先生大全文集》卷五十九，上海涵芬楼《四部丛刊初编》影印刘氏嘉业堂藏宋刻本。

推勘，其勘官孟易因而观望风旨，将前勘大情出入，以致录问官疏驳”。

《续资治通鉴长编》卷四百六十：元祐六年，“殿中侍御史杨畏言：臣访闻，近者知颍昌府阳翟县赵仁恕犯法，本路提点刑狱钟浚发其事。仁恕之父翰林学士彦若论浚不公，以谓浚为前执政王安礼报怨，乞移邻路取勘。及差宿州符离知县孟易勘到仁恕情罪，录问孟正民疏驳易所勘情节与元勘不同。朝廷重于移狱，更不重勘，止依大理寺约定刑名，仁恕追两官，除名勒停，彦若放罪者”。

95. 朱柬之，生卒年、籍贯不详。历符离知县、滁州推官、试大理司直兼监察御史、大理寺丞。

孔平仲《孔氏谈苑》卷三《柬之后验事》：“朱柬之云：‘昔年为宿州符离令，孙元规以节副安置，每来县中打毬射弓，后以礼部侍郎致仕。’”①

96. 方烈，生卒年不详，号莱山，歙州歙县人。少时仗剑壮游，赵葵识之，辟为尉，历盐城、符离知县，随余玠入蜀，知德安、武宁等县，至兴国通判。

《新安名族志前卷·方》：“汝霖次子烈，号莱山，仗剑游淮，制使赵公葵见而奇之，辟为尉，转盐城及符离令。”②

97. 苏立（969—1042），怀州修武（今河南修武）人。弱冠举《三传》科，景德（1004—1007）中召试赐第，补符离尉，历遂州录事参军、大理寺丞、大名知县、太子中舍，知岚、莫、石、凤、夔五州事，迁右骐骥副使，同提点湖南、两浙刑狱。

司马光《温国文正公文集》卷七十五《苏骐骥墓碣铭序》：“天子曰：‘契丹犯塞，河北士子躬被甲胄，扞敌有功。今天下贡举已毕，朕怜夫北方贤士大夫不得以时充贡，其皆召试赐第。’公由是解褐，补符离尉。”③

98. 杨训，生卒年不详，字公发，建宁军浦城（今福建浦城）人。元丰五年（1082）进士。历符离尉、江宁府司法参军，知密、山阴、东阳等县。

张琦修《（康熙）建宁府志》卷三十一《人物四》：“杨训，字公发，

---

① 孔平仲：《孔氏谈苑》卷三，上海商务印书馆《丛书集成初编》本。

② 戴廷明等撰，朱万曙等校点：《新安名族志》，黄山书社2004年版。

③ 司马光：《温国文正公文集》卷七十五，上海涵芬楼《四部丛刊初编》影印瞿氏铁琴铜剑楼藏宋绍熙刻本。

浦城人。登元丰五年进士，初调符离尉，改江宁府司理参军。”①

99. 陆俨，生卒年不详，越州山阴（今浙江绍兴）人。陆佃从兄。曾任符离县主簿。

陆游《渭南文集》卷三十二《右朝散大夫陆公墓志铭》：“万载县令讳琪，县令生宿州符离县主簿、赠朝散大夫俨。”②

100. 王仲舒，生卒年不详，字茂先，浮梁（今江西浮梁）人。庆历二年（1042）进士，历祁门主簿、越州推官，移宿州推官摄符离知县，至太子中允。

程廷济《（乾隆）浮梁县志》卷十三：“王仲舒，字茂先，庆历壬午进士。历祁门主簿、越州推官、池州军判摄彭泽县，移宿州推官摄符离县。”③

地方志修纂，自宋元以来，逐渐形成了一套相对完整的体系，主要由采访、编纂、校审、刊行等环节构成，修纂组织内也有主修、编纂、校阅、采访、梓行等不同分工，各负其责。采访的主要任务就是全方位搜集各类修志所需的资料，包括地理、政治、经济、文化、军事、社会等各个方面，资料来源则涉及历代文献记载、档案文书、报刊资料、史迹遗存、故老传说（口述）、民风习俗、近人史事等。

《（光绪）宿州志》设置了由副将朱廷芳领衔的庞大采访队伍，多达50人，资料搜集理应更全面，但实际情况并不理想。就《官爵志》而言，连作为地方最高军事、行政长官的节度使、刺史或知州，资料采访都有大量的缺漏，不少遗漏的资料是常见历史文献中的记载，如两《唐书》、两《五代史》以及《资治通鉴》《宋史》等。相比之下，同是光绪间修成的《凤阳府志》，所载宿州各级官员远比《（光绪）宿州志》更全面，除了常见历史文献所载外，诸如《东观奏记》等杂史、《金石萃编》等金石类、《权载之集》《欧阳文忠公集》《水心文集》等别集、《宋诗纪事》等诗文评中所载相关资料都有钩稽。因此，地方志的修纂，采访是质量保障的基础工作，绝对不容忽视，《（光绪）宿州志》50人的庞大采访团队，浮于事者或有大半。而这样的情况，在清代地方志纂修中，亦非个例。

---

① 张琦修，邹山等纂：《（康熙）建宁府志》卷三十一，清康熙三十二年刻本。

② 陆游：《渭南文集》卷三十二，台湾商务印书馆1986年影印文渊阁《四库全书》本。

③ 程廷济：《（乾隆）浮梁县志》卷十三，1960年油印本。

评王嘉川《胡应麟年谱长编》

史泠歌　王曾瑜*

明代浙江兰溪人胡应麟（1551—1602），字元瑞，是明代中后期著名的学者、诗人、诗论家和文艺批评家，在中国古典目录学史和中国古代图书事业史，以及史学评论、诗论、古籍辨伪学和小说史等研究领域，都作出了重要贡献。但是，对于这位学术巨匠，《明史》只在《王世贞传》后附有仅仅90字的《胡应麟传》，简单且有谬误。

1933年，著名的历史地理学家侯仁之先生（1911—2013），在燕京大学就读时，交出了《历史研究法》的课程作业——《最爱藏书的胡应麟事迹考略》，为近代学人研究胡应麟生平的开创之作，考证精详，分析入微，但过于简略，就连胡应麟的生卒时间也未能予以揭示。翌年1月，吴晗先生在《清华学报》公开发表4万字左右的《胡应麟年谱》一文，将胡应麟的生平情况基本展示出来，并对胡应麟的学术成就进行了研究性论述。但此文撰写时间不长，完成后又没有修订，存在对胡应麟事迹论述有误和缺载漏载等六方面的不足。此后，国内外学术界均沿用吴晗先生《胡应麟年谱》中的观点，不仅未能补正其失误，还出现了新的失误。

王嘉川先生自20世纪90年代攻读硕士学位时，便开始对胡应麟进行研究，之后又完成相关博士论文，至2005年，立志另起炉灶，编撰一部新的胡应麟年谱。十余年间，不断收集资料，整理、考证资料，不断修改文稿，终成《胡应麟年谱长编》一书，并于2021年1月由商务印书馆出

* 史泠歌，铜仁学院；王曾瑜，中国社会科学院荣誉学部委员。

版。该书分为上、下两册，总计 92 万字，主体内容分为三部分：介绍胡应麟先世世系的“谱前”；梳理和记述胡应麟事迹、交游、学界情况与国家大事的“正谱”；“正谱”难以收录而又应该在书中有所体现的内容编为三个“附录”。全书极尽搜集、整理与考证之功，对所涉问题的资料一览全收，鲜有遗落，作者二十余年对胡应麟研究之功力，在书中体现得淋漓尽致，其广度、深度、分量和质量均大大超过前人研究水平，不但称得上是胡应麟研究的皇皇大作，而且是学术界研究胡应麟之集大成的最新成果，为目前胡应麟研究的登峰之作，并为明代中后期学术与社会文化生态的研究提供了重要的参考文献。

今将我们阅读该著的点滴心得，分述于下。

一　征引史料非常丰富而周密

《胡应麟年谱长编》一书，选择史料的原则为宁繁勿略、宁拙勿巧，力求巨细无遗，以大量原始资料说明问题。其意在于使读者阅读该书时，即便产生歧义，也可根据书中所列资料自行解决。例如胡应麟 36 岁一年内叙次的史料即有 37 页，采用史料达到 37 种。这些史料，从时间上来说，跨越明清两代；从种类来说，既有《明史》《明实录》等史书，亦有王世贞、汪道昆等明人诗集与文集，还有姜绍书《韵石斋笔谈》等笔记，以及明、清方志史料，目录、类书等。仅以采用的《兰溪县志》而言，既有明代万历修、康熙时刊补的《兰溪县志》，还有嘉庆、光绪年间分别编撰的《兰溪县志》，可知其网罗史料之广。再如胡应麟 45 岁系年所占篇幅达到了 82 页，采用史料更是达到了 54 种之多，其中采用的方志史料就有 19 种。从征引方志的修撰时间上看，包含了清代康熙、雍正、乾隆、嘉庆、道光、同治、光绪年间所修；从方志内容覆盖的行政范围上看，省志、府志、县志皆有；从方志记录的地域上看，仅省级即有《广东通志》《江南通志》《浙江通志》《畿辅通志》四省通志，不可谓史料不富不全。

《胡应麟年谱长编》一书，对与胡应麟有关系者，亦是竭尽所能网罗史料，尽可能全面展现胡应麟的生平事迹。例如在明神宗万历二十三年（1595）胡应麟 45 岁系年中，“冬末，胡应麟应弟子祝树勋等请，为常山知县唐之屏作《唐令君新建信阳愿丰堤碑》”，作者用了将近一页的脚注考证祝树勋。先以明人阮元声、戴应鳌所编《金华诗粹》卷首《姓氏传略·

祝树勋》之记载，说明祝树勋是兰溪人，为胡应麟所赏识；随后又以清嘉庆年间所修《兰溪县志》中的相关记述，进一步展现祝树勋与胡应麟的师生关系："从胡应麟游，以立言自期许。"胡应麟诗文集《少室山房类稿》中多次言及祝树勋，作者列举其卷数、诗篇，且将重要诗作摘录于文中，使读者通过阅读这些内容就可以了解祝树勋贫苦的生活状况，其"立言"之志，"激昂迈往之气""英识宏辩"，问学作诗之刻苦形象，跃然出现在眼前。作者如此处置，当然是要通过对祝树勋的描绘，使读者从侧面加深对胡应麟精神风貌的认识和了解。

上述实例，在全书中比比皆是。可以毫不夸张地说，欲了解和研究胡应麟者，完全可以从本书中摘录和研究史料，而不必再另寻其他史籍，这就为大家节省了太多的时间，诚可谓善莫大焉。

二 纠古人之误，辨今人之疏

史学家傅斯年先生说，"上穷碧落下黄泉，动手动脚找东西"，形象地说明了爬梳史料之不易。但对于编撰胡应麟年谱而言，更具有挑战性的工作是对搜集到的史料进行多方面的整理和排比、推论，既需要细心，更需要耐心，只有耐得住寂寞，有坐得冷板凳之功力，方可为之。如作者根据胡应麟好友汪道昆《太函集》卷26《〈少室山房四稿〉序》中"复出《笔丛》十编，命曰《余稿》"等文字，推断出胡应麟《少室山房笔丛》在万历十九年（1591）二月前已经全部刊成，且此书或称《少室山房余稿》《少室山房四稿》等结论。

《胡应麟年谱长编》一书，参考引用资料470余种，其中既有明清时期的史料，也有很多现代学界的研究成果。作者凭借自己多年的研究功力，在使用这些史料时，对明清学人记载之误、认识之谬，指出原因并加以纠正，对传言不实之词，着力澄清；对现代学者研究成果中的疏失，也逐一辨析，进行评论。例如胡应麟《甲乙剩言·王太仆》之文，明显是以王士性（即王太仆）所言来考证佛经。稍晚于胡应麟的沈德符，却据此指责胡应麟误以峨眉山为佛经金刚山，清人《四库全书总目·少室山房笔丛》条，亦直接征引沈德符之说，以讹传讹。作者在此处指出，胡应麟"文义甚明"，其文中所说之金刚山，乃指"天竺雪山"，并非王士性当时所在的峨眉山。他批判沈德符误读胡应麟原文而妄加讥讽，《四库全书总目》则既不核对胡应麟原文又不加考索，导致谬种流传。

胡应麟《少室山房类稿》卷60录有《大学士赵公（赵志皋）手书促驾，赋谢二首》，吴晗先生在《胡应麟年谱》中将此诗系于万历二十年（1592），作者则认为此诗应作于万历二十二年（1594）。他首先从胡应麟母亲病卒于万历十七年（1589）十一月，胡应麟须守丧三年，不能参加万历二十年会试，故赵志皋不可能来信要他当年入京会试开始论证，相继列举了胡应麟万历二十二年北上京师时“是携家启程”，“赵志皋是准备帮助胡应麟明年（万历二十三年，1595）会试成功”，万历二十三年会试后胡应麟在北方逗留了大半年等五条佐证，推论出胡应麟该诗作于万历二十二年，可谓合情合理，证据确凿，因而虽是推论，却也是不刊之定论。

万历二十三年（1595）二月，会试结束。胡应麟第四次下第，在《甲乙剩言·天上主司》一文中，他托梦愤世，慨叹“天上主司且不识字，何尤于浊世司衡乎?”作者指出朱国祯《涌幢小品》与查继佐《罪惟录》都将胡应麟“记梦”当作事实来记载之误，赞同吴晗先生在《胡应麟年谱》中“说此文是‘寄慨’”的观点，并以“甚是”来评论吴说。同年四月十五日望前，胡应麟“媵人生一女，逾月，复生一男”。作者通过考证万历时刊、康熙时补刊的《兰溪县志》和嘉庆《兰溪县志》、光绪《兰溪县志》的相关记载，指出吴晗先生《胡应麟年谱》记载此事有三处错误：一是将此事系于万历二十二年之误；二是将胡应麟弟弟的女婿徐三杰“误作徐三极”，又说“徐三极”即胡应麟此女所嫁之“赵三极”；三是考证赵三极父亲赵世宠的别名为“文镇”之误，实则“文镇”是赵志皋同族赵凤成表字，且胡应麟与此晚辈多有往来。

万历十九年（1591）胡应麟41岁，时王世贞已去世。二月，胡应麟在赴新安拜访汪道昆途中，写诗抒发对王世贞、汪道昆的钦佩之情。徐朔方先生在《汪道昆年谱》中，认为汪道昆在当年“闰三月，往太仓祭王世贞”。作者核考《少室山房类稿》卷30《白榆歌，别司马汪公归婺中》序言中“余（胡应麟）入新都再阅月”等相关文字记载，又以汪道昆《太函集》卷77《送胡元瑞东归记》的文字为佐证，得出“胡应麟真的没有在闰三月随同汪道昆前往太仓吊念王世贞”之结论，指出徐朔方先生引用胡应麟《入新都访汪司马伯玉八首》之序，“来证明闰三月汪道昆曾前往太仓是错误的”。

在胡应麟42岁（万历二十年，1592）系年正月条中，作者指出汪超宏先生《〈汪道昆年谱〉补正》引用胡应麟《自歙州归再报汪公》信时，忽略了信中“新春”“执事当兹春和景明之候”等语，误将此信系于万历十九年（1591）十月汪道贯去世之时。另外，吕斌先生在《〈胡应麟年谱〉补正》的注释中，将胡应麟《报张茂才》误引为“《报张秀才》”，且将其事误系在万历二十一年（1593）。作者在万历二十年（1592）胡应麟到衢州拜访易仿之一事的脚注中，指出吕斌之误。

上述例子，书中还有很多，不必一一枚举，作者的搜集与整理之功毋庸置疑。当然，考索求证之苦，作者也是深有体会，他在该书《前言》中说，即便花费两三天或更长时间来考证一件事，结果却不一定理想，可谓“抉肾呕心”“艰苦卓绝”。但是作者紧接着又真诚地续说道：“不过显而易见的是，这种感受、这种过程也并非我个人才会遇到的，这只是所有学人的共性在我这本书上的体现而已，因此我非但无怨无悔，而且对自己能有这样一次感受、这样一次历练，深感庆幸和荣幸。”毫无疑问，这是一位真诚真正的学人对待学术工作的真诚心迹的表白。

三　发掘胡应麟研究中的新问题

《胡应麟年谱长编》一书，从深入学术研究的目标出发，力求全面梳理与胡应麟相关的历史文化。胡应麟在文献学、史学、诗学、小说及戏曲学方面的成就，学界都有研究，本书作者不但在相关方面有自己的独到研究，而且还注意到他人所未曾注意的新问题，深入考辨，例如胡应麟在书法方面的成就。胡应麟自称不善书法，“性拙于书”，实际上他在书法方面的造诣也非常高。他收藏有多种名家真迹，也曾亲眼见过颜真卿《祭侄帖》、李公麟《西园雅集图》等真迹，其文集《少室山房类稿》中有不少关于书法评议之语，如卷110《跋二王诗卷》中“笔势翩翩，有苏文忠余韵”等。作者梳理文集中相关内容，佐证以明末郑仲夔《玉麈新谭》之记载，描绘出以书法擅名一时，并被传为“其书法愈醉愈妙”，号为“神笔”的胡应麟之书法艺术家的水平与形象。

作者在书中的评论，是体现该书学术价值的又一亮点。例如在万历十九年（1591）胡应麟41岁系年中，作者引录了《少室山房类稿》卷83《百家艺苑序》，仔细对比了《少室山房笔丛》之《百家艺苑序》后评论说，《少室山房类稿》之序文末“‘知庄氏之旨，则知苏氏之旨，知苏氏之旨，则知余类次之旨矣’，是作者（胡应麟）明确阐明编辑《百家艺苑》宗旨的话语，但《少室山房笔丛》中只有‘知庄氏之旨，则知苏氏之旨矣’，这是其明显不如《类稿》更胜一筹之处”。同在41岁系年中，作者在胡应麟“六朝宋虞之有《妒记》一卷”这段文字下特出一注释，认为在评论《列女传》中的秋胡妻时，刘知幾、杨慎、胡应麟等人的言论“皆属偏激不情之论”，而清人吴景旭批评他们所言“皆非允论，横污古烈，文人业口，一至于此”之评论则“甚是”。对于胡应麟在《妇人乘骣牛》《妒女庙》中所说“妇人妒者”，“非特乘骣牛、卖皂荚而已，惜皆不著令甲中”之语，作者直接批评为“所论迂腐至极”。

世上无完美之学人，亦无完美之著述。《胡应麟年谱长编》一书，亦有遗憾之处。如上文谈到的胡应麟在万历十九年（1591）赴新安拜访汪道昆，淹留两月，与汪道昆弟汪道贯、刘子矜、方尧治等都有交往，虽然胡应麟不断赋诗记录他们所到所游之处，但是大多数没有注明具体时间，导致作者不能按照先后顺序梳理胡应麟的行踪。

胡应麟收藏有张复扇头画等画作，其在绘画品鉴方面的水平非常高，其文集中也有不少画作品鉴方面的文字。例如《少室山房类稿》卷109《题唐子畏〈夏山琴趣图〉》中，说唐寅“《夏山琴趣图》甚秀润妍美”，唐寅于“绘事往往精工缜密，法度森严，是亦唐人四倒之一也”。同卷《题王叔明〈松溪书屋图〉》中，认为王蒙“此画笔意过奇”，“用笔布景，迥出畦径之外”。同卷还评价了沈启南《重溪秋色图》、赵伯驹《后赤壁图》等。作者在撰写年谱时也注意到了胡应麟的绘画品鉴水平，认为在这方面应写专文予以评述，以便更好展现，但书中对胡应麟在绘画品鉴方面的考证，似有所不足。

总的说来，《胡应麟年谱长编》有很高的学术水平，无疑是目前有关此项课题的登峰之作。在目前相当普遍、浮躁轻率的学风劲吹之下，作者的这部呕心沥血之作，由笨功夫、死功夫、苦功夫，而臻真功夫，是为史学界树立了另一种榜样，证明中华史学的优秀学风仍有顽强生机，不可能被各种歪风邪气所吹没。这也许是其更重要的现实意义。

杨宽三版《战国史》的“守故”与“革新”[*]

熊贤品[**]

战国史的具体问题，很多都存在争议。可说如果离开考证，战国史研究往往寸步难行。另外，本时期又发生巨大变化，因而从事这一段历史之研究，也要有一定的理论修养和视野。故此，一部比较理想的《战国史》，应能兼顾微观实证与宏观阐述两方面。可以预期，当下诸多新材料的发现，会推进相关具体问题之研究，从而促进战国史整体认识的重构。

杨宽先生是先秦史名家，成果众多①，多受关注②。所著《战国史》是迄今专业领域内最为重要和有代表性的著作。从杨著三版《战国史》（1955 年初版、1980 年再版、1998 年增订版）的编纂、修订来看，前后持续约半个世纪③，三版《战国史》虽保持较为稳定的叙述框架，但在具

---

* 基金项目：本文系国家社科基金青年项目“清华简与商周军事地理研究”（18CZS006）阶段性成果。

** 熊贤品，苏州大学社会学院历史系。

① 近年来上海人民出版社出版的两辑《杨宽著作集》，收录了除《杨宽自传》之外的大部分杨先生著作，为相关研究提供了扎实基础。此外 20 世纪 80 年代杨宽还有《怎样学习春秋战国史》一文，也体现了本时期的新思考，见杨宽《怎样学习春秋战国史》，舒颖云、韦少波编《历史自学指南》，中国展望出版社 1985 年版，第 36—51 页。

② 可参考胡志祥《杨宽与战国史研究》，载施宜圆编《中华学林名家访谈》，文汇出版社 2003 年版，第 46—47 页；高智群《一世学术，一代大家——杨宽先生的古史研究》，载杨宽《先秦史十讲》，中华书局 2006 年版，第 436—455 页；谢宝耿《杨宽学案》，《上海文化》2018 年第 10 期；贾鹏涛《从致用到求真——论杨宽古史分期观的演变》，《历史教学问题》2019 年第 3 期；贾鹏涛《杨宽先生编年事辑》，中华书局 2019 年版。

③ 为行文方便，本文对杨著三版《战国史》均采用简称，其中“初版”指 1955 年版，“二版”指 1980 年版，“增订版”指 1998 年版。

体内容和相关理论思考方面，曾有较大变化①，具体考证越发精审，理论阐发逐步深入。因此，对杨宽三版《战国史》的编纂、修订进行回顾，不仅可以梳理杨先生撰著思路；对于今后战国史的编纂和研究，应当也有借鉴意义。现在学界已有基础上撰为此文，并请同好教正。

一　基本编纂框架的沿用与修订

从三版《战国史》来看，基本章节数都为 12 章（其中首章均为绪论），大致而言，可认为 1955 年 3 月撰成、同年 9 月出版的初版《战国史》，其主要叙述框架为其后两版所沿用。

整体来看，三版《战国史》的整体叙述框架和思路较为一致，20 世纪 80 年代杨宽在《怎样学习春秋战国史》一文中指出：

> 社会在一定历史阶段，历史发展有一个总的趋势，上层建筑随着经济基础而发生变化，同时又对经济基础起反作用，因此经济、政治、文化是相互联系和制约的……我们在探讨学习春秋战国时期的政治变革情况的时候，就该追溯所以引起这种政治变革的社会经济发展情况，弄清其相互的关联。②

上述论述，清晰地表明了杨宽《战国史》框架之间的编纂逻辑和联系。总体来看，三版《战国史》12 章的篇幅，从内容上均依据“经济”“政治”“文化”三部分依次展开。

三版《战国史》之章节

章	初版	二版/增订版
2	春秋战国间生产的发展	春秋战国间农业生产的发展
3	春秋战国间商品经济的发展	春秋战国间手工业和商品经济的发展

① 李远涛先生曾对杨著三版《战国史》进行比较和研究，参考李远涛《战国史》，载仓修良主编《中国史学名著评介》（第 5 卷），山东教育出版社 2006 年版，第 32—51 页。

② 杨宽：《怎样学习春秋战国史》，载舒颖云、韦少波编《历史自学指南》，中国展望出版社 1985 年版，第 36—51 页。

续表

章	初版	二版/增订版
4	春秋战国间社会经济制度的转变	春秋战国间社会制度的变革/社会经济制度的变革
5	战国时代各国集权地主政权的形成	战国前期各诸侯国的变法运动/战国前期各诸侯国的变法改革
6	战国时代各国的国家机构及其重要设施	封建国家的机构及其重要制度/中央集权的政治体制及重要制度
7	战国时代封建战争的扩大	七强并立形势和战争规模扩大
8	合纵连横的封建战争的变化	合纵连横运动和封建兼并战争/合纵连横和兼并战争的变化
9	秦的统一	秦的统一
10	百家争鸣的战国时代思潮	战国时代的百家争鸣
11	百花齐放的战国时代文化	战国时代科学和科学思想的发展
12	战国史总论	战国时代文化的发展

初版除第12章“战国史总论”外，相关章节依内容可分“生产、商业”（第2、3章），“政治形势与政治体制”（第4—9章），“百家争鸣与文化发展”（第10—11章）；与之类似，二版、增订版分别为“农业、手工业、商业”（第2、3章），“政治形势变化、政治体制改革”（第4—9章），“百家争鸣与文化发展”（第10—12章）。因此，就三版《战国史》来看，大都可分为经济（社会经济的变化）、政治（合纵连横与兼并战争）、思想文化三大部分。从这里可以看出，三版《战国史》的编纂框架和思路，正是从“经济基础决定上层建筑”的马克思主义唯物史观而来。

当然，相较于三版《战国史》较为稳定的整体编纂框架，在具体章节的联系上也会有所变化。包括如下几种情况：

（一）章节设置变化不大

主要是第8章，初版题为“合纵连横的封建战争的变化”，二版与增订版标题为“合纵连横运动和封建兼并战争”“合纵连横和兼并战争的变化”，包括“魏、齐、秦大战与称王”等内容。三版《战国史》在本章标题上，虽然存在是否有“封建”等字样的区别，但整体叙述结构变化不大。至于每一节的具体设置，在三版《战国史》中也较为统一。

不过值得注意的是，虽然框架和具体章节设置变化不大，但三版《战国史》在第 8 章内容叙述方面，改变极大。如果将增订版和前两版进行对比，可说是相关内容都重写了。

（二）前后两章设置、内容有合并和更改

这主要是就第 2、3 章，与第 11、12 章而言。

（1）三版《战国史》第 2、3 章，整体叙述内容较为一致，但在具体的分布上，存在一些不同。如就第 2 章而言，初版题为“春秋战国间生产的发展”，包括农业、手工业等内容；二版、增订版则主要是农业生产方面的内容。与此相关的是，初版第 3 章主要讲述商品经济方面的内容；二版、增订版则将手工业等内容和商品经济相关内容，于第 3 章集中讲述。

此外，二版、增订版于第 2、3 章，分别新增“农本理论产生、农业管理政策、农业科学兴起”与“贸易理论、商业政策”两节，均为初版所无。

（2）三版《战国史》第 11 章的内容，差别也颇大。主要在于：

第一，从初版本章“百花齐放的战国时代文化”的标题来看，实际上包括文化、自然科学两方面的内容。二版、增订版则改题为“战国时代科学和科学思想的发展”，主要集中对战国时代科学技术问题的探讨，将初版集中于第 11 章所叙述的战国文化方面内容，改到第 12 章进行集中论述。

第二，增订版较二版，也有一些新内容。如新增加“‘气功’养生之道的开创”等。

同时，三版《战国史》第 12 章的内容，也有较大差别。主要在于初版本章内容为“战国史总论”，系对全书内容之总结。二版则改题为“战国时代文化的发展”，将初版于第 11 章集中叙述的战国时代文化内容，改到第 12 章进行论述。增订版延续了二版的这一做法，并又新增“改进生活的技艺的进步”一节。

总的来看，相较初版而言，二版、增订版都把第 2 章、第 11 章的相关内容，改为到其后第 3 章、第 12 章分别论述。三版《战国史》能保持整体叙述框架都为 12 章，和此方面的变动有较大关系。

（三）具体章节设置与内容有较大改变

这主要包括三版《战国史》中的 6 章，即第 4 章至第 7 章，第 9、10 章。

（1）如三版《战国史》第4章“社会经济制度的变革”，在标题上存在差别。其中初版、增订版均用“经济制度”的概念，二版则使用“社会制度”。

初版	二版	增订版
1. 劳役地租到货币地租	1. 封建制生产关系在奴隶社会母胎内逐渐生长和成熟（国、野对立、井田制瓦解，封建土地所有制确立）	1. 农田制度变革（井田制度的逐步瓦解和田地逐步私有化、田亩租税制度推行）
2. 领主经济到地主经济	2. 奴隶和平民的斗争	2. 各国政权改组和改革
3. 社会经济变动及矛盾与斗争	3. 地主阶级取得政权	3. 社会结构变化
	4. 阶级结构	

从内容来看，三版差别也颇大。第一，初版“劳役地租到货币地租”“领主经济到地主经济”等节，在此后两版中均无。第二，二版《战国史》较初版新增“奴隶和平民的斗争”一节，而不见于增订版。第三，二版中“封建制生产关系”“奴隶社会”的相关提法，不见于增订版。同时，二版的“阶级结构”概念，在增订版中被“社会结构”概念替代。

（2）初版第5章标题为“战国时代各国集权地主政权的形成”，然后分“农民起义”“阶级斗争使集权地主政权形成动力”“三晋、齐、郑、宋变法”“楚、秦变法与燕禅让”等节进行论述。从其后二版、增订版来看，行文也有较大变化。首先，“农民起义”“阶级斗争”等具体小节术语探讨被删去。其次，二版、增订版中，均无初版之“集权地主政权”字样，改为“战国前期各诸侯国的变法运动/战国前期各诸侯国的变法改革”，依“魏、赵、楚、韩、齐、秦”诸国，依次进行讲述。

（3）三版《战国史》第6章标题，初版为“战国时代各国的国家机构及其重要设施”，二版为“封建国家的机构及其重要制度”，增订版为“中央集权的政治体制及重要制度”。初版标题中的“国家”，在二版中改为“封建国家”，在增订版中则改为“中央集权的政治体制”。联系到第5章标题，说明至增订版时，杨宽认为战国时存在“集权”，但不肯定是否为地主政权。这是三版《战国史》中一个重要的理论变迁。

此外，从三版《战国史》第6章的内容来看，都有“官僚制度”“中央政府官僚组织”“郡县制”“郡县征兵与常备兵”等内容，但同时差别也颇大。其中初版第5节“等级制度”，在其后两版中没有专门列出；二版、增订版则增加“法律、户籍、赋税、度量衡”“爵秩”“封君”“礼乐”等内容。

（4）关于第7章，初版标题有“封建战争”字样，二版、增订版中均无“封建”字样，改为“七强并立形势和战争规模扩大”；与之类似的是，同为第8章，初版、二版均有“封建”字样，而增订版则称为“兼并战争”，也无“封建”定性。在具体内容上，三版都有“各国疆域”“七强并立”“武器进步、战争规模扩大、战争方式改变”“战争防御手段进步”等。同时也有一些不同，如二版相较初版，还增加了“少数部族分布”之内容。此外，二版、增订版还多“兵法与军事学” “相马法”等节。

（5）三版《战国史》第9章“秦的统一”，也有差别。其中第1、3两节分别为“秦兼并六国”“秦始皇统一”，这在三版中都是相同的。

主要差别在于第2节，实际上都是讨论秦统一的原因，初版题为“人民群众在统一战争中的作用（农民起义的作用、人民向背及要求统一）”，显而易见，初版将此列为秦统一最主要的原因，体现出鲜明的时代特色。至二版、增订版，则改题成较为中性的“秦统一原因”，不过论述也有不同，如二版列出了“农民起义的作用、人民向背及要求统一”等原因，而增订版则列出“人民向背、秦在兼并战争中推行了符合人民愿望的政策、要求统一”等因素。

（6）从三版《战国史》第10章“百家争鸣的战国时代思潮”内容来看，差别颇大。如：第一，初版的“墨家朴素唯物主义世界观”“惠施、公孙龙唯心主义世界观”“五行学说的发展和邹衍的五德终始说”诸节，在其后两版中均未设置相关标题。第二，本章内容在二版、增订版中有较多扩充，其中二版较初版增加“慎到势治理论”“经法代表的战国后期黄老学派思想”“商君书代表的战国晚期卫鞅一派法家思想”等3节。增订版相较于二版，又新增“曾子一派主张修身治国儒家学说”“术士依托鬼神的数术”等6节。

总的来看，三版《战国史》有较为统一的编纂框架，如学者所指出：

> 3个版本的基本框架是按照社会经济和政治制度的变化、合纵连横与兼并战争、科学思想和文化发展等3个板块，描述了战国时代从分裂割据走向统一。①

因此虽然在具体的章节关系上存在一些变化，但三版《战国史》分12章来叙述的框架，总体而言得到了继续。12章的内容大致依据“经济”“政治”“文化”三大模块展开，正始于1955年初版《战国史》。

二 内容的增删与修改

从三版《战国史》的篇幅来看，初版24万余字，二版约43万字，增订版约56万字，其后二版篇幅有较大增加，从字数上即直观表明三版内容之较大增删。具体内容的变化，择要而论，可从如下方面来考察。

（一）二版于初版之改动

从内容来看，二版相较初版有较大变化，可以分如下几方面：

1. 对于初版内容的完全更改

在初版《战国史》公布之后，杨宽继续对相关社会制度问题进行研究。而随着研究的深入，杨宽对于一些具体问题开始有了新的认识，在二版《战国史》中，得出了和初版完全不同的意见。如：（1）“战国”始年问题。初版以公元前453年为战国始年，而第二版改为公元前481年，并为增订版所沿用。（2）关于明董说《七国考》书中所引李悝《法经》的真实性问题，初版认为可靠，二版则认为可疑并为增订版所延续。②

2. 依据考古新发现等修订初版内容

随着20世纪70年代考古工作的进行，发现了一批战国史的新材料，杨宽也由此对初版内容进行修订，如“战国纵横家”诸问题。

关于初版所论苏秦史事，杨宽于二版《战国史》中进行反思，认为此

---

① 谢宝耿：《杨宽学案》，《上海文化》2018年第10期。

② 杨宽：《战国史》，上海人民出版社2016年版，第207页。

前正、误均有。[①]《史记·苏秦列传》载，苏秦和张仪同时、对立，初版认为并非如此；至于苏秦为齐相的时间，应在诸侯合纵攻齐和燕将乐毅破齐之前。在二版《战国史》中，杨宽认为根据新资料来看，上述判断是合理的。但同时，初版将苏秦组织合纵攻秦和赵相李兑发动五国伐秦，看作两件事，实不合理；应当为一事，系由苏秦从中奔走组织，而李兑带头发动。

杨宽还结合在初版《战国史》发表后的一些经历来进行修订工作。如他曾对古代冶铁等科技史问题进行研究，由此推动战国科学技术史的编纂，并进行相关篇章增补。依据20世纪70年代，与钱林书先生合作编绘《中国历史地图集》先秦部分的经历[②]，对战国历史地理问题等有新的思考。

此外，如前所述，在二版《战国史》中有很多新增章节，由此也有诸多新增内容，此不赘述。

（二）增订版于二版之改动

在1992年谭其骧先生去世后，杨宽先生可能产生一种紧迫感，意识到要及时进行二版《战国史》的修订：

> 我为此很感伤，因此想到我从事战国史的探索经历了半个世纪，尚有不少见解没有写进我的《战国史》中，应该及时作大规模的补充修订和改写，作为“增订本”出版，是必要的。[③]

在其后工作中，杨宽先生对二版《战国史》有较多增删。增订版《战国史》与二版之不同，主要可从如下几个方面来看。

1. 具体内容之增删

（1）在政治史、文化史方面内容，增删较多。如第8章“合纵连横和兼并战争的变化”，对“张仪、苏秦”事迹有较多订补。第10章“战国时代的百家争鸣”有很多新增内容，如稷下道家“精气”、鹖冠子“大同”；

---

① 增订版《战国史》“后记”。

② 依增订版《战国史》的“后记”，《中国历史地图集》第一册中战国时《诸侯称雄形势图》《韩魏》《赵中山》《齐鲁宋》《燕》《秦蜀》《楚越》等，可能都系杨宽先生所做。

③ 增订版《战国史》“后记”。

《大学》《中庸》是曾参一派的学说；《易系辞传》是楚国经师融合道家学说的结果；齐法家；方士“方技”、术士“数术”等。第11章“天文学”，新增“天象灾异的记载”、《楚帛书》、“五常附会五行之说”、气功疗法诸内容。第12章“战国时代文化的发展”，在“艺术的发展”一节，有较多增补，同时新增“改进生活的技艺的进步”一节内容。

（2）增订版在具体史实的考证方面，进一步精细，并删去相关不精确之内容。如二版《战国史》在叙述乐毅破齐时，依据《资治通鉴》周赧王三十一年相关资料，曾有“乐毅为了拉拢齐国地主阶级，在齐国封了二十多个拥有燕国封邑的封君，还把一百多个燕国爵位赏赐给齐人”之论述。而在增订版的叙述当中，对上述问题进行反思，指出《资治通鉴》上述记载并不可信，由此删去上述意见。

2. 论述中若干术语的删除

相较于二版，增订版《战国史》在理论问题方面，也有较多改动，删除了很多常见于二版的术语。如：（1）“封建”，二版第6章原标题“封建国家的机构及其重要制度”，增订版改为“中央集权的政治体制及重要制度”。又第8章二版原题为“合纵连横运动和封建兼并战争”，增订版标题则不见“封建”二字，作“兼并战争”。此外，二版《战国史》论述中有“城市中的工商业税及封建国家争夺城市”，增订版则改为“市中的工商业税及争夺城市”。（2）“奴隶主”，如二版中有“奴隶主贵族”之表达，增订版中删去“奴隶主”；（3）“阶级”，在二版《战国史》中，认为李悝《法经》为“地主阶级的法典（私有财产）”，而在增订版中删除“地主阶级”，只称为“法典”。此外，二版中的“阶级结构”概念，在增订版中改为“社会结构”。（4）“地主”，在二版中有“新兴地主阶级势力”“新兴地主田氏”“地主政权”等用法，增订版中多删去其中的“地主”。此外，二版中的“地主政权”概念，增订版《战国史》中则多被改为“君主政权”。

由此可看出，经过近半个世纪的思考，在20世纪末正式发表的增订版《战国史》中，已经大量删除此前诸版所用“封建”“奴隶主”“地主”“阶级”等典型马克思主义史学术语。这是杨宽对于早年研究的自我否定，个中心路，值得留意。

（三）诸版《战国史》附表之比较

相关大事年代等问题的考订，如三版《战国史》所附录的《战国封君表》《战国封君表》《战国大事表》等，是战国史编纂的基础工作。从三版《战国史》所附诸表来看，内容上存在一些不同和修订，时代越晚，考订越发精审、严密，这反映杨宽编纂《战国史》的细致严谨。

1.《战国郡表》之比较

从三版《战国史》所附《战国郡表》来看，其情况如下：

（1）内容基本不变。如燕国设郡，三版均列“上谷、渔阳、辽东、辽西、右北平”5 郡。

（2）修订。如魏国设郡，初版列为“上、西河、河东、大宋、方与”，二版、增订版则改为“河西、上、河东、方与、大宋”，其中初版“西河”郡之名，在后两版中改为“河西”。

（3）删减。如楚国设郡，初版有“汉中、巫、黔中、会稽”4 郡；至二版、增订版中，则删“会稽”郡，保留“汉中、巫、黔中”诸郡，另新增“江东、新城、宛”诸郡，由此一共为“宛、汉中、江东、新城、黔中、巫”6 郡。如秦国设郡，初版、二版中均有“琅琊”郡，至增订版中则将之删去。

（4）增加。主要是赵、韩、秦三国的相关情况。第一，如赵国设郡，三版中均有“上党、雁门、云中、代”，其中二版《战国史》有并仅列上述 4 郡。另外两版《战国史》则不同，其中初版除此之外，另有“河间、太原”2 郡，一共为 6 郡；增订版则另有“安平”郡，一共为 5 郡。因此可看出，三版《战国史》关于赵国设郡情况，存在较大不同。第二，如韩国设郡，初版仅有“上党、三川”2 郡，至二版、增订版则新增“上蔡”郡，一共为 3 郡。第三，如秦国设郡，初版列“上、三川、南阳、汉中、黔中、会稽、代、云中、上谷、渔阳、辽东、辽西、右北平、蜀、巴、陇西、北地、南、东、颍川、楚、九江、泗水、齐、琅琊、长沙、砀、薛、巨鹿、陶”，一共 30 郡。至二版《战国史》则有一些变化，主要是新增“河东、上党、太原、雁门、邯郸、广阳”6 郡，由此一共为 36 郡。增订版的变化则为，在保留二版新增前列 6 郡外，又将“琅琊”郡删去，一共为 35 郡。

2.《战国封君表》之比较

《战国封君表》始见于二版《战国史》，为初版所无，并为增订版所延续。二版《战国封君表》之情况，大致也分为三种情况。第一，变动不大。主要是关于魏国、韩国之封君。第二，删除。如秦国封君，二版有“蓝田君（公子向）”，增订版则无。第三，封君资料增加。如赵国封君，增订版较二版增“代成君（赵周）”；齐国封君，增订版新增“苏秦”；燕国也新增“武安君（苏秦）”。此外，根据二版《战国史》之后发现的包山楚简资料，增订版所载楚国封君有较大幅度增加，新增有“析君（公孙宁）、鄛君、鄗君、郐君、鄶阳君、郻君、鄞君、挪陵君”等数十位。

3.《战国大事表》之比较

作为战国史编纂之基础，就三版之《战国大事表》而言，也有一些改变。

第一，增加新内容。如：

（1）二版较初版增加并为增订版承袭的内容，主要有16处。分别为“前453年，赵相张孟谈改革田亩制”；“前448年，越王不寿被杀、朱句继立”；“前422年，秦作上下畤、祭黄帝、炎帝”；“前395年，秦伐緜诸”；“前380年，中山复国在这年前后”；“前379年，齐康公卒，齐吕氏绝祀”；“前366年，秦又败韩魏于洛阴”；“前326年，秦初腊，会龙门”；“前324年，秦张仪伐取韩的陕，筑上郡塞”；“前320年，秦伐义渠，攻取郁郅”；“前309年，秦初置丞相，樗里疾、甘茂为左右丞相”；“前307年，赵武灵王实行胡服骑射”；“前298年，秦攻取楚析等十多城”；“前255年，秦河东郡守王稽因罪被杀，秦相范睢死”；“前223年，秦设置楚郡”；“前年，256迁封鲁君于莒，秦攻取韩阳城、负黍”。

（2）增订版较初版、二版增加的内容，主要有31条。如下表：

前	新增内容	前	新增内容
449	越人来秦迎女	446	魏文侯初立
440	周考王封其弟揭于河南，为西周桓公	434	晋君仅有绛、曲沃等地，反而要朝见韩赵魏之君
429	秦躁公卒，其弟从晋归来即位，为怀公	424	赵迁都中牟

续表

前	新增内容	前	新增内容
415	韩迁都平阳	414	中山武公初立
405	越灭缯	404	魏文侯迫使齐侯会同三晋之君朝见周威烈王，要求周王命三晋之君为诸侯
401	秦伐魏至阳狐	392	齐迁康公于海上
389	田和和魏武侯在浊泽相会，请立为诸侯	384	齐攻魏国于廪丘，赵救魏，大败齐人
383	秦迁都栎阳	381	楚西攻百越，据有洞庭、苍梧一带，在此年稍前
378	越迁都于吴	370	魏武侯卒，公仲缓与莹争立
362	又攻取列人、肥	359	卫鞅说秦孝公变法
358	楚引河水灌韩长垣	355	邹忌以鼓琴进说齐威王改革；申不害相韩，用法家之“术”；昭奚恤为楚令尹而专断
347	赵公子范袭邯郸，不胜而死	336	魏韩二国之君朝见齐威王于东阿
335	魏韩二国之君朝见齐威王于甄	321	张仪兼相秦魏
320	秦假道韩魏攻齐，齐威王使匡章为将应战	314	秦大败韩于岸门
302	赵攻取河宗氏、休溷诸貉之地，设九原云中二郡	297	赵武灵王出代，西遇楼烦王于西河而致其兵
295	燕昭王使苏秦入齐，助齐攻宋		

其中值得注意的是，初版、二版中于公元前 387 年，均有“田和和魏文侯在浊泽相会，请立为诸侯”的记载。增订版则与上述存在两处差异：其一，增订版定为公元前 389 年，其二，增订版《战国大事表》中的魏国人物系“魏武侯”。

第二，进一步补充说明的内容。如：（1）公元前 361 年条，初版、二版作“魏在四月甲寅徙都大良”，增订版则作“魏在四月甲寅（即初三）徙都大良”，进一步说明甲寅之日的日期。（2）公元前 282 年条，初版作“秦攻赵取二城”，二版、增订版则作“秦攻赵取蔺、祁二城”；及公元前 274 年条，初版作“秦攻魏取四城”，二版、增订版则作“秦攻取魏蔡、中阳等四城”，上述均于增订版中补充说明所攻取之城。(3) 公元前256年条，初版作“楚灭鲁”，二版、增订版则为“楚灭鲁，迁封鲁君于莒”，补充说明灭鲁后之情况。

第三，删去相关内容。如：

(1) 有些内容为初版有，二版、增订版无，这种情况一共有11处。如：(a) 公元前307年条，初版有“秦攻取宜阳，渡河攻武遂，在武遂筑城”；(b) 公元前306年条，初版有“秦归还武遂给韩”；(c) 公元前301年条，初版有“楚国爆发以庄蹻为首的农民大起义”；(d) 公元前270年条，初版有“秦在甘泉杀义渠王，灭亡义渠；建北地郡，筑长城”；(e) 公元前261年条，初版有“封鲁君于莒”；(f) 公元前251年条，初版有“燕割五城求和”；(g) 公元前233年条，初版有“秦派李斯入韩，上书韩王”；(h) 公元前231年条，初版有“魏献土地给秦”；(i) 公元前224年条，初版有“项燕攻入鄢郢，立昌平君为楚王”。二版、增订版在相关年代均无上述诸事。

此外，公元前294年条，初版有“齐用祝弗的计谋，驱逐周最，用秦大夫吕礼为相”，二版、增订版则仅作“齐用秦大夫吕礼为相”。公元前281年条，初版作“赵惠文王到东阳，决河水，伐魏”，二版、增订版则仅作“赵决河水，伐魏”。

(2) 有些内容为初版、二版有，增订版无，这种情况一共有5处。如：(a) 公元前408年条，初版、二版为“魏伐中山、伐宋”；增订版则删去“伐宋”，改为“魏伐中山”。(b) 公元前369年条，初版、二版均有“赵、韩迁晋惠公于屯留，晋绝祀”，增订版则删除。(c) 公元前365年条，初版、二版均有“魏伐韩，在阴战败”，增订版则无。(d) 公元前302年条，初版、二版均作“赵迁吏大夫奴于九原，又命将军、大夫、嫡子、代吏等胡服，学习骑射”，至增订版则仅作“赵迁吏大夫奴于九原”。(e) 公元前288年条，初版、二版均有“秦攻取赵的梗阳”，增订版则删除此记载。

第四，叙述内容有变化。如：

(1) 关于事件叙述的变化，一共有6条。如关于公元前416年晋幽公被杀事，三版有较大不同。初版为“晋幽公夜间偷出淫妇人，为‘盗’所杀。魏用兵镇压晋的‘叛乱’”，二版的叙述为“晋幽公夜间为‘盗’所杀。魏用兵镇压晋的‘叛乱’”，增订版改为“晋幽公被杀，魏用兵平乱。

立幽公子止，为烈公”。又如公元前272年条，初版记载“秦助韩、楚、魏攻燕”，二版、增订版则改为“秦、楚助韩、魏攻燕”，在事件的操办者一方，有较大改动。

（2）在相关事件历史地名记载方面的变化，一共有5条。如：（a）公元前381年条，初版、二版记载“赵反攻，攻取魏的棘蒲”，增订版则改为“赵反攻，攻取魏的棘蒲、黄城”，新增“黄城”；（b）公元前373年条，初版、二版均作“燕打败齐于林营”，增订版则改为“燕打败齐于林孤”；（c）公元前324年条，初版、二版均作“魏惠王和齐威王会于平阿”，增订版则改作“魏惠王和齐威王会于东阿”；（d）公元前315年条，初版、二版作“秦伐韩取石章，打败战将泥（一作英）”，增订版则改为“秦攻韩，战于浊泽（一作蜀潢）”；（e）公元前310年条，初版作“秦伐义渠、丹、犁”，二版、增订版则改为“秦伐义渠、丹犁”。

第五，相关年代问题有所改变。如：

（1）关于具体事件，一共有11条：如（a）“止从死，即废止殉葬”，初版、二版均为公元前384年，增订版为公元前385年；（b）“秦白起攻韩取宛”，初版定为公元前292年，二版、增订版均为公元前291年；（c）“魏昭王入赵朝见，并献阴成、葛孽（在此年或稍前）”，初版、二版定为公元前289年，而增订版系于公元前288年；（d）又如关于李兑、苏秦事迹，先后也有变迁。如初版于公元前288年条叙述，“李兑约赵、齐、楚、魏、韩五国攻秦，罢于成皋”。二版则于公元前287年条叙述“苏秦、李兑约赵、齐、楚、魏、韩五国攻秦，罢于成皋”，增订版也于公元前287年条叙述“苏秦约赵、齐、楚、魏、韩五国攻秦，罢于成皋”。可见从初版到增订版，倾向于将苏秦认为是五国攻秦的主要人物，并且年代也发生变化；（e）“秦派胡阳通过韩的上党，攻赵的阏与，赵江赵奢往救，大破秦军”，初版定为公元前270年，并于公元前269年无相关大事。至二版、增订版则本事改为公元前269年；（f）“秦攻取魏高都、波，攻取赵榆次、新城、狼孟等37城”，初版定为公元前248年，二版、增订版改为公元前247年；（g）“秦又全部攻占韩的上党郡，派蒙骜定晋阳，重建太原郡”，初版定为公元前247年，二版、增订版改为公元前246年；（h）“赵起用赵葱、颜聚代李牧”，初版定为公元前228年，二版、增订版改为公元前229年；（i）“秦将李信、蒙武击楚，李信败还”，初版定为公元前224年，二版、增订版改为公元前225年；（j）“秦将王翦、蒙武大败楚军，楚将项燕自杀”，初版定为公元前223年，二版、增订版改为公元前224年。(k)“秦平定楚江南地，设会稽郡”，初版定为公元前223年，二版、增订版改为公元前222年。

(2) 关于具体国君的年代，三版《战国大事表》也有一些不同。如：(a) 关于“田侯剡”的年代，初版、二版一致，而与增订版不同。如公元前380年，依据初版、二版为田侯剡四年，据增订版则为田侯剡五年；(b) 关于“燕简公”的年代，初版、二版一致，而与增订版不同。如公元前372年，依据初版、二版，为燕简公四十三年，据增订版则为燕桓公元年。又初版、二版定燕桓元年为公元前369年，较增订版意见为后；(c) 初版于公元前271年叙述，“燕相安成君公孙操杀了燕惠王，拥立武孝王”，并以本年为燕武孝王元年；二版、增订版则记载“燕相公孙操杀燕惠王，拥立武成王”为公元前272年。不仅更改发生时间，新立燕国国君之名也有改动。

总的来看，三版《战国史》内容存在较大增删和不同。相关变化和考证的精细化有关，同时也应与理论思考的变化有关。以三版《战国大事表》为例，作为《战国史》编纂的难点和前提，三版《战国大事表》存在较多增订和改动，逐渐走向精细。其中增订版之《战国大事表》，较此前两版有较多改进，不但新增很多具体条目，同时在具体的国君年代方面，也有很多改进，体现了杨宽在编纂《战国史》过程中秉持的实事求是、精益求精态度。

三 理论思考的历程

虽然考证对于战国史的重要性不言而喻，但理论思考也不应忽视。在二版“前言”中，杨宽就提到在撰写初版时，“当时我不能解决的最关键的问题，就是古史分期问题”，表明杨宽对理论问题之重视。在具体内容有较大变化的同时，三版《战国史》于理论思考方面也有重要变化。就笔者的三版《战国史》阅读感受而言，相较于史实叙述方面的日益精确，在相关理论阐释方面的变化则更为明显而剧烈。

如果从理论角度对三版《战国史》进行定位，可说体现了杨宽不同时期的角色和理论思考程度。初版是“马克思主义史学者的初次战国史编纂”，二版是“马克思主义史学思考者的战国史编纂”，增订版则是“新时期‘理论反思、搁置古史分期争议’视角下的战国史编纂”。三版《战国史》的理论思考各不相同，既与编纂者的个人思考有关，也与半个世纪以来社会进程变革和史学理论变迁密切相关。

（一）20 世纪 50 年代理论思考的开始

从杨宽对于马克思主义史学的接受来看，在新中国成立前后，有一个较大转变过程。[①] 初版《战国史》是杨宽信从马克思主义后，整理这段历史的初步成果。初版在思想史内容撰写中，大量运用了唯心、唯物之分，如在讨论邹衍五德终始说时，认为五行学说虽是一种原始的唯物主义世界观，“是从原始的唯物论出发的，结果仍然陷入神秘的宗教迷信中去”[②]。

从近 70 年后的当下来看，初版《战国史》的编纂具有浓烈的时代色彩，这表现在论述相关问题时，每每首先引用经典作家论述，其次才展开分析。如在探讨相关指导理论时，首先遵循马克思主义“生产力与生产关系”的学说，进而论述春秋战国之际，“铁器的使用帮助了新的生产力的发展和封建生产关系的成长，提供了社会变革的条件……等到封建的生产关系在经济领域里占优势，新兴地主阶级就通过斗争……建立地主阶级政权……封建制生产关系就进一步发展起来，社会生产力也就得到进一步的解放”[③]。

表现在论述战国史研究方法时，首先引用经典作家语句，其后提出“必须完整地、准确地学习和掌握马克思列宁主义、毛泽东思想的科学体系，用马克思主义的立场、观点和方法，从实际出发，详细占有历史资料，采取实事求是的科学态度，对战国时代经济、政治、军事和文化上每一问题加以具体分析，从而作出理论性的结论来，做到理论、历史和现实相结合，革命性和科学性相统 ”[④]。

又如论证土地问题，也首先引用经典作家论述：“在农民群众方面，几千年来都是个体经济，一家一户就是一个生产单位，这种分散的个体生产，就是封建统治的经济基础”，进而提出自己的意见，“春秋后期以来……分散的个体生产取代了旧式的集体劳动……随着社会生产力的发

① 贾鹏涛：《杨宽与马克思主义史学》，《史学理论与史学史学刊》2018 年第 1 期。
② 杨宽：《战国史》，上海人民出版社 1955 年版，第 213—214 页。
③ 杨宽：《战国史》，上海人民出版社 1955 年版，第 36、61 页。
④ 杨宽：《战国史》，上海人民出版社 1955 年版，第 18—19、175 页。

展，小农经济的成长，井田以外开垦的私田逐渐增多，封建制生产关系也就产生，封建土地所有制也就出现”[1]。

而就初版全书来看，最有时代感的两个理论探讨，是运用“西周封建论”和“阶级斗争”来叙述战国史。

1. “西周封建论”与初版《战国史》的编纂

初版《战国史》在论述战国社会性质时，首先引用经典作家“秦以前是诸侯割据称雄的封建国家，秦以后是专制主义中央集权的封建国家”意见，及斯大林的相关论断，从而确定战国时期为封建地主制。[2] 在初版《战国史》中，“封建”也被多用来定义本时期的相关事件，如在初版中“封建战争”的用法比较多。

本时期杨宽赞同“西周封建论”，认为从春秋到战国是“由封建的领主制转变为地主制”。如初版第 4 章“社会经济制度的转变”，主要包括“劳役地租到货币地租”“领主经济到地主经济”“社会经济变动及矛盾与斗争”等内容，正体现了杨宽的上述主张。

初版《战国史》在论述封建领主制向封建地主制的转变中，多将二者进行形象上的正反对比，认为“地主阶级不断地在成长，领主阶级不断地在没落”，将“封建领主”定义为腐朽、反动形象，如认为吴起在楚国的变法，遭到领主贵族的反对；又认为老子“是没落的领主贵族的思想反映”[3]。

2. “阶级斗争论”与战国史的叙述

初版《战国史》认为，就战国社会而言：

> 最基本的矛盾是广大农民和领主贵族之间的矛盾，其次是新兴地主和领主贵族之间的矛盾。[4]

由此，初版《战国史》对“阶级斗争”观念运用较多，并专门有“阶级斗争是战国时代各国集权的地主政权形成过程中的动力”一节，认为“阶级斗争是社会发展的动力”，“阶级斗争是推动这时期社会经济发展

---

① 杨宽：《战国史》，上海人民出版社 1955 年版，第 129 页。

② 杨宽：《战国史》，上海人民出版社 1955 年版，第 7 页。

③ 杨宽：《战国史》，上海人民出版社 1955 年版，第 69、97、207 页。

④ 杨宽：《战国史》，上海人民出版社 1955 年版，第 78 页。

的动力，阶级斗争又是这时期基于经济发展基础上的集权的地主政权形成过程中的动力”①。总之，认为“阶级斗争”是推动战国经济、政治发展的动力所在。

同时，初版还具体指出“阶级斗争”的具体作用，如认为“由于生产力发展，由于农民阶级进行阶级斗争，实物地租就逐渐成为地租的主要形态”②。初版“秦的统一”章，专门有“人民群众在秦统一过程中的作用”一节，体现了“人民史观”，无疑也是上述观念的体现。初版《战国史》还认为，阶级斗争壮大了地主阶级的力量，认为春秋晚期的阶级矛盾越来越尖锐，奴隶和平民不断逃亡，其中“隐民”就是逃避奴隶主贵族的剥削和压迫，而隐藏到新兴地主阶级那里的依附农民。③

初版《战国史》还用阶级观点分析历史人物和事件。如：（1）认为墨子以及墨者，是从手工业工人和农民中上升起来的地主阶级，政治立场还是代表地主阶级。④（2）认为地主和农民阶级之间矛盾极为突出，一方面由于战国阶级斗争的兴盛，“新兴地主阶级的代表人物不能不认识到人民群众力量的伟大”⑤，是故“农民起义摧毁或削弱了某些国家内贵族的腐朽统治力量，便利了代表新兴地主势力的秦国进行兼并”⑥，“由于封建兼并战争的胜负，人民群众起着决定性的作用，因而政治较好的秦国能够完成其统一全中国的历史任务”⑦，这是地主阶级和农民一致的地方。但同时两者也有巨大矛盾，初版认为，“专制的地主政权便是用‘连坐’的恐怖手段来防止和压制人民的反抗，想用这来使人民不敢进行阶级斗争”⑧。

总的来看，初版《战国史》在相关历史事件的叙述中，已经较为精审、严密；而在相关事件的阐述上，则有明显的时代特征。

（二）20 世纪 80 年代的新思考与修订

在二版《战国史》中，作者继续信仰马克思主义史学理论，以之为指

① 杨宽：《战国史》，上海人民出版社 1955 年版，第 243、89—90 页。
② 杨宽：《战国史》，上海人民出版社 1955 年版，第 241 页。
③ 杨宽：《战国史》，上海人民出版社 1955 年版，第 132 页。
④ 杨宽：《战国史》，上海人民出版社 1955 年版，第 197 页。
⑤ 杨宽：《战国史》，上海人民出版社 1955 年版，第 181 页。
⑥ 杨宽：《战国史》，上海人民出版社 1955 年版，第 173 页。
⑦ 杨宽：《战国史》，上海人民出版社 1955 年版，第 175 页。
⑧ 杨宽：《战国史》，上海人民出版社 1955 年版，第 88—89 页。

导，就相关问题进行论述，但同时也开始反思。

1. 理论信从与反思“西周封建论”

（1）运用马克思主义史学理论指导古史研究。二版在讨论战国史研究方法的时候，如同初版一样，首先引用经典作家语录，强调要运用马克思列宁主义、毛泽东思想等来指导战国史研究，并保留了和前述所引初版完全相同的一段论述，如要做到“理论、历史和现实相结合，革命性和科学性相统一”①。本时期杨宽还曾撰《怎样学习春秋战国史》，提出学习“春秋战国史，同样应该重视这三个方面（本文按：即‘才’‘学’‘识’）……现在我们要掌握的‘史识’，是马克思主义的历史科学，就是历史唯物主义。只有用历史唯物主义的‘史识’，才能分析历史的发展过程，才能阐明历史发展的规律”②。继续强调在《战国史》编纂中，马克思主义史学理论的重要作用。

此外，在探讨“封建土地所有制的逐渐确立”时，如同初版一样，继续首先引用经典作家“在农民群众方面，几千年来都是个体经济，一家一户就是一个生产单位，这种分散的个体生产，就是封建统治的经济基础，而使农民自己陷于永远的劳苦”的论述，从而再引用相关史料展开叙述。

并且运用辩证法来研究相关思想家，二版《战国史》中曾有如下论述：

> 但是老子的辩证法思想存在着严重缺点。它把事物的运动变化看作循环的，不是上升前进的过程……这是没落的奴隶主阶级意识的一种表现，企图借助于这种战斗策略来求得胜利。③

二版《战国史》用“地主”概念来定义战国社会，认为战国七雄为“七个集权的地主政权”。此外，在相关方面也运用“地主”概念，如农业生产方面，有“地主政权管理农业等生产的政策”等提法；在礼乐制度方面，有“地主阶级采用和改造礼乐制度”“地主阶级重视朝礼、祭礼和丧礼”等论述。“社会（经济）制度的变革”方面，包括“封建制生产关

① 杨宽：《战国史》，上海人民出版社1980年版，第18—19页。

② 杨宽：《怎样学习春秋战国史》，载舒颖云、韦少波编《历史自学指南》，中国展望出版社1985年版，第36—51页。

③ 杨宽：《战国史》，上海人民出版社1980年版，第410页。

系在奴隶社会母胎内逐渐生长和成熟”（井田制瓦解、封建土地所有制的逐渐确立）、“奴隶、平民的反抗”“各国新兴地主阶级取得政权”“战国阶级结构”（包括地主、农民、商人等）。

（2）继续探讨“古史分期”。在二版《战国史》中，杨宽继续思考这一理论问题，并沿用了“封建”“奴隶”等概念。二版在论述“籍礼”时，认为是奴隶主掩饰残酷奴役的一种虚伪政策。又在叙述中，以“井田制的逐步瓦解”和“封建土地所有制的逐渐确立”为主线，叙述了奴隶制转变为封建制的具体过程。

但最重要的思考，则是战国社会性质问题的改变。由于20世纪50年代，“古史分期”的讨论尚在热烈进行，对于初版《战国史》的历史分期主张，自然也有不同意见，如不久之后就有童书业等进行讨论。[①] 初版《战国史》正式出版后，杨宽继续将领域扩展到西周史，由此引发对春秋战国社会性质的新思考，已经开始反思若干问题并有转变，其中之一是战国社会性质：

> 确定西周春秋时代是奴隶制社会，春秋战国之际的转变是从奴隶制转变为封建制。

这一意见，是与初版《战国史》有很大不同的。

从本时期杨宽《怎样学习春秋战国史》一文，可以更详尽地看出思路所在。他认为，初版《战国史》所采用的古史分期理论，是由于在理论上的不足，从而不得不采用某一种观点来进行论述。但是经过长时期的研究之后，必须开始反思此前所采用的那种古史分期观点，并系统比较、探讨诸家观点。如果经过反思，发现原来所采用的古史分期观并不合适，就应当采用更为合理的意见。经过编纂《古史新探》一书的思考，作者对古史分期的意见发生了改变，不再赞同初版“西周封建论”，而应当改为“战国封建论”，认为夏、商、西周系奴隶制时代，春秋开始奴隶制瓦解，春秋战国之交开始向封建制过渡。这一古史分期看法，与初版差异较大，并

---

① 童书业：《略论战国秦汉社会的性质》，《新建设》1957年第8期，收入《童书业古代社会论集》，中华书局2006年版，第414—424页；田昌五：《中国古代奴隶制向封建制的革命转变问题——与杨宽同志商榷》，载《古代社会形态研究》，天津人民出版社1980年版，第378—388页。

在此基础上改写成二版《战国史》。[①] 从这里可以看出，杨宽的思路为，在研究之处遵从某一种理论来指导研究；但再有一定基础之后，就要开始反思之前所信从的理论。因此，二版《战国史》和初版的一些理论不同，可以从这方面得到解释。

2. 若干问题的反思

相较初版，二版在一些问题论述上已经开始不同。如初版认为，战国时代北方产稻区域比后世广阔，主要是由于水利灌溉事业不断发展。而其后缩小，则是由于“后来封建主义长期黑暗统治，水利工程年久失修，不断的发生旱灾水灾的缘故”[②]，二版与增订版《战国史》则认为，“后来北方产稻地区不断缩小，则是因为经常发生战乱，水利工程失修，水旱灾害不断侵袭的缘故”[③]，并没有将其与所谓“封建主义”相联系。

更为重要的是，二版开始对初版当中的若干理论问题进行反思。

（1）对“阶级斗争”的反思。在二版《战国史》中，继续沿用初版“阶级斗争”的相关论述，如认为在春秋后期出现了“阶级斗争浪潮的高涨”，其中“以跖为首的奴隶起义”特别值得注意。[④] 但在二版《战国史》中，已不再认为阶级斗争是战国时期社会发展的根本动力，而认为奴隶制向封建制转变过程中，生产关系自然发展有重要作用。

（2）对战国社会结构的反思。初版认为战国社会阶级的变动，最主要是“地主阶级的不断成长和领主贵族阶级的不断没落”，主要阶级包括地主阶级（国君、贵族）、农民（自耕农、佃农）、手工业者、商人、奴隶等。[⑤] 二版《战国史》则较少运用“封建领主”概念，并重新分析战国的阶级结构为：（1）“地主”，包括国君、封建贵族、功勋地主和官僚地主、一般地主；（2）“农民”，包括封建国家依附农，依附于地主的庶子、佃农和雇农；（3）手工业者；（4）商人、大商人；（5）“奴隶”，包括官府

---

① 杨宽：《怎样学习春秋战国史》，载舒颖云、韦少波编《历史自学指南》，中国展望出版社1985年版，第36—51页。

② 杨宽：《战国史》，上海人民出版社1955年版，第26页。

③ 杨宽：《战国史》，上海人民出版社1980年版，第51页；杨宽：《战国史》，上海人民出版社2016年版，第79—80页。

④ 杨宽：《战国史》，上海人民出版社1980年版，第137—138页。

⑤ 杨宽：《战国史》，上海人民出版社1955年版，第69—81页。

奴隶、私奴等。[①]

二版《战国史》出版之后，继续引起学界的广泛关注。[②] 相较于初版《战国史》，可以看出二版《战国史》在信仰马克思主义史学理论的同时，也开始对理论和史料结合度进行反思，这是一个承前启后、重要而扎实的进展。

（三）20世纪90年代的新思考

至增订版《战国史》，杨宽对于这段历史有了新认识，并将其进程概括如下：（1）生产工具、技术改进，推动农业生产并使“五口”“八口”之家的小农，成为农业生产主力。随着按亩征税的推行，小农经济成为君主政权立国基础。（2）商品、手工业继续发展，成为君主政权另一基础。（3）俸禄、上计所代表的官僚组织，代替此前的家臣制，推动中央集权君主专制体制发展，并形成“文武分途”。同时，郡县制下的农民成为作战主力。（4）文化学术由官府走向民间。[③]

与之相关的是，增订版《战国史》在理论方面有较大改变。从文字内容而言，最为直观者，莫过于行文中已不见相关经典作家论述之引用，如二版第2章在论述铁器之重要性时，就引用了恩格斯《家庭、私有制和国家的起源》之论述[④]，而增订版中则已经无上列论述。又如在初版、二版中，均于绪论中专门论述战国史研究方法，均首先引用经典作家语录，进而进行论述。但在增订版中，包括研究方法在内的相关文字，均已不见上述内容。而最为紧要者，本文以为当属如下几个方面。

1. “阶级斗争”概念的删除

在增订版《战国史》中，与“阶级斗争”相关提法已经删除，如初版第5章“春秋战国间的农民起义”，二版第4章“广大奴隶和平民的反抗斗争”相关诸节，在增订版中都已不见。

在相关历史事件的相关“阶级斗争”论述方面，也有变动。（1）二版《战国史》在论述早期“国”“野”对立问题的时候，认为“当时国和野

---

① 杨宽：《战国史》，上海人民出版社1980年版，第152—169页。

② 郁乃尧：《杨宽〈战国史〉新版出版》，《人民日报》1981年5月18日；宋峤：《杨宽新版〈战国史〉评介》，《中国史研究》1982年第4期。

③ 杨宽：《战国史》，上海人民出版社2016年版，第7页。

④ 杨宽：《战国史》，上海人民出版社1980年版，第20页。

的对立，是阶级对立的产物，反映了奴隶社会内部奴隶主阶级和广大劳动人民之间的对抗性矛盾”①，在增订版中则删除上述内容。（2）在论述楚国吴起变法时，针对公元前402年的“盗杀声王”，二版曾认为是起义人民杀死了楚声王，而代表新兴地主阶级势力的国人拥立了楚悼王，因此楚悼王能够起用法家吴起实行变法。② 在增订版中，则将上述论断完全删除。（3）类似的有，在论述“籍礼”时，二版《战国史》认为“奴隶主为了掩饰其残酷的奴役方式，仍然虚伪地宣扬；籍礼的举行是为了关心农业，宣称籍田的收获用于祭祖和救济等等”③，而增订版已不见上述内容。（4）二版曾有和“阶级斗争”相关的一些论述，如讨论“铁矿的开发”时，二版曾认为从春秋后期开始，劳动人民对矿山进行开发，导致冶铁手工业得到发展。如公元前506年，楚昭王于吴军破郢后逃入云梦泽，二版认为“原来聚集在这里的起义奴隶就袭击他，‘以戈击王’”④，在增订版中相关论述均已不见。

如在具体的人物评价方面，也淡化此前所采用的“阶级斗争”分析法。如：

（1）关于秦始皇的评价。初版运用阶级分析的方法，认为秦始皇在完成统一中起了进步作用，但由于他对法家政策作了发展和实践，扩大和加深了法家政策反动的一面，对于农民“敲骨沥髓地榨取”达到了空前残酷的地步。⑤ 二版《战国史》同样肯定秦始皇在统一过程中的作用，但“加强了各级地主政权和地主豪绅对农民的专政措施，给农民带来了深重的灾难。这是由他的阶级本性决定的”⑥。而在增订版《战国史》中，虽然所讲述的主要内容差不多，但已经放弃了阶级分析的方法，认为秦始皇虽然在统一过程中有一定作用，“但是他确是一个极其残酷的暴君，不仅由于他偏激地扩展了法家政策，加强了专制和残暴的政治措施，而且由于他本性的卑劣残忍，使天下臣民都受到他的蹂躏”⑦。

（2）关于庄蹻起义。初版认为，“楚国农民起义的领袖庄蹻已经叛变

① 杨宽：《战国史》，上海人民出版社1980年版，第126页。
② 杨宽：《战国史》，上海人民出版社1980年版，第176页。
③ 杨宽：《战国史》，上海人民出版社1980年版，第128页。
④ 杨宽：《战国史》，上海人民出版社1980年版，第30页。
⑤ 杨宽：《战国史》，上海人民出版社1955年版，第189页。
⑥ 杨宽：《战国史》，上海人民出版社1980年版，第397页。
⑦ 杨宽：《战国史》，上海人民出版社2016年版，第495页。

了自己的阶级，成为楚国有名的将军”①，二版仍然认为是农民起义，增订版则认为其性质不是一般的盗贼行为，而是军官叛乱引起的群体事件。

2. **“五种社会形态”讨论的淡化**

在二版《战国史》中，继续遵从马克思主义“五种社会形态”学说，而进行讨论。如二版曾引用马克思《资本论》第1卷的论述，并认为“由于历史条件不同，铁器的使用，对世界各地所起的作用不同”，其中铁器的运用，使得地中海沿岸古代奴隶制国家进入发达的奴隶制时代；而广大欧、亚两洲原始部落则进入阶级社会；在中国则推动了封建生产关系的成长。②

有学者指出：

> 《战国史》的前后3版，除了在内容上大量增补考古发掘等新资料外，还有史学理论运用的深化，后一版比前一版更完善。有些观点随着研究的深入而有所改变，如古史分期观。③

这一评述是如实的。除了对“阶级斗争”概念的摒弃之外，在增订版《战国史》中，杨宽对于“五种社会形态”说，也提出自己的思考。

比如在战国史的具体年限方面，二版改其上限为公元前481年，并认为其深刻背景之一在于，六卿在“三家分晋”前已经“分晋”，并进行封建经济改革，破坏奴隶制的井田制，确立封建所有土地制度。晋国六卿政权已属封建性质。之二在于，公元前481年田氏杀死齐简公，推翻齐国的奴隶主统治，而地主阶级专政兴起。由此作者认为：

> 公元前481年，继鲁、晋两国之后，新兴地主阶级在齐国取得政权，这标志着中原地区普遍地进入封建社会，用这个年代来作为战国时代的开始，是比较合适的。④

但在增订版《战国史》中，虽然继续沿用公元前481年之说，但是只

① 杨宽：《战国史》，上海人民出版社1955年版，第158、175页。

② 杨宽：《战国史》，上海人民出版社1980年版，第36页。

③ 谢宝耿：《杨宽学案》，《上海文化》2018年第10期。

④ 杨宽：《战国史》，上海人民出版社1980年版，第5页。

论述“战国时代，是指春秋时代之后，七大强国相互兼并，直到秦完成统一的这段历史”，并没有涉及过多的社会形态内涵。所据其实主要还是据《春秋》纪年由公元前722年至公元前481年而来，增订版《战国史》已经淡化了对“战国”概念和“五种社会形态”讨论之关联。

在增订版《战国史》中，对“地主”概念的运用，也有较多删除。如二版认为“战国中期以后，各国地主政权为了加强统治，所制定和公布的法律条文越来越繁”，增订版中保留了上述主要论断，但改为“各国政权”。又比如在韩非的评价问题方面，二版认为“韩非对于工商业主盘剥农民的无情揭露，自然不是为了保护农民的利益，而是为了维护地主经济的发展”①。增订版则论述相关动机为，“一些投机取巧的工商业主……从农民身上牟取暴利，这就损害农民的生活和生产，破坏小农经济，成为当时国家的蛀虫。因为当时各国政权是以小农经济为立国基础的”②。显而易见，相较于二版，增订版在论述韩非思想的维护对象时，只是将其定位于国家，而并没有此前的“地主”定义。

“五种社会形态”的讨论，往往与先秦诸朝代的社会形态判断有关。增订版《战国史》在这方面就有较大变化。如：

（1）在夏、商、西周的社会形态方面，二版《战国史》认为夏朝是我国历史上第一个奴隶制国家，商是比较强大的商朝奴隶制国家，西周是我国历史上奴隶制的全盛时期。至春秋时期奴隶制开始瓦解，奴隶主阶级总头目的周天子丧失控制诸侯的权力，中原地区的奴隶制统治秩序已不能维持，而齐、晋、楚、秦等一些大的诸侯国企图维护奴隶制的统治秩序，因而出现了大国争霸的局面，并指出春秋战国之际，是奴隶制过渡到封建制的大转变时期。其后“七个集权的地主政权的出现及随之而进行的一系列封建的社会改革，使得它们的经济力量、政治力量比较强大……一直到秦始皇兼并六国，创建了统一的中央集权的封建国家才告结束”③。

但关于这样一个重要问题，增订版《战国史》反而论述较少，仅提到“夏朝是古史传说中第一个开始实行君主世袭统治的朝代”，与初版、二版迥异。④

① 杨宽：《战国史》，上海人民出版社1980年版，第125页。

② 杨宽：《战国史》，上海人民出版社2016年版，第161页。

③ 杨宽：《战国史》，上海人民出版社1980年版，第1—3页。

④ 杨宽：《战国史》，上海人民出版社2016年版，第1页。

（2）对和“五种社会形态”的相关术语，增订版也都进行修改，如：

“君主政权”代替“地主政权”，在“农本理论的产生”方面，二版认为“随着小农经济的发展，封建生产关系的成长，地主政权的建立，地主阶级思想家和政治家就提出了以农为本业的理论”①。增订版则论述为“随着小农经济的发展，小农经济成为各国君主政权立国的基础，保护和发展小农经济成为首要的政治任务，相应地，政治家和思想家就提出了以农为‘本业’的主张”②。

在讨论法、农诸家农本理论时，二版认为“都是为了发展地主经济，巩固封建统治，增强地主政权政治上、经济上和军事上的力量”③；增订版则认为“都是为了发展经济，巩固统治，增强国力，谋求富国强兵，从而在兼并战争中得胜”④。此外，二版中相关的“地主政权管理农业等生产的政策”，增订版则改为“管理农业生产的政策”。将“地主政权”“封建”等术语删去，并无相关社会形态色彩。

（3）中国历史的独特道路。在增订版《战国史》的“后记”中，杨宽提出：

> 中国历史有其独特的历史发展规律，既没有经历像希腊、罗马那样的典型奴隶制，也没有经历像欧洲中世纪那样的领主封建制。春秋以前实行的是贵族统治下的“井田制”的生产方式，战国以后变革为小农经济的生产方式，从此小农经济成为立国的基础，君主政权就建立在这个基础上，并且由此开创了秦汉以后中央集权的统一政治体制。

因此，杨宽用“君主政权”来定义战国时期的社会问题。由此我们也可以理解，增订版《战国史》何以并没有对商至西周的社会形态进行明确定位了。

3. 相关新认识

在增订版《战国史》中，也有许多新的认识。如：

---

① 杨宽：《战国史》，上海人民出版社1980年版，第61页。

② 杨宽：《战国史》，上海人民出版社2016年版，第89—90页。

③ 杨宽：《战国史》，上海人民出版社1980年版，第62页。

④ 杨宽：《战国史》，上海人民出版社2016年版，第91页。

（1）具体认识的推进。比如在封君问题方面，初版、二版和增订版在内容上有三方面相同处，但也有区别。如初版、二版提出“封君的封邑，都在边地，一般占地不大”的特点①，增订版则将其删除，而又增加“赵、秦等国封君的‘相’往往由国君从中央派遣到封邑，并由‘相’主管治理和掌握兵权”之内容。②

如关于秦统一原因，增订版《战国史》认为“秦之所以能完成统一大业，法家、纵横家、兵家、杂家和间谍从中起了很大的作用”，在此前的两版中，均无上述论述。

如关于战国社会结构，初版、二版认为主要由地主、农民阶级，及商人、手工业者构成；而增订版《战国史》论述当时的社会结构为：（1）地主（国君、贵族）；（2）自耕小农普遍存在，小农经济成为立国的基础；（3）依附于地主的庶子、佃农和雇农；（4）奴隶，包括官府奴隶、地主和商人占有的奴隶。这一意见，也与此前两版有很大不同。此外，增订版《战国史》论述了小农经济的重要性，认为“战国时代各国先后实行按户授田的制度，造成国家规模的小农经济的生产方式……秦汉以后历代统一的王朝，所有政治和经济的重要制度，都是沿袭战国时代的成就而有所发展”，这种论述也是此前所无。③

（2）与现实政治变动相关的论述。二版在论述战国史所需要的考古资料时，曾提出“在国民党反动统治时期，科学的考古发掘工作是没法开展的。一些考古单位仅于河南辉县、汲县、安阳和陕西宝鸡、四川彭山等地发掘过这个时期的墓葬，对燕下都的城址作过粗略的调查”④，在增订版《战国史》中已经不见上列表述。其原因，一方面可能与对民国时期考古研究活动的学术研究深入展开有关；另一方面，可能也与现实中政治关系的变化有关。

又比如关于儒家思想，二版《战国史》认为是为地主阶级服务的。如认为儒家由依附于奴隶主阶级投靠地主阶级，孟子的“王道”和“仁政”是适应当时地主阶级完成统一事业的政治要求的⑤，又认为“荀子是为封

① 杨宽：《战国史》，上海人民出版社1980年版，第246页。
② 杨宽：《战国史》，上海人民出版社1980年版，第282页。
③ 杨宽：《战国史》，上海人民出版社2016年版，第7页。
④ 杨宽：《战国史》，上海人民出版社1980年版，第16页。
⑤ 杨宽：《战国史》，上海人民出版社1980年版，第420页。

建统治服务的新儒家的开创者，他是儒家转化过程中的关键性人物”①。增订版《战国史》中则并无上述内容。

增订版《战国史》出版之后，有学者指出，“杨宽对《战国史》的增订和改写，充分体现了一个史学工作者求真求实的治学精神”②，无疑很中肯。不过，尽管有上述变化，增订版《战国史》中仍然运用马克思主义史学理论进行分析。（1）论述中相关部分也没有完全不运用“地主政权”概念，如认为“秦国自从卫鞅变法以后，集权的地主政权比较巩固”。论述战国高利贷时，二版、增订版中均有地主、官僚向农民征收高额租税，也趁农民穷困放高利贷的论述。（2）在“阴阳五行学说的发展”，认为“企图用阴阳两气的矛盾和变化，来解释自然界和所有事物的变化，这是朴素的唯物观点”③。在论述邹衍的五德终始说时，认为他的历史观把历史看作常变的，把新王朝兴起看作五行相胜的结果，适应了建立新的统一王朝的政治需要；但忽视历史变革的社会和经济原因，把历史变化说成是循环，并把五行相胜的原因归之为天意，陷入唯心主义和神秘主义的迷信中去。④

总的来看，增订版《战国史》继续以马克思主义史学理论为指导，进行战国史的编纂，相关论述建立在扎实的史料考证基础之上，是目前最为重要的一版战国史。但同时值得注意的是，增订版《战国史》中淡化围绕“五种社会形态”的战国社会性质研究，没有以战国为基点而对先秦社会分期进行讨论，因此留下了一个值得继续思考的重要问题。

四　增订版《战国史》的问题及意义

有学者认为：

> 在可以预见的相当一个时期内，这部《战国史》在整体上将仍然

① 杨宽：《战国史》，上海人民出版社1980年版，第430页。

② 子今：《战国史研究的扛鼎之作——简评新版杨宽著〈战国史〉》，《光明日报》2003年9月2日。

③ 杨宽：《战国史》，上海．上海人民出版社2016年版，第623页。

④ 杨宽：《战国史》，上海．上海人民出版社2016年版，第638页。

是关于战国时代最全面的、最前沿的、最厚实的通论性著作。[①]

这种评价是合理的。二版《战国史》出版之后，曾有学者进行评述，认为二版《战国史》是断代史论著中较为出色的一部，而成功的原因“还在于杨宽先生有着勤勉、朴实的学风”[②]。这种“朴实的学风”，无疑是指杨宽著《战国史》的编纂建立在扎实的史料考证基础之上。正如增订版《战国史》“后记”中杨宽所说，“我从四十年代以来，所做战国史料的编年考订工作一直在继续进行中……初版和第二版《战国史》都是在这样的基础上写成的”。从这里可以看出，战国史料的编年工作，是杨宽编纂《战国史》的基础所在。

杨宽著三版《战国史》为后续相关研究奠定了一个极扎实的基础。当然，我们也要看到其中的一些问题。

（一）增订版《战国史》的若干问题

就其中最重要的增订版《战国史》而言，一些问题大致包括如下。

1. 若干可斟酌之处

增订版《战国史》的论述当中，或有若干可斟酌之处。如：

（1）在政治制度方面。在第4章“春秋战国间社会经济制度的变革”，作者以“乡遂制度”的存在及其瓦解为前提，论述东周时期井田制度的瓦解及其变革，成为论述框架的基础。但关于“乡遂制度”是否存在，学者之间存在争议。[③] 此外，关于“五都”制，论者认为是“略同于其他各国的郡的都”[④]，在“国尉”与“太尉”的关系方面，认为“所谓国尉，就是后来秦的太尉，是一国的军事长官”[⑤]。根据已有资料来看，上述“五都”“国尉”等问题可能可以继续探讨。

（2）在人物事迹方面。增订版《战国史》的考订中，认为文献中所记载的若干人名，实际为同一个人，如关于“樊於期”与“桓齮”为同人、

---

① 李远涛：《战国史》，载仓修良主编《中国史学名著评介》（第5卷），山东教育出版社2006年版，第51页。

② 宋峤：《杨宽新版〈战国史〉评介》，《中国史研究》1982年第4期。

③ 陈光鑫：《“屯田”与“乡遂”——试述于省吾、杨宽的史学论辩》，《史学理论与史学史学刊》（2017年上卷），社会科学文献出版社2017年版，第260—273页。

④ 杨宽：《战国史》，上海人民出版社2016年版，第238页。

⑤ 杨宽：《战国史》，上海人民出版社2016年版，第487页。

“顿弱”与“尉缭”为同人、“段干宗”与“段干崇”为同人即老子的儿子①，是否可靠，还值得推敲。

（3）在考古资料方面。关于“庄蹻入滇”，认为“加强了云南少数族和中原华夏族之间的密切联系，使得滇池地区出现了发达的青铜文化”②，但并没有详细进行论证。从现有的材料来看，滇池地区的青铜文化，在“庄蹻入滇”就已经出现了，因此上述论断可能还需要加强。在讨论曾侯乙墓中的女性殉葬情况时，论者认为“当是墓主的侍妾或乐舞人员，被统治者用‘赐死’的欺骗手段迫令殉葬的”③，这一论述可能也还需要更多证据。又如在论述战国城市发展的时候，作者提出“西边小城连东边大郭”的布局模式④，但有多位考古学者对此表示不同意见。⑤

（4）在引用资料方面。如讨论“籍田”礼时，引用黎族民俗资料，认为：

> 看来“且”原是指籍田上集体生产的粮食用来祭祀祖宗的，犹如海南岛黎族原始风俗，把集体生产出来的祭祖用的稻子，称为“稻公稻母”一样。⑥

此处关于“稻公稻母”的理解，可能存在偏差，“稻公稻母”是黎族的“稻神”，而不是用来祭祖的稻子。⑦

如认为《孟子·梁惠王上》“鸡豚狗彘之畜，无失其时，七十者可以食肉矣”，是说“一般人民要七十岁才有可能吃到肉”⑧，这明显是不符合道理的。因为当时的人均寿命，是否达到七十岁都不好说。本句的意思应当是说，即使有70岁的老人，也能有肉可以吃。又如引用《尸子》“朔方之寒，地冻厚六尺。北极左右，有不释之冰”，认为“已经推测到北极有

---

① 杨宽：《战国史》，上海人民出版社2016年版，第463、488、512页。

② 杨宽：《战国史》，上海人民出版社2016年版，第438页。

③ 杨宽：《战国史》，上海人民出版社2016年版，第202页。

④ 杨宽：《战国史》，上海人民出版社2016年版，第128页。

⑤ 刘庆柱：《汉长安城布局结构辨析——与杨宽先生商榷》，《考古》1987年第10期；许宏：《先秦城邑考古》，西苑出版社2017年版，第347页。

⑥ 杨宽：《战国史》，上海人民出版社2016年版，第164页。

⑦ 高占祥主编：《中国民族节日大全》，知识出版社1993年版，第640页。

⑧ 杨宽：《战国史》，上海人民出版社2016年版，第698页。

常年结冰的情况。这种学说的创立，是和当时交通的发展和人们见闻的增长分不开的，有利于人们打破保守闭塞的成见”①。此处关于“北极”的解释，可能还需要更为精确。

2. **论述有误之处**

增订版《战国史》在论述中，也存在一些问题，如地理方面：

（1）论述《鄂君启节》之“鄂”的时候，认为“鄂”为今湖北东南之鄂州，并认为可以南下到“鄙（湖南永兴）”；实则《鄂君启节》之“鄂”应当在河南南阳，所谓“鄙”应释为“郴”；

（2）论述吴、楚柏举之战时，认为“柏举”在湖北麻城。② 根据相关研究来看，“柏举”不大可能在湖北麻城。

（3）论述西周灭亡的时候，提到曾经和申、犬戎一起灭西周的曾国，位于河南光山。③ 按目前经过结合清华简《系年》等的研究，表明此曾应当在西北地区，而不在河南。

（4）在论述广西平乐银山岭战国墓中带“江”“鱼”铭文铜戈时，认为“江”是春秋时楚所灭江国所在（河南息县西），“鱼”是春秋时庸国所属的鱼、汉巴郡鱼复县所在（四川奉节东），上述兵器由楚从内地带往岭南，相关墓葬属楚国而非越族。④ 实际上目前多认为上述“江”“鱼”铭文戈属秦。

论述齐刀币时，提到“齐杏（法）化（货）”“齐建邦造杏（法）化”，在讨论楚“蚁鼻钱”或“鬼脸钱”上常见的“”字时，引用吴大澂释“贝”的意见⑤；实则目前多认为所谓的“杏（法）化（货）”，应从吴振武说释为“大刀”⑥；关于后者，目前多从黄锡全释“巽”、读“钱”的看法。⑦

科技史方面，认为秦始皇陵兵马俑“所使用的青铜箭镞，表面经过铬

① 杨宽：《战国史》，上海人民出版社 2016 年版，第 611 页。

② 杨宽：《战国史》，上海人民出版社 2016 年版，第 123、145、181 页。

③ 杨宽：《战国史》，上海人民出版社 2016 年版，第 304 页。

④ 杨宽：《战国史》，上海人民出版社 2016 年版，第 320 页。

⑤ 杨宽：《战国史》，上海人民出版社 2016 年版，第 147 页。

⑥ 吴振武：《战国货币铭文中的“刀”》，《古文字研究》（第十辑），中华书局 1983 年版，第 305—326 页。

⑦ 黄锡全：《先秦货币通论》，紫禁城出版社 2001 年版，第 369 页。

盐处理，埋在地下二千多年毫无锈蚀，色泽光亮，刃口锋利”[①]，最新的研究其实并不支持此说。

3. 论述框架上影响到可读性的一个问题

相较于现在三版大部头的杨宽著《战国史》，似也存在编纂较为简明通俗的《战国史》之需要。杨宽曾经有机会编纂一部通俗本战国史，但没有成功。[②] 进入21世纪以来，又有几种新的通俗战国史，如沈长云、杨善群《战国史与战国文明》（上海科学技术文献出版社2007年版），于凯《战国史》（上海人民出版社2015年版），魏建震、樊孝东《简明战国史》（云南人民出版社2016年版）。从体例上来看，《战国史与战国文明》分“经济、政治、文化”等内容，于凯《战国史》和魏建震、樊孝东《简明战国史》则分“政治、经济、文化”展开论述，框架内容上与杨宽著《战国史》差别不大。

就杨宽增订版《战国史》的阅读过程而言，由于其认为生产和经济是基础，并直接影响到社会变化，故三版《战国史》之开篇，即为铁器与铁质生产工具的内容。但由于涉及较为专门的科学技术史内容，因而在阅读中并不易理解，直接影响到杨宽著《战国史》的可读性，造成“开头难”的问题。实际上，已有学者对“铁农具导致春秋战国社会变革”的论点提出质疑。[③] 因此，在此后的《战国史》编纂中，是否要把专门性较强的铁质生产工具诸内容，作为整部书的第一章，似可再斟酌。而且，这也并不仅仅只是一个框架安排的问题，同样也是一个关于社会发展的重要理论问题。因此，或可说，在后续的《战国史》编纂中，开篇是否为铁质生产工具相关内容，不仅仅是历史编纂学的问题，同样也可能是反映理论研究变迁的一个重要侧面。

（二）增订版《战国史》与“后古史分期”时代战国社会形态研究

从目前的资料来看，有诸多新资料可以订补增订版《战国史》的相关内容。如：（1）很多新出简牍资料可以对增订版《战国史》进行订补，

---

① 杨宽：《战国史》，上海人民出版社2016年版，第480页。

② 贾鹏涛：《未始即终的通俗版〈战国史〉》，《中国社会科学报》2019年5月6日。

③ 李恒全、李天石：《铁农具和牛耕导致春秋战国土地制度变革说质疑》，《中国社会经济史研究》2005年第4期。

如关于郑国的“子阳之难”[1]，目前已经有学者据清华简《系年》作出了新探讨；如“小说家的产生”，可据清华简《赤鹄之集于汤之屋》等新材料加以论述。如关于书中“数学的进步”“历法的进步”，目前可以依据秦简资料得到较大幅度改写。(2)如认为“战国时代的秦墓还发掘不多，只在陕西宝鸡和西安发掘到一些小型墓，相当于中原地区的第二等墓”[2]，目前实际上也有很多新的相关考古发现，上述状况已有所改变。可以想见，随着新出土材料的逐渐公布和研究的逐步深入，增订版《战国史》相关内容被订补之处会越来越多。

总的来看，在初版《战国史》的编纂中，对于战国时代的性质，运用了“封建”“集权”“地主政权”等概念；至二版《战国史》，则主要运用了“封建”“地主”等概念；到增订版时，则只保留了“集权”概念，行文论述中也有“地主政权”之运用。可以看出，从初版到增订版《战国史》的编纂中，杨宽放弃了关于战国社会“封建”等视角的定位，而倾向于认同战国和“集权”有关的性质。

从三版《战国史》来看，初版章节题目中曾出现的“唯物”“地主政权”“封建”等马克思主义理论概念，均未出现于二版、增订版的章节题目中，而主要运用于后两版的正文内容叙述中。应当说，就三版《战国史》运用“地主政权”等概念的数量变迁而言，并非杨宽对马克思主义史学的远离，而是体现了杨先生在运用马克思主义史学来研究战国史的过程中，于理论思考方面逐渐务实、求真。如增订版《战国史》对于“阶级斗争”概念之摒弃，与学界认识一致。晁福林曾指出：

> 长期以来，在一些人的印象里总以为历史上的阶级斗争就是奴隶和奴隶主、农民和地主、工人和资本家的斗争。其实，社会分为两大敌对的阶级阵营那是资本主义时代的事情，只有资本主义的发展才使阶级对立简单化了。……资本主义社会以前的各个历史时代的阶级对立并不是简单的两个阵营的对峙。[3]

---

① 杨宽：《战国史》，上海人民出版社2016年版，第185页；马卫东：《清华简〈系年〉与郑子阳之难新探》，《古代文明》2014年第2期。

② 杨宽：《战国史》，上海人民出版社2016年版，第297页。

③ 晁福林：《夏商西周的社会变迁》，北京师范大学出版社1996年版，第37页。

杨宽、晁福林两位先秦史学者对于此问题的认识，都有共识。

不过我们也要考到，在增订版《战国史》中，杨宽搁置此前两版《战国史》中均涉及的古史分期问题，重新进行编纂和叙述，认为“中国历史有其特殊的历史发展规律”。但从增订版《战国史》来看，实际上一方面是理论反思，但同时也是搁置争议。目前学界对于这一问题有很多思考，如晁福林认为：

> 夏商两代的社会性质应当是氏族封建社会，而西周则是宗法封建社会，到了东周时期，宗法封建制逐渐解体，而慢慢步入了地主封建社会。[①]

也就是经历了“氏族社会—宗法封建社会—地主封建社会”的变化。近期如王震中先生认为，殷商、西周、春秋时期社会的政治形态属于“宗主贵族社会”，战国、秦汉以后社会的政治形态则属于“地主官僚社会”[②]，上述都是学界近期对于这些问题的新思考。因此，在战国史细节问题得到很大推进的当下，宏观角度对于战国社会性质的思考，也不应搁置。从学界的研究状况来看，20 世纪 90 年代以来，对于先秦形态问题的研究，可能有逐步弱化的趋势，而更多逐步转向实证研究。接下来的战国史研究，似乎应当要在增订版《战国史》的基础上前进，继续对相关理论问题进行探讨。

小结

总的来看，杨宽所著三版《战国史》，在保持相对稳定的编纂框架下，于具体内容增删较多，在理论思考方面也有重大变迁，增订版《战国史》虽搁置了战国社会形态问题，但同时也凝聚着杨宽先生历经半个多世纪的理论思考，三版《战国史》是 20 世纪先秦断代史领域的典范和代表。三版《战国史》的具体考证和理论思考，构建了有典范意义的叙述框架，明确了许多复杂史实的内涵，同时也留下一些值得继续思考的理论问题，是新世纪战国史编纂和继续研究的良好基础。

---

① 晁福林：《夏商西周的社会变迁》，北京师范大学出版社 1996 年版，第 229 页。

② 王震中：《〈性别视角下的商周婚姻、家族与政治〉序》，《中国史研究动态》2017 年第 6 期。

中国史学理论与史学史研究综述

2020年中国史学理论及史学史研究综述

靳　宝*

近年来，中国史学理论及史学史研究在整体上呈现出波澜不惊、探索发展的学术态势。2020年中国史学理论及史学史研究依然是在稳步前行中继续寻求突破，主要反映在以下六个方面：

一　中国史学重大理论问题讨论持续深入

关于中国古史分期和社会性质问题，自20世纪30年代初社会史大论战以来，就成为中国史学发展进程中重要的历史理论问题备受关注。改革开放之后，这一重大历史理论问题探讨缘于多种因素而逐渐趋于消沉，甚至一度淡出了史学界。近几年，随着探讨重大理论问题的学术研究回归，中国古史分期和社会性质问题再度受到史学界关注和深入思考。2020年，同样有几篇这方面的重要成果。如徐义华通过考察政治与血缘以及国家与宗族的关系，从宗族的视角将中国古代分为氏族社会、贵族社会、豪族社会、宗族社会四个时期，且每两个时期之间有一个过渡期。① 和以往相比，这是一个全新的理论认识，视角新颖，为今后中国古史分期和社会性质问题的深入讨论开辟了新的路径，打破了传统思考方向与模式，具有一定的启发意义。黎虎则从权力掌控与人口掌控这两个中国古代历史发展演变的

* 靳宝，中国社会科学院历史理论研究所。

① 徐义华：《中国古史分期问题析论》，《中国史研究》2020年第3期。

关键来破解中国古史分期之谜，进而认识中国古代社会性质，提出中国古代历史先后经历了“无君群聚”社会（太古至夏以前）、“王权众庶”社会（夏商西周至战国时期）和“皇权吏民”社会（秦至清）三个时代。[①]这一研究同样推动了中国古史分期和社会性质的深入探讨，具有重要学术意义和理论价值。

汉民族形成问题也是中国史学史上重大理论问题之一，属于“五朵金花”中的重要一朵，尽管在最初讨论中“被倒挂起来”，但其影响和价值却不断彰显。张越对六十余年前史学界关于汉民族形成问题争论的来龙去脉、范文澜处理该问题的起因和态度，以及争论对于中国马克思主义史学的意义等问题再作深入探讨，提出了新的认识。首先，范文澜《试论中国自秦汉时成为统一国家的原因》一文引发这一争论，但该文的最初目的并非与苏联学者叶菲莫夫展开论辩，而是旨在纠正旧版《中国通史简编》的“缺点和错误”。其次，范文澜所说学习马克思主义要求“神似”而不是“貌似”，“历史的具体事实正是有和无的根据”，不仅是他在争论中所持的基本观点，更是他致力于纠正中国马克思主义史学中存在的教条主义问题时所提示的基本原则。再次，范文澜慎重考察斯大林民族定义和苏联史家观点对解决中国历史问题的适用性，基于他对汉民族是在“独特的社会条件下形成的独特的民族”的历史认识。最后，作者指出，回顾“汉民族形成问题争论”始末，对当前的中国民族史等相关问题研究具有启发意义。[②]

如何认识和评价中国史学发展特点及其传统，彰显了学界对史学理论的高度重视和深入思考。瞿林东对中国史学之连续性发展的特点给予突出和强调，并进一步分析了这一特点形成原因及所产生的深远历史意义。他认为，中国文明的连续性发展孕育了中国史学的连续性发展，而中国史学的连续性发展以丰富的、多种表现形式的历史撰述，雄辩地证明与阐说中国文明不曾中断的历史事实，从精神和情感层面揭示出中国历史上各族间历史文化认同之趋势的存在与发展，以及中国之所以成为统一多民族国家的历史必然性，为史学自身积累了厚重的思想遗产和学术话语，成为当今历史学话语体系建构的历史渊源。[③]

---

① 黎虎：《中国古史分期暨社会性质论纲——兼论中国传统社会的主要矛盾问题》，《文史哲》2020 年第 1 期。

② 张越：《范文澜与“汉民族形成问题争论”》，《中国社会科学》2020 年第 7 期。

③ 瞿林东：《中国史学之连续性发展的特点及其深远的历史意义》，《河北学刊》2020 年第 4 期。

“通史家风”是中国史学优良传统之一，除了撰著通史以求得“古今之变”的通例通则，为人类历史活动提供历史借鉴外，还可通过对通识的提倡，强调史学著述的独断性，以求达到对历史的深刻洞察。而追求通识又是中国传统史学与马克思主义史学内在的一个结合点。故对中国史学上“通史家风”传统的总结与理论思考，显得尤为必要。瞿林东通过考察中国史学上“通史家风”的形成过程，指出中国史学的“通史家风”旨在于“通”，这是中国史学的一个特点，也是一个优点。[①] 陈其泰对司马迁提出的“通古今之变”这一杰出思想所产生的条件作了分析，认为正是由于中华民族如此走过连续发展、气势恢宏的道路，正是古代先民有如此发达的历史智慧，正是西汉时期有如此昂扬蓬勃的时代精神，加上司马迁本人的雄奇创造力，才能产生“通古今之变”这一揭示出历史学的根本任务和核心观念的思想。[②] 王记录考察了“通史家风”与“断代为史”这两种史学传统的形成演变过程，认为“通史家风”的主旨只能是“通古今之变”，且围绕“通古今之变”而形成别具一格的理论体系，体现了传统史学的诸多本质特征。[③] 李振宏以章学诚通史观念为例分析“通史家风”，认为中国传统史学上“通史家风”的本质是“通识”，其核心在于思维的整体性。当下中国史学发展所需要的，仍然是这种重视通识的优良传统。[④]《中国社会科学报》2020 年 5 月 22 日史学版也刊登了一组讨论中国古代史学通史精神的文章。[⑤] 虽然每篇文字不多，但也体现出史学界对中国史学“通史家风”这一优秀传统的关注及其当代史学意义的思考。

二 中国史学史研究范式的回顾与反思

中国史学史研究在取得丰硕成果之后，所面临的问题是如何在已有成

---

① 瞿林东：《论“通史家风”旨在于“通”》，《史学月刊》2020 年第 7 期。

② 陈其泰：《中华民族壮阔历史道路所凝成的杰出思想》，《史学月刊》2020 年第 7 期。

③ 王记录：《“通史家风”与“断代为史”：在古今之变与王朝正统之间》，《史学月刊》2020 年第 7 期。

④ 李振宏：《通史·通识·整体性：当下史学需要通识性眼光》，《史学月刊》2020 年第 7 期。

⑤ 包括杨艳秋《中国史学通史精神别具民族特色》、陈其泰《通史与断代史编纂的两项命题》、王记录《通史精神：中国史学的优良传统》、谢贵安《纵贯与横截：通史与断代史的功能及关系》、牛润珍《论历史编纂的通与断》、李勇《断代史要有“通”的精神》、向燕南《通史之“通”既是体例更是精神》、邹兆辰《时代需要优秀通史和断代史》。

就的基础上开拓新局面，这就是近年来学者所关注的“中国史学史研究的再出发”。反思现有研究范式基础上开启有关中国史学史研究新范式的建构，是“中国史学史研究再出发”讨论的应有之义。因为史学范式对历史学的发展起着规范、引导作用。2020 年，这方面仍有新的探索。姜萌重新梳理中国史学史研究百年发展历程，从学科意识、学术理念、研究实践及内在延续性几个角度，把 100 年来的中国史学史研究划分为五个阶段：萌生时期、文献学时期、意识形态化时期、唯物史观时期和会通时期；从核心问题、基本理念、实践历程与代表性成果审视，将 100 年来的中国史学史主流概括为四种范式：文献学范式、意识形态范式、唯物史观范式、社会史范式。他进一步提出，当前要推动中国史学史研究健康发展，应有针对性地从三个方面进行思考：一是推动史学史研究开创新局面，眼光不应只关注史学史领域，而要对史学理论的更新开拓给予更多关注；二是要开创史学史研究的新局面，在创新研究范式的同时，还应在既有范式的深化与开拓上下功夫；三是史学史研究要重视研究者尤其是新生代研究者素养的提高，以及对固有的思维、观念和范式进行反向或多向反思，才能开创新局面。① 该文既是对中国史学史学科百年发展的一次系统总结与反思，特别是概括出四大研究范式，而且在此基础上思考并提出了当下推动中国史学史研究开创新局面的思路与建议，具有重要的学术价值。赵梅春回顾了中华人民共和国成立 70 年来的中国史学史研究历程，指出其实现了从 20 世纪三四十年代梁启超“史学史的做法”到以“两个重大问题”为中心的研究范式的转换②，且新的研究范式的确立极大地促进了中国史学史研究和学科的发展。③

三　中国史学批评研究的深层探讨

在中国史学史研究中，20 世纪 80 年代以来新的研究范式的建构与确立，一方面促进了中国史学史研究新领域的不断开辟，另一方面推动了中国史学史的研究走向深入。中国古代史学批评研究就是中国史学史研究所

① 姜萌：《范式转移与继往开来：中国史学史研究一百年》，《清华大学学报》2020 年第 2 期。

② 所谓“两个重大问题”：一是“对于历史本身的认识的发展过程”，二是“史学的社会作用的发展过程”。

③ 赵梅春：《70 年来中国史学史研究范式的变迁》，《郑州大学学报》2020 年第 2 期。

开辟的新领域之一，成为中国史学史研究新的学术增长点，赋予中国史学史新的生命力。在这一新领域，瞿林东作出了突出贡献。1994 年其所著《中国古代史学批评纵横》一书从丰富的史学遗产中提炼出一系列史学批评范畴，建立起了中国古代史学批评的理论体系。在这一理论体系下，瞿先生对中国古代史学批评作了深入探讨。同时，这一方面的研究者也多了起来。目前，瞿林东主编《中国古代史学批评史》7 卷本已由湖南人民出版社出版发行。这部丛书以“史”为纲，以“史学批评”为目，同时兼及“论”，对上溯先秦下至清代中期（1840 年前）的中国史学批评作了系统的历史的考察和评判，旨在通过对中国史学批评史料的钩稽、梳理、分析、归纳，探讨中国史学批评的产生、发展、演变的历史过程及其规律性。这既是瞿先生多年来史学批评研究的总结和集大成者，也是史学批评这一史学史新领域发展的重要推进，丰富了中国史学史研究的广度和深度。为此，《史学理论研究》2020 年第 2 期专门组织刊发了一组有关中国古代史学批评研究的文章，[①] 从中国古代史学批评在中国史学发展中的作用、中国古代史学批评与传统史学理论的关系、中国古代史学批评与西方史学批评的比较、中国古代史学批评与史学话语体系构建的联系等视角，探讨中国古代史学批评的内在价值、研究方法和中国特色。

为什么要研究史学批评，瞿林东就此问题谈了几点认识。他指出，史学批评是一种关于史学的思考，即它是怎样的，它为什么是这样的；史学批评是一种动力，它在继承、批评前人论著的基础上，推动新的历史撰述的面世；史学批评也是一条通往史学理论研究的路径，史学理论的成果也在史学批评中不断积累起来。由此言之，史学批评使人们更深入地认识史学，更深入地认识史学的发展，更深入地认识史学理论的生成与积累，进而更深入地洞察中国史学上那些史学批评家们的学术胸襟与史学情怀。对于中国古代史学批评研究的重大学术价值，邹兆辰概括为四点：第一，有关史学批评的研究揭示出中国古代史学中的史学批评这一现象，抓住了对史学发展中具有影响力的一些关键点进行新的探索；第二，关于史学批评问题的各种论述涉及内容非常广泛，涵盖了史学史的诸多问题，并且形成

① 包括瞿林东《为什么要研究史学批评》、陈安民《“实”与“信”：中国古代史学批评的“求真”指向》、刘开军《“考索之功”与史学批评》、朱志先《中国传统史学理论与明代史学批评的互动关系》、邹兆辰《史学批评与史学话语体系的构建》。

了体系，初步构成了一个史学批评的范畴；第三，史学批评的研究使当代史学工作者与古代史家有了对话的条件，通过这种对话便能延续中国史学的这一优良传统，在史学批评中推动当代史学的发展；第四，史学批评问题的提出虽然是史学史的范畴，但其影响力不仅在于史学史，而是涉及整个史学研究，对于今天的史学研究仍然具有十分重要的参考、借鉴价值。陈安民通过简要梳理中西史学批评发展历史，认为中国古代史学批评与史学求真有着密不可分的关系，并与西方古典史学有着同多于异的理念。刘开军专就章学诚强调“考索之功”与史学批评的关系作了初步探讨，认为章学诚强调“考索之功”虽有其“乾嘉语境”，但此说对于开拓史学批评研究的新局面，仍不无启迪意义。朱志先对中国传统史学理论与明代史学批评的互动关系作了考察，认为明代大量的史学批评实践拓展了史学理论的内容，使其变得更加丰富多彩。

此外，王记录、丁文对刘知幾的经史观和史学批评的关系作了深入考察，认为刘知幾从史法和史义两个不同的层面来看待经史关系，并以经史互释的方法进行史学批评，消解了经学的神秘化和神圣化，实现了经学的理性回归，彰显了史学的社会价值，试图通过经史互补，为经史之学的发展寻找出路。[①]

四　中国史学“三大体系”的继续探索

在“三大体系”建设推动下，史学界近年高度关注中国史学史学科体系、学术体系和话语体系的考察和总结，几乎每年都有新的文章发表。

关于中国史学史学科体系的探讨，赵梅春指出，20 世纪 90 年代所完成的新的中国史学史学科体系，强调从有关历史本身认识的发展过程与史学社会作用的发展过程两方面揭示中国史学发展的历程、阶段性特点、面貌和规律，极大地推动了中国史学史研究与撰述的发展，新的领域不断开拓，研究不断深入。[②] 向燕南从学科设置、历史认识论、历史研究方法三个方面对史学史在历史学整个学科中的地位进行反思，认为史学史在历史

---

① 王记录、丁文：《在史法与史义之间：刘知幾的经史观与史学批评》，《河北学刊》2020 年第 5 期。

② 赵梅春：《中国史学史学科新体系的建立及其影响》，《河北学刊》2020 年第 2 期。

学的整个学科中占有极其重要的地位，建立史学史学科的自觉有助于推进对历史的求真。[①] 乔治忠在厘清史学理论与历史理论区别与联系的前提下，对史学理论与史学史学科二者之间的关系作了理论思考，认为史学史研究的可靠成果，应是史学理论研究的基础，揭示史学发展的规律是史学史学科与史学理论研究共同的任务，将二者结合在一起的探索，大有学术开拓、理论创新的广阔前景。[②]《河北学刊》2020 年第 1 期发表了一组中国史学史研究专题，参与讨论的各篇论文都是在深入发掘材料的基础上对民国时期中国史学史学科发展的再审视，各位作者从不同角度对中国史学史学科形成与建立阶段的发展特点作了深入讨论，不仅进一步充实了相关研究，而且也提出了一些与以往看法不尽相同的新见。[③] 张越再次考察了初创时期的中国史学史学科，提出无论对于史学史学科首倡者、建立标志问题，还是研究特征问题，均需要客观理性地看待，认为不宜简单地说，20 世纪三四十年代的中国史学史撰述就是要籍解题式的中国史学史；也不应绝对断言，早期的几部中国史学史著作就是沿用梁启超的“史学史做法”而少有新意。王传通过新近发现的民国时期小范围流布的著作以及多种“史学史讲义”，对民国时期中国史学史的学科建设与著述特点作了论述，认为这些讲义充分体现了梁启超、朱希祖关于中国史学史学科发展的大胆设想与实践，为我们全面、客观地认识及分析早期史学史著述的书写范式和撰述特色，提供了弥足珍贵的第一手文献，也为继续讨论民国时期中国史学史学科的产生与发展、演变留下一定空间。朱洪斌从史学史经典范式的角度，着重强调刘节《中国史学史稿》是在实证主义史学的“学科模式”下，推进作为学科史的史学史的深度和广度，在中国史学史经典范式的传承、演变及创新方面有其不可磨灭的学术价值。

关于中国史学史学术体系的讨论，晁天义对阐释学与历史研究的关系作了理论分析，认为阐释学为历史研究提供了重要的认识论和方法论启示，如何立足当代中国历史研究的理论与实践，在坚持唯物史观的前提下

---

① 向燕南：《是学科基础也是学科方法：史学史学科地位解析》，《史学理论研究》2020 年第 5 期。

② 乔治忠：《论史学理论与史学史之间的关系》，《史学理论研究》2020 年第 1 期。

③ 张越：《再论初创时期的中国史学史学科》、朱洪斌：《中国史学史经典范式的传承、演变及创新——重读刘节先生〈中国史学史稿〉》、王传：《论民国时期中国史学史的学科建设与著述特点》。

努力汲取中西方阐释学的丰富资源，加快构建具有中国特色的历史阐释学，是当前中国历史学学术体系建设的重要内容。[①] 张广智主编的《近代以来中外史学交流史》阐述了近代以来域外史学传入中国及其所产生的影响和中国史学输出域外及其所产生的影响，较为清晰具体地展现了近代以来中外史学交流的历史进程，为中外史学史研究，尤其是为构建中外史学交流史的学科体系、学术体系和话语体系作出了开创性贡献。[②]

关于中国史学话语体系研究，赵梅春系统考察了20世纪以来中国史学话语体系的演变，认为20世纪中国史学话语体系经历了从传统史学话语体系向新史学话语体系、新史学话语体系向马克思主义史学话语体系的转变，在构建新时代中国史学话语体系时，如何认识中国历史、如何处理历史与现实的关系、理论与实际的关系、继承与创新的关系以及如何对待西方史学话语体系等，是应予以特别关注的问题。[③] 刘开军回顾了中国古代史学概念史的发展历程，认为概念化是史学从实践层面走向理论阐释的一个重要环节，史学繁荣的时代往往是概念的井喷期。厘清史学概念史上新旧概念的缘起与流变，无异于对古代史学话语变迁的一次深度梳理。在这样回环往复的厘清与辨析中，古代史学话语体系也逐渐显现出它清晰的轮廓。[④] 朱露川通过对“叙事”这一中国古代史学理论范畴的梳理，提出当前中国学界运用的“叙事”一词，其中蕴含的西方叙事学或后现代历史叙事学的理论背景，在解释中国叙事经验时不免显示出局限性。因此，中国史学应当而且有责任凸显自身的叙事传统、风格和话语，而对于中国史学的叙事传统与理论成就的深入发掘和系统研究，也是加快构建中国史学话语体系、学术体系的重要一环。[⑤]

五　史料来源及编纂过程的深入探讨

历史编纂学是中国史学史研究的一个重要领域，已产生了诸多成果。

---

① 晁天义：《阐释学对历史研究的启示》，《史学理论研究》2020年第3期。

② 张广智主编《近代以来中外史学交流史》，复旦大学出版社2020年版。

③ 赵梅春：《20世纪初以来中国史学话语体系的变迁》，《河南师范大学学报》2020年第3期。

④ 刘开军：《中国古代史学概念的界定、意蕴及其与史学话语的建构》，《江海学刊》2020年第5期。

⑤ 朱露川：《论中国古代史学话语体系中的“叙事”》，《四川师范大学学报》2020年第5期。

近些年，关注史料来源和编纂过程的探讨越来越成为这方面研究的重点。

苗润博将《辽史》放置在整个中国古代正史文本生成、流变的大背景下，系统考证《辽史》各部分的文本来源、生成过程、存在问题及史料价值，力图呈现出《辽史》本身的生命历程，凸显其所具有的普遍性与特殊性意义，开辟出全新的问题空间，推动正史史源研究走向精耕细作。作者还透过《辽史》这一典型案例，对传统的史源学研究作出方法论层面的反思，探索历史学视野下文本批判的可能路径。①

陈君详细考察了《汉书》文本的形成与早期传播，努力探求文本背后知识与权力复杂而微妙的关系，尝试获得关于《汉书》的一种系统性和整体性理解。作者认为，《史记》与《汉书》确立了帝制时代中国历史写作的基本范式，但司马迁《史记》颇以《春秋》自比，洋溢着个人情怀与批判精神；班固《汉书》则是以“文章”颂美汉室之“成功”，对皇权积极配合，二者有根本的不同。同时，在经史范式的转换中，《史记》因其不尽符合统治者的需要而被有意忽略，《汉书》则以其在现实考量与历史写作之间灵活的把握获得皇权的青睐，遂成为新的“帝典”范型。②

段润秀从文化认同视角考察清代《明史》纂修过程，侧重从满汉民族矛盾的变化、清初政权的逐步巩固、民族文化认同与排异、清初文化政策的调整及《明史》成书后的社会影响等诸多重大政治、学术与社会问题入手进行分析，进而探究清初至中叶时期文化认同与官修《明史》之间的互动关系及影响，深入揭示清初至中叶史学活动与社会政治之间相得益彰的密切关系，以此积极回应“新清史”学派的某些不恰当观点。③

明初纂修的《元史》是后人研究元代历史最重要的基本史料，虽然关于《元史》列传部分的史料来源问题，学者们已做了广泛而深入的研究，发表了许多很有价值的看法，但还是存在一些尚待解决的问题。陈新元就对这一史学问题进行了深入探讨，他通过系统考证《元史》列传史料来源，揭示出元帝中前期所纂修的《经世大典·臣事》是《元史》列传部分的主要史料来源之一这一事实，同时又对《臣事》的史料来源进行了探究，可谓层层深入，逐步剥离迷雾。④ 这一考证成果为学界更为深入探讨

① 苗润博：《〈辽史〉探源》，中华书局2020年版。

② 陈君：《润色鸿业：〈汉书〉文本的形成与早期传播》，北京大学出版社2020年版。

③ 段润秀：《文化认同视角下的清代〈明史〉修纂研究》，人民出版社2020年版。

④ 陈新元：《〈元史〉列传史源新探》，《中国史研究》2020年第2期。

《元史》列传的史源问题提供了新的思考方向，加深对《元史》复传产生原因的理解，也使对《元史》列传成书的层累过程有了更为深刻的理解。

关于《史记》的“十表”，以往学界研究多关注它对历史变迁大势的表现功能以及相关史事的年代考证上，而相对忽略了它对于《史记》编纂方面的意义。赵四方从结构、文本与叙事的视角，对《史记》中《十二诸侯年表》进行重新考察，在与《史记》相关篇目的互证中，揭示出二者在历史编纂和历史叙事上是相辅相成的。他认为，《年表》与相关《本纪》《世家》在多方面呈现出同构性，对司马迁以《年表》为基础，对相关《本纪》《世家》中所“嵌入”大量叙事文本的详细分析，不仅可以促进《史记》编纂过程的研究，而且有助于对司马迁关于“十二诸侯”的历史叙事主线进行考察。①

六　放宽视野的中国史学史研究

章学诚是中国传统史学杰出的理论家，《文史通义》是继《史通》之后又一部中国古代史学理论精品之作。自然，史学界对章学诚及《文史通义》研究，成果很丰富。如何推进这一“老问题”研究，取得新意，实属不易。章益国《道公学私：章学诚思想研究》一书，是这方面的努力和尝试。本书重检了章学诚研究的旧范式，以“道公学私”命题为中心构建了章学诚诠释的新坐标，从而对章学诚史学思想中的核心观念如“史意”“六经皆史”“圆神方智”“通”“史德”等均在移步换景中作了重新解释，一定程度上颠覆了百年来学界的“常规的章学诚形象”。通过对章学诚的不同诠释，进而引发对整个传统史学的新认识，也是本书的一大亮点。作者在传统史学的语境下探讨了历史学的科学性与艺术性之争、历史认知的语言学基础、历史认知的默会维度、史家的主体性、历史学界的共识形成等当今史学理论的前沿问题；同时把章学诚重新置入传统文化整体的思想背景下和哲学艺文论参验比较，恢复近人在以今释古中的“辉格式解释”中造成的“消耗性的转换”，使“文史”之“通义”灼然再现，使章学诚

① 赵四方：《结构、文本、叙事：〈十二诸侯年表〉与〈史记〉编纂新论》，《史学理论研究》2020 年第 3 期。

成为理解中国传统文史之学的合适的入门。① 崔壮从师法“古人之遗意”的视角对章学诚在方志与纪传体史书编纂领域的理念和设想进行较为全面的考察②，路新生尝试对《文史通义》进行历史美学解读③等，都是关于章学诚史学研究的某种突破。

顾颉刚及古史辨派研究是中国近代史学研究的重要内容，成果不断。李政君《变与常：顾颉刚古史观念演进之研究》是顾颉刚史学研究的又一部力作。本书对顾颉刚古史观念在其学术发展各个阶段的变与常进行了深入探讨，首先厘清顾颉刚提出“层累”说时的古史观念，然后依循其学术发展历程，分别考察他在民俗学、沿革地理学、边疆与民族等领域辗转探索的动机和宗旨，以及这些探索与其古史考辨的学术关联。在此基础上，作者考明1923年至1949年间，顾颉刚古史考辨的特点存在哪些“变”与“不变”，其古史观念是否存在根本性改变。④ 王红霞从文本依据、为学理念、致知门径等方面，着重分析经学与疑古辨伪思想之间的内在关联，意在探讨中国史学在走向现代化进程中对传统经学的创造性转换。作者指出，顾颉刚经学认知的基本态度与方法，对他论证与应用疑古辨伪的理论来说，是起着决定性作用的内因；顾颉刚的经学态度已经不能用“否定经学”这四个字简单概括，而应该全面地分析与评价。⑤

历史书写是目前史学界较为突出的研究视角，推动了史学研究向前发展。徐冲《观书辨音——历史书写与魏晋精英的政治文化》一书择取“献帝三书”、《续汉书·百官志》和《劝伐河北书》三组关键文本，分别从时代之史、制度之史和异族之史的维度，对魏晋精英的登场、全盛与流亡这一历史现象进行了立体而深入的考察。作者多着力于文本面貌、结构与语境的复原，以新的问题意识唤起陈旧材料的生命力，追索历史书写背后的时代之音。⑥ 骆扬《试论春秋笔法及其历史书写中的客观性》提出春秋笔法是一种书写客观历史之真的特殊总结⑦，路新生《“赵氏孤儿”历史书写的美学剖析——兼论历史的“客观性”》对司马迁著史的高度人文关

① 章益国：《道公学私：章学诚思想研究》，北京大学出版社2020年版。
② 崔壮：《“古人之遗意”与章学诚的史学革新论》，《清史研究》2020年第1期。
③ 路新生：《〈文史通义〉与历史美学》，《清华大学学报》2020年第2期。
④ 李政君：《变与常：顾颉刚古史观念演进之研究》，中国社会科学出版社2020年版。
⑤ 王红霞：《顾颉刚疑古辨伪思想的经学背景》，《河南师范大学学报》2020年第2期。
⑥ 徐冲：《观书辨音——历史书写与魏晋精英的政治文化》，北京大学出版社2020年版。
⑦ 骆扬：《试论春秋笔法及其历史书写中的客观性》，《北京师范大学学报》2020年第2期。

怀和深厚的道德伦理力量给予深入分析和肯定[①]，这些都是这方面的重要成果。

或从新材料，或从新视角，或从新范式，突破以往研究的瓶颈或不足，也是2020年中国史学史研究的一大看点。如江媚从史学史和情感史的双重视角审视元好问所撰写的大量碑传文，认为这种书写呈现了汉族士大夫知识分子在金、元两个北族王朝易代之际，其民族意识、文化立场、政治认同相互纠葛的复杂状况，折射出他们以“中州文脉”为中心，形成超越种族、王朝和地域的“中州”士的认同意识和归属感，这不但为他们自身在动乱时代的人生选择建立思想基础，也为“大一统”王朝的再兴准备了国家想象，更使“国亡史作”作为中国文化的历史意识进入了一个新的发展阶段。[②] 汪高鑫在以往研究基础上进一步深入分析和归纳魏晋南北朝史学正统之特点，提出以五德相生言正统、以维护本朝言正统、以历史认同言正统，是这一时期史学正统之辨的时代特点；魏晋南北朝史学的正统之辨，是中国传统史学正统思想发展的重要阶段。[③] 石洪波从偏传主倾向这一新视角来探讨《史记》的求真精神，认为这种倾向性之所以出现，是因为客观史实本身具有争议，史家被迫在求真不得的情况下作出了“妥善”处理，它体现了《史记》将求善精神融入求真之中的高超手段，从而展现出求真与求善相统一的中国史学特质。[④] 赵永春、刘月从《史记》“中国”一词的主要含义出发，讨论了司马迁在《史记》中关于多民族“中国”的构建及其史学意义，认为这种构建既是司马迁依据历史文献记载对中国多民族凝聚为“中国”的历史总结，也与儒家的“天下观”和“大一统观”密切关联，更与司马迁生活在西汉大一统时期强调“大一统”的现实需要分不开。[⑤] 邓锐以中西史学比较视野重新审视中国史学近代化问题，提出宋代和作为西方史学近代化起源的文艺复兴一样出现了历史观与史学方法的革新，是中国史学“近世化”的开端，也是接触西方之

---

① 路新生：《“赵氏孤儿”历史书写的美学剖析——兼论历史的“客观性”》，《陕西师范大学学报》2020 年第 3 期。

② 江湄：《“国亡史作”新解——史学史与情感史视野下的元好问碑传文》，《社会科学战线》2020 年第 5 期。

③ 汪高鑫：《魏晋南北朝史学的正统之辨》，《郑州大学学报》2020 年第 4 期。

④ 石洪波：《偏传主倾向：〈史记〉求真精神的新视角》，《北京师范大学学报》2020 年第 3 期。

⑤ 赵永春、刘月：《多民族“中国”的构建：司马迁〈史记〉的“中国”观》，《西南民族大学学报》2020 年第 2 期。

前原生性的带有近代化特征的史学前近代阶段。① 燕永成从史学自身发展变化以及学风、政风对史学影响方面，对南宋前期史学兴盛状况加以较深入系统的考察。② 舒习龙透过学人日记来梳理和解读近代史学学术、史学批评、官修史书的品格与风貌，以此探讨近代史学转型问题。③ 这些代表性文章均在各自研究领域有所突破与创新。

综上所述，2020 年中国史学理论及史学史研究取得了一些成就，或关注重大理论问题的深入讨论，回顾和反思中国史学史学科的发展之路，探索中国史学史未来发展方向和路径问题，或从新视野或新方法尝试突破以往研究范式和认识，对于今后中国史学史研究具有重要推动意义。当然，本年度中国史学史研究还存在一些不足，如重复性研究依然存在，贯通性研究相对较少，整体性、深入性探讨还需继续开拓。

---

① 邓锐：《中西比较视域中的宋代史学近世化：基于历史观与史学方法的考察》，《史学理论研究》2020 年第 1 期。

② 燕永成：《南宋前期史学兴盛问题探究》，《人文杂志》2020 年第 6 期。

③ 舒习龙：《史学学人日记视域下的近代史学研究》，《河北学刊》2020 年第 3 期。

稿　　约

《理论与史学》由中国社会科学院历史理论研究所中国史学理论与史学史研究室主办，以书代刊，一年一辑。现特向海内外史学界同仁约稿，恳请惠赐佳作。

稿件要求：

1. 系作者原创作品，字数5万字以内。

2. 本刊采用专家匿名审稿。

3. 本刊常年接收稿件。欲在当年度刊发的来稿请于每年6月30日前寄送稿件。

4. 来稿请附内容提要（300字以内）、关键词；本刊注释（除必要的文内注外）一律采取页下注（脚注）的方式，注释规范及示例请参见：http://lls.cssn.cn/xsqk/xsqk_llysx/llysx_bjjsgf/202006/t20200628_5162916.html。

来稿一经采用，将及时通知作者，出版后赠送样书并略致薄酬。来稿一律不退，请作者自留底稿。如60日内仍未接到采用通知，请自行处理。

投稿信箱：lilunyushixue@sina.com

《理论与史学》编辑部

2020年11月